# 롱텀
# 부동산 투자
# 58가지

# 롱텀
# 부동산 투자
# 58가지

**초판 1쇄 인쇄** | 2019년 12월 24일
**초판 1쇄 발행** | 2019년 12월 30일

**지은이** | 장인석
**펴낸이** | 박영욱
**펴낸곳** | 북오션

**편  집** | 이상모
**마케팅** | 최석진
**디자인** | 서정희 · 민영선

**주  소** | 서울시 마포구 월드컵로 14길 62
**이메일** | bookocean@naver.com
**네이버포스트** | post.naver.com /bookocean
**전  화** | 편집문의: 02-325-9172    영업문의: 02-322-6709
**팩  스** | 02-3143-3964

**출판신고번호** | 제313-2007-000197호

ISBN 978-89-6799-508-9 (03320)

당신이 모르는 부동산 투자를 해야 돈을 번다

# 롱텀 부동산 투자 58가지

장인석 지음

북오션

프
롤
로
그

부동산에 입문한 지 17년, 착한부동산투자연구소를 차린 지 10년이 지났다. 그동안 많은 제자를 배출했고, 부동산 책도 다섯 권이나 펴냈다. 필자의 도움을 필요로 하는 사람들과 상담하고, 좋은 물건 찾아 서울과 수도권을 이 잡듯이 뒤지고 다녔다. 필자가 오르리라고 예상했던 땅, 사두면 분명 돈을 벌 것이라고 판단했던 집과 아파트가 예측대로 오르는 것을 보며 희열과 기쁨을 느꼈다.

물론 필자가 투자를 가이드해준 사람 100퍼센트가 돈을 번 것은 아니다. 정비예정구역으로 지정되었는데 예상치 못하게 해제된 경우도 있었고, 아직도 개발이 지지부진해 돈이 잠겨 있는 경우도 있다. 생각보다 가격이 많이 오르지 않은 사례도 있었고 집에 하자가 발생해 수리비용이 발생하기도 했다.

하지만 손해를 본 사람들은 단 한 사람도 없다고 단언할 수 있다. 내가 먹을 마진을 최대한 줄이고 적정가격에 구입할 수 있도록 최대한 노력했고, 일확천금보다 안전한 적정이윤 추구를 지상과제로 삼았기 때문이다.

자금이 많지 않은 초보자라면 논현동이나 역삼동, 서초동, 방배동, 합정동, 당산동, 서교동, 망원동, 양재2동, 개포4동, 신당동, 효창동 등의 다세대주택이나 원룸주택을 소액을 투자해 구입하라고 권유했다. 필자의 권유를 받아들인 투자자들은 상당한 시세차익과 현금흐름 창출을 달성했을 것이다. 지금 그 지역의 땅값은 어마어마하게 올랐고 신규 공급은 거의 이루어지지 않고 있는 실정이기 때문이다.

자금이 많은 분 중에 상가주택이나 다가구주택 구입을 희망하는 사람에게는 영등포 일대와 성수동, 남가좌동, 망원동, 성산동, 응암동, 신당동, 구의동, 자양동 등 당시에는 땅값이 비싸지 않았지만 오름폭이 많을 곳으로 기대되는 지역을 추천했다. 이 지역 중에는 최근 5, 6년 사이 땅값이 두 배 가까이 오른 곳도 있다. 기존 건물을 인수해 수선해서 임대하는 분도 있고, 건물을 철거하고 새로 다가구주택이나 상가주택, 다중주택, 근린생활시설을 건축해 임대수익을 짭짤하게 올리고 있는 분도 있다.

재건축이나 재개발에 관심이 많은 분에게는 고덕주공재건축, 잠실주공 5단지, 개포주공 재건축, 반포주공 재건축을 비롯해서 한남뉴타운, 가재울뉴타운, 남가좌재건축, 응암재건축, 방배동 재건축, 금호·옥수 재개발, 장위뉴타운, 전농동 뉴타운 등을 구입하라고 추천했다. 필자가 주로 권유했던 2010년에서 2013년 사이는 불경기 때문에 프리미엄이 아예 없거나 있어도 얼마 붙지 않았던 시절이었다. 이미 입주한 구역도 있고 공사 중인 곳도 있다. 한남뉴타운이나 잠실주공 5단지 등은 공사를 아직 시작하지 못했다. 하지만 4~7년 사이 가격이 얼마나 올랐는지는 여러분이 잘 알 것이다.

하지만 아직도 아쉬움은 남는다. 더 좋은 지역, 더 좋은 물건을 찾을 수도 있었는데 나의 무지함과 게으름 탓에 찾지 못한 것은 아닌지 늘 자책한다. 필자의 설명 부족과 신뢰감 결여 때문에 당시 구입을 포기했던 많은 분에게 늘 죄송한 마음이다. 더 좋은 물건을 찾아 강력하게 권유했다면 그 분들에게 더 좋은 기회를 제공할 수 있었을 것이다.

최근 2,3년 사이 부동산 가격이 엄청나게 올랐다. 부동산 불황이 오래 지속되는 동안 잠시 무관심하던 많은 분들이 뒤늦게 정신을 차리고 부동산 투자에 나서고 있지만 너무 많이 오른 가격 때문에 주저하고 있다. 투자하자니 '상투'를 잡는 것 같고, 투자하지 않자니 모아놓은 돈을 금세 까먹고 말 것 같다.

어떤 이는 부동산 가격이 계속 오를 것이므로 늦었어도 지금이라도 투자해야 한다고 권유하기도 하고, 한쪽에서는 앞으로는 금리인상과 정부의 강력한 규제 정책만 있을 것이므로 부동산 가격이 하락할 테니 투자하지 말라고 한다. 누구 말이 맞는지 헷갈려 이리저리 알아보지만 의견만 분분할 뿐 뚜렷한 해답은 보이지 않는다.

필자는 부동산에 입문한 지 17년이 지났지만 강의할 때를 제외하고는 양복을 입어본 적도 없고, 구두도 신지 않는다. 늘 점퍼 차림에 운동화를 신고 다닌다. 현장을 누비며 좋은 물건을 찾아야 하기에 양복과 구두는 불편할 수밖에 없다. 강력계 형사가 운동화와 점퍼를 착용하는 이유와 같다.

비록 체계적으로 부동산을 배우지 않아 아는 것은 많지 않지만 한 가지 확실히 아는 것은 있다. 모든 해답은 현장에 있고, '좋은' 부동산은 절대 가격이 떨어지지 않는다는 사실이다. 따라서 지금부터라도 좋은 부동산을 찾기 시작한다면 당신은 인생에서 가장 '싸게' 좋은 부동산을 매입할 수 있다. 그러니 이 책을 정독해서 안목을 키우길 바란다.

'좋은 부동산'이란 물건은 좋은데 가격은 싼, 그런 부동산이 아니다. 현재의 가격이 싸든 싸지 않든, 앞으로 가격이 많이 오를 부동산이다. 따라서 과거에 비해 지금 현재 많이 올랐든 오르지 않았든, 지금부터 앞으로 많이 오를 지역의 부동산을 매입해야 한다.

예를 들어, 논현동과 양재2동은 강남의 오지라 불릴 정도로 소외되어 온 곳이다. 하지만 최근 10년 사이 이 지역의 땅값은 천정부지로 뛰었다. 9호선 신논현 역과 신분당선 양재시민의숲 역 개통 덕분이다. 이곳은 앞으로도 꾸준히 지가가 상승할 것이 예상되므로 지금 투자해도 안전하다. 하지만 개발의 효과가 많이 반영됐기 때문에 오름폭은 과거에 비해 크지 않을 수도 있다.

안전한 투자라면 논현동과 양재2동이겠지만 좀 더 공격적인 투자를 하겠다면 영등포와 성수동, 용산 등을 권한다. 영등포와 성수동, 용산 역시 과거에 비해 많이 오른 지역이나 앞으로도 오름폭이 계속 클 것이 분명한 곳이기 때문이다. 이 세 지역은 부동산의 최유효이용 법칙을 아는 사람이라면 투자가치를 판단할 수 있을 것이다.

서울 도심 지역에 어수선하게 공장이나 오래된 주택, 재래시장 등이 몰려 있다면 누가 봐도 땅의 가치를 낭비하는 일임을 알 수 있다. 이 세 지역은 최근 들어 최신빌딩과 고급카페, 문화시설 등이 들어서며 꽃단장을 시작했다. 여의도와 가까운 영등포, 강남과 가까운 성수동, 대규모 개발계획이 진행 중인 용산이 앞으로 어떻게 바뀔지는 굳이 말을 하지 않아도 눈치 챘을 것이라 믿는다. 이 책에는 영등포와 성수동, 용산처럼 앞으로 많이 오를 지역이 어디인지를 상술했다.

이 책에서 말해주는 투자비법 58선은 필자가 부동산 현장을 다닌 17년간 피부로 느끼고 체득한 경험을 정리한 것이다. 이 투자비법은 필자가 만들어낸 것이 아니라 부동산 현장에서 아주 오래 전부터 '진리'로 또는 '불문율'로 전해져 내려오는 비기다. 이 비법만 잘 시도한다면 당신은 10년 이내에 부자가 될 수 있다. 5년 아니 20년 이상 절대 변치 않을 불변의 진리이기 때문이다.

또한 이 투자비법 58선은 필자가 그동안 다섯 권의 책을 펴내면서 부족하다고 생각했던 사항을 보완하고 놓친 것을 집어넣어 완성한, 말하자면 5전 6기의 진면목이다. 아무리 필자가 모자란 놈이라 해도 여섯 번째 쓰는 책은 이전 다섯 권의 책보다는 한결 진일보하지 않았을까 감히 자문해본다. 독자 여러분의 냉정한 평가를 기대한다.

취업은 힘들고 정년은 빨라지는데, 노후는 연장돼 60세 이후의 인생이 중요한 시대가 되었다. 월급만으로는 생활하기에도 빠듯한 현실이다. 안락한 노후와 자녀의 미래를 준비하는 측면에서 부동산 재테크가 더욱 중요한 문제로 부각되는 시점이다. 이런 시점에 이 책이 여러분의 밝은 미래를 위한 지혜가 되기를 희망한다. 이 책은 앞으로의 부동산 시장 상황과 상관없이 부동산으로 돈을 벌 수 있는 비법을 담고 있다고 감히 자부한다.

다섯 번째 책을 집필하고 노는 데 정신이 팔려서 4년 이상 책을 쓰지 못해 송구한 마음을 가지고 있었다. 부디 너그러운 마음으로 독자 여러분들을 다시 찾아가는 필자를 환영해주시길 진심으로 바란다.

# 차
# 례

## Part 3 '돈 되는' 땅은 어디 있나

## Part 4 '돈 버는' 집은 똑똑한 아파트 한 채로 시작

## Part 7 부동산의 맥을 잡는 '투자의 기술'

## Part 8 진짜 큰돈 버는 고수들의 실전 사례

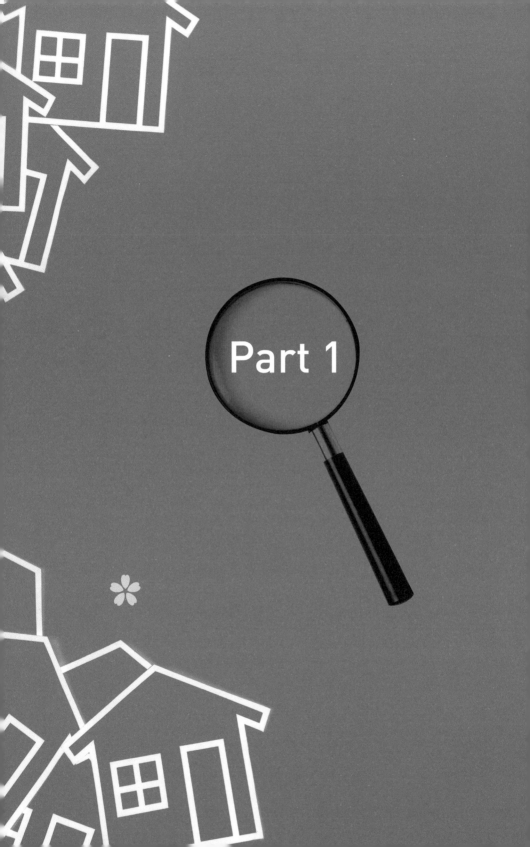

Part 1

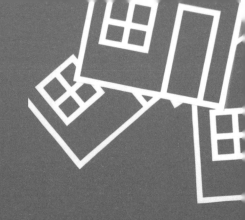

# 시장을 내다보는
# '이글 아이'

## 01
# 부동산 부자는
# 침체기에 탄생한다

부동산 시장이 침체에 빠질 조짐이 보이면 대부분의 사람들은 불안에 떨기 시작한다. '집값이 계속 떨어지는 건가', '더 떨어지기 전에 지금 집을 팔아야 하나' 하며 촉각을 곤두세우기 시작한다. 온갖 예측과 억측이 난무하는 가운데 시장이 더 나빠지면 집을 매도하려는 사람들이 늘어나기 시작한다.

하지만 집은 팔리지 않고 매물은 쌓여만 가는 가운데 값을 더 내려도 집을 보러 오는 사람조차 없다. 비관론자들이 '마침내 대폭락이 왔다'고 큰소리치는 가운데, 장삼이사(張三李四)들은 '드디어 집값이 폭락하는 건가. 아, 진작 파는 건데' 하며 어떻게든 집을 팔려고 애를 쓰지만 뜻대로 되지 않자 하루하루 피를 말리는 심정으로 살아간다.

IMF 때도 집값은 떨어졌고, 글로벌 금융위기 때도 주택 가격은 크게 하락했다. 그래서 이때 대부분의 사람들이 우왕좌왕하는 가운데 남들도 파니 덩달아 투매에 나섰다. 그러나 결과는 어떠했는가. 그때 집을 판 사람은 큰 손해를 보았다. 오히려 집을 산 사람이 큰돈을 벌었다.

산이 높으면 골이 깊고, 골이 깊으면 산이 높다. 경제란 좋을 때도 있고 나쁠 때도 있는 법이다. 항상 좋고 항상 나쁠 수는 없다. 따라서 경제가 호황기를 구가하면 언젠가 나빠질 것으로 예측하고 대비해야 한다. 반대로 경제가 침체기에 빠져 있으면 언젠가 좋아질 날을 대비해야 한다.

부자는 시장을 앞서가는 사람이다. 경제지표를 주도면밀하게 분석해서 향후 경제의 흐름을 읽는 사람이다. 필자가 늘 말하는 대로 '이글 아이(eagle eye)'를 갖고 있다는 말이다. 호황기를 구가하면 부동산 부자들은 매도시기를 저울질한다. 침체기에 빠져 있으면 실탄을 준비해서 매수 타이밍을 엿본다. 호황기 때 구입하고 침체기 때 팔려고 발버둥치는 '냄비'와는 근본적으로 다르다.

부동산이 침체기에 빠져들면 부자들은 오히려 기회가 왔다고 쾌재를 부른다. 이미 이런 날이 올 줄 알았기 때문에 그의 가방에는 현찰이 가득하다. 그들은 더 떨어지길 기다린다. 사냥할 먹잇감에 대한 연구는 이미 돼 있기 때문에 원하는 가격대로 떨어질 때 잽싸게 채 가려는 것이다.

한국은 물론이고 세계적인 부동산 부자들은 부동산 침체기 때 기회를 잡은 사람들이다. 세계적 거부들은 IMF나 글로벌 금융위기 같은 큰 위기 때 탄생한다. 그래서 붙은 별명이 바로 '묘지의 댄서'다. 남의 묘지에서 춤추는 것은 불경스러운 일이지만 능력 있는 자만이 살아남는 비정한 자본주의사회에서는 어쩔 수 없는 일이다.

묘지의 댄서가 될 것인가, 시체가 될 것인가. 미국의 부동산 재벌 월터 쇼렌스타인은 시카고의 존 행콕센터, 워싱턴의 스미소니언빌딩, 샌프란시스코의 뱅크오브아메리카타워 등을 보유하고 있었으나 글로벌 금융위기 직전 스미소니언빌딩만 남겨두고 처분했다. 부동산 침체기가 다가올 것을 간파하고 미리 실탄을 준비해놓은 것이다.

현재 여러분의 모습은 어떤가. 실탄을 준비해놓은 상태인가, 아니면 매도하려고 급매를 신청해놓은 신세인가. 평소 눈독을 들였던 부동산의 가격이 더 떨어지길 기다리고 있는가, 아니면 집값이 폭락한다는 전설을 아직도 신봉하고 있는가.

어떤 것을 택하든 하나의 인생이다. 하지만 내가 집을 사면 그 다음 날부터 집값이 떨어지고, 내가 집을 팔면 그 다음날부터 집값이 오르지 않았던가. 그런 뼈아픈 경험이 있는 사람들이라면 집값이 떨어질 것이라고 겁부터 먹지 말고 냉정히 경제 상황을 살펴보고 향후 부동산 시장의 흐름을 예측해볼 필요가 있다.

위기가 기회다. 오르막이 있으면 내리막이 있고, 내리막이 있으면 오르막이 있는 법이다. 부동산 시장이 침체에 빠져 있을 때 집을 팔아서는 절대 부자가 될 수 없다.

## 02
# 부동산 시장을 움직이는 것은
# 기준금리다

많은 사람들이 부동산 시장 전망에 대해 궁금해 한다. 오르기 전에 샀다가 오른 다음에 팔면 상당한 시세 차익을 얻을 수 있기 때문이다. 부동산도 시장에서 거래에 의해 이루어지는 상품이기 때문에 대세 상승과 대세 하락은 반드시 존재하며, 어떤 법칙을 갖고 움직이는 것이 분명하다.

하지만 수요와 공급 외에 다양한 변수들이 작동되기 때문에 부동산 시장을 예측하는 것은 상당히 어려운 일에 속한다. 게다가 한국의 부동산 시장은 다른 나라 부동산 시장과는 다른 독특한 한국적인 정서가 가미되어 있고, 정부의 부동산 간섭도 자주 일어나기 때문에 어디로 튈지 예측하기 어려운 것이 사실이다.

그럼에도 많은 전문가들은 부동산 시장을 움직이는 결정적인 요인으로 기준금리를 꼽는 데 이견이 별로 없다. 기준금리는 시중에 풀리는 자금의 유동성을 결정짓기 때문에 금리가 낮아 시중에 돈이 많이 풀리면 이중 상당액이 부동산 등으로 흘러 들어가 부동산 경기가 상승하게 되고, 시중에 돈이 마르면 은행 예금 금리가 올라가게 되므로 부동산 경기가 후퇴하게 된다.

금리와 부동산, 주식의 상관관계는 전설적인 투자자 앙드레 코스톨라니가 제안한 달걀 모델을 통해 잘 알 수 있다. 금리가 과열 단계를 넘어 A 국면에 이르면 통화당국은 경기 부양을 위해서 금리 인하를 고려하기 시작한다. 이때부터 예금 보유자들은 자산 가치가 하락하는 것을 염려해 예금보다는 약간 불안하지만 그래도 비교적 안전하고 금리 인하에 영향을 받지 않는 채권에 투자하게 된다.

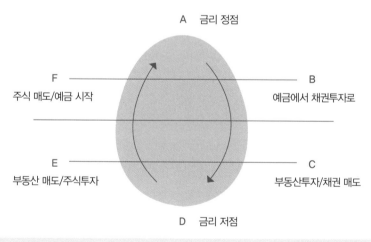

금리 · 부동산 · 주식의 상관관계

경기 침체가 계속되면 금리는 계속 하락하게 된다. 금리가 균형금리를 지나 C 국면에 접근하면 예금이나 채권 투자가 마땅치 않게 된다. 채권수익률이 서서히 마이너스로 돌아서고 예금을 맡기는 것이 손해라 생각되면 투자자들의 선택은 부동산으로 이동한다. 부동산 임대수익률이 이자율보다 훨씬 높기 때문이다. 부자들의 자금이 부동산으로 몰리게 되면 경기 침체로 인해 가격이 떨어져 있던 부동산 가격이 상승하게 된다.

D 국면은 부동산 투자가 성행해 부동산 가격에 거품이 생성되는 시점이 된다. 이렇게 부동산 시장이 활황세를 이루면서 금리가 다시 상승하기 시작하면 투자자들은 부동산 매도를 고려하기 시작한다. 임대수익률은 이자율보다 여전히 높지만 건물 값이 매수 시점보다 많이 올랐기 때문에 팔아서 상당한 시세차익을 거둘 수 있다.

부자들이 부동산을 팔기 시작하면 일반인들은 부동산 투자의 적기라고 판단하고 부자들의 매물을 사들이면서 부동산 시장이 과열된다. 경기는 다시 바닥을 치며 반등을 시작하고 통화당국은 추가적인 금리 인하보다는 부동산 가격과 물가를 고려해 금리 인상을 단행하기 시작한다. 부자들의 돈은 부동산에서 주식 시장으로 흘러들어가게 되고 주식 시장이 과열되기 시작하면서 일반인들도 따라서 주식 투자를 감행하게 된다. 주가가 오르고 경기가 과열되면 금융당국은 금리를 계속 올려 경기를 진정시키려 한다.

부자들의 자금이 주식 시장에 유입되면서 본격적인 상승이 시작된다. 일반인들이 주식 시장에 몰두하게 되는 것은 주가가 상당히 오른 시점부터이며 주식 시장은 걷잡을 수 없이 과열되는 F 국면이 된다. 그러면 부자들은 다시 주식을 팔고 안전한 예금으로 갈아탄다.

## 기준금리가 오르면 부동산 시장은 어떻게 변하나

코스톨라니의 달걀 모델은 금리가 부동산에 어떠한 영향을 미치는지를 극명하게 보여준다. 금리가 인하되기 시작하면 부동산 가격이 상승하고, 금리가 인상되기 시작하면 부동산 가격은 하락하기 시작한다. 예기치 않은 변수가 없다면 금리와 부동산 경기는 반비례한다. 다만 금리가 부동산 시장에 영향을 미치는 것은 즉각적이 아니라 어느 정도 시간이 지나야 효력을 발휘한다는 사실이다.

2015년부터 2017년은 부동산 시장이 과열되어 가격이 상당히 큰 폭으로 올랐다. 한국감정원 자료에 따르면 전국 아파트의 평균 매매가격은 2012년 말 2억5,100여 만 원에서 2017년 말 3억1,300여 만 원으로 24.7%나 올랐다. 하지만 2012년부터 2014년까지는 2.39% 오르는 데 불과했고, 2015년부터 가파른 상승세를 보였다.

2008년 정점을 찍었던 아파트 가격이 소강상태를 보이다가 2015년부터 급격한 상승세를 보인 결정적인 요인은 바로 기준금리 인하다. 2011년 6월 10일 3.25%로 올랐던 기준금리는 그 후 경기 침체로 인해서 2012년 7월 12일 3.00%로 인하한 이후 꾸준히 인하를 단행해 2014년 8월 25일 2.25%, 2014년 10월 15일 2.00%, 2015년 3월 12일 1.75%, 2015년 6월 11일 1.5%, 2016년 6월 9일 1.25%까지 내렸다.

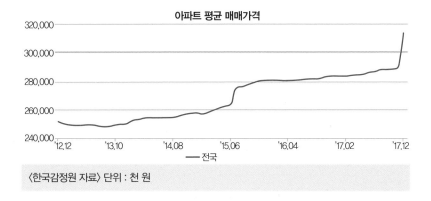

아파트 평균 매매가격

〈한국감정원 자료〉 단위 : 천 원

　경기는 원하는 대로 회복되지는 않았지만 시중에 풀린 풍부한 유동 자금은 부동산 시장으로 흘러들어가 결국 부동산 가격을 대거 끌어올 리는 데는 성공했다. 하지만 금리 인하를 단행하기 시작한 때는 2012년 7월이었지만 부동산 가격이 큰 폭으로 상승한 시기는 2015년으로 2년 이상의 시차가 있다는 점에 주목해야 한다.

　미국 주택 시장도 우리나라와 비슷한 사이클을 갖고 있는데, 미국 역 시 주택 시장을 움직이는 결정적 요인은 기준금리다. 2006년 6월 5.25% 였던 미국의 기준금리는 경기를 부양시키기 위해 지속적인 금리 인하 를 단행해 2008년 12월 제로금리까지 떨어뜨렸다. 미국이 기준금리를 인상한 것은 7년 만으로 2015년 12월에 기준금리를 0.25~0.50%로 인상 했다. 이후에도 경기 회복을 자신한 미국은 2016년 12월에 0.50~0.75%, 2017년 3월 0.75~1.00%, 2017년 6월 1.00~1.25%, 2017년 12월 1.25~ 1.50%, 2018년 3월 21일 1.50~1.75%로 금리를 인상하고 있다.

　2018년 3월에 발표된 케이스-실러 20대 대도시지수에 따르면 2008년 정점을 찍었던 미국의 주택가격은 글로벌 금융위기로 뚝 떨어져 2013년까지 하향안정세를 유지하다가 2014년부터 현재까지 꾸준히 상승하고 있다. 2008년부터 유지된 제로금리에 힘입어 경기가 회복되면서 부동산 경기도 2014년부터 좋아지기 시작한 것이다. 2015년부터 기준금리를 여섯 차례나 올렸지만 부동산 경기는 계속 좋아져서 2018년 1월 현재는 글로벌 금융위기 전 수준 이상으로까지 가격이 치솟은 것을 확인할 수 있다.

금리 인하로 인한 부동산 시장의 가격 상승이 어느 정도 시차를 두고 시작되는 것과 같이 금리 인상으로 인한 부동산 시장의 가격 하락 역시 어느 정도 시간이 지나야 이루어진다는 것이 정설이다. 따라서 한국의 주택 가격 역시 기준금리를 6년 5개월 만에 2017년 11월 30일 1.50%로 인상했고, 앞으로도 기준금리 인상이 예상되지만 부동산 가격 상승은 최소 3, 4년 이상은 지속되리라는 것이 필자의 판단이다. 다만 정부의 정책 간섭이 변수로 작용할 수 있다.

## 03
# 정부의 정책은 '뒷북정책', 소 잃고 외양간 고치기?

부동산 시장을 움직이는 결정적 요인은 기준금리지만 정부의 부동산 정책 역시 무시할 수 없는 요인이다. 정부는 부동산 시장이 과열되면 각종 규제를 통해 시장을 진정시키려 하고, 침체돼 있으면 드라이브 정책을 통해 부동산 경기를 부양시키려고 한다.

그런데 정부의 부동산 정책은 예방책이라기보다는 치유책이기 때문에 효과가 나타나려면 어느 정도 시간이 걸린다. 서너 달 후에 효력이 발생하기도 하지만 3, 4년이 지나서야 시장에 영향을 미치는 경우도 많다.

부동산 시장 과열을 진정시키려 했던 노무현 정부는 강력한 규제책을 시도했음에도 불구하고 결국 부동산 시장을 안정시키는 데 실패했다. 그 효력은 다음 이명박 정부에서 발휘하여 이명박 정부 때는 침체된 부동산 시장을 회복시키려고 규제를 철폐하고 각종 부양책을 내놓았다. 그럼에도 이명박 정부 때에는 부동산 시장이 회복되지 않았다. 뒤를 이은 박근혜 정부도 부동산 시장을 살리려고 각종 선심 정책을 내놓았지만 부동산 시장이 회복된 것은 집권 3년째인 2014년부터였다.

문재인 정부는 이명박·박근혜 정부의 부동산 부양책과 저금리에 힘입어 부동산 시장이 과열되자 이번에는 시장을 진정시키는 정책을 펴고 있다. 모든 대책은 투기수요를 근절시키고 실거주 시장을 정착시켜 서민 주거 안정을 꾀하는 데에 초점을 맞추고 있다.

그러나 저금리로 인해 투자처를 찾지 못한 부동자금이 계속 부동산 시장으로 향하고 있는데다 시민들의 부동산 투자 열기가 식지 않고 있어 한동안 시장은 '과열 열기와 정부의 규제책'이 힘겨루기를 하는 양상으로 진행될 것이 분명하다. 하지만 저금리로 인한 시장 호황이 3, 4년 정도는 지속될 것이라고 해도 정부의 규제책 또한 만만치 않은 장애 요소가 될 것이기 때문에 시장은 어느 시점에 가면 소강상태에 빠질 것으로 보인다.

따라서 정부의 각종 규제책을 살펴보고 이에 대해 어떤 대처를 해야 할지 연구할 필요가 있다. '막히면 돌아가라'는 말도 있듯이 정부의 정책에 맞서 싸우는 것보다는 정책을 이용해 또 다른 투자처를 찾는 것이 슬기로운 방법이기 때문이다.

## 문재인 정부 부동산 정책

① 6·19 대책

- 전국 조정대상지역 40곳(2016년 11·3 대책의 37개 지역에 경기 광명, 부산 기장 및 부산지구 추가 선정)
- 조정대상지역 LTV 60%, DTI 50%로 강화
- 서울 전 지역 아파트 분양권 전매제한(소유권이전 등기 시까지)
- 재건축 조합원 주택공급수 제한(최대 3주택에서 2주택으로)

대출을 받아 투자하거나 단기 차익을 위해 분양권을 사고파는 행위가 부동산 투기를 부채질한다고 보고 청약 조정대상지역을 확대하고, 대출 규제를 강화, 분양권 전매 금지를 실시했다.

청약 조정대상지역은 2016년 11·3 부동산 대책 때 도입된 규제다. 주택가격 상승률이 물가상승률의 2배 이상이거나 청약경쟁률이 5대 1 이상인 지역 등을 대상으로 국토교통부장관이 지정할 수 있다. 근거가 되는 법은 〈주택공급에 관한 규칙〉이다. 청약 조정대상지역으로 지정되면 분양권 전매금지, 1순위 청약자격 강화, 재당첨금지 등의 규제를 적용받는다.

청약 조정대상지역은 처음에는 서울시 25개 구, 경기도 6개 시(과천시·성남시·고양시·하남시·남양주시·동탄2신도시), 부산 5개 구(해운대·연제·동래·수영·남구), 세종시 등 37곳이었다. 이번 대책에 경기 광명시와 부산 부산진구와 기장군 등 3개 지역이 새로 추가돼 총 40곳으로 늘어났다. 이 지역들은 최근 3개월간 집값이 1% 가까이 뛸 정도로 기존 조정지역보다 집값 상승률이나 청약 경쟁률이 높았다.

분양권 전매 금지도 강화됐다. 종전에는 서울 강남구, 서초구, 송파구, 강동구에서만 소유권 이전 등기 때까지 분양권 전매를 제한했다. 하지만 2017년 6월 19일부터 입주자모집 공고를 하는 서울의 모든 지역의 공공, 민간아파트도 적용됐다. 2017년 들어 강남 4구보다 마포, 용산 등 비(非)강남권의 청약시장이 더 과열되자 전매 금지를 확대하기로 한 것이다. 서울 전역에서 분양권 전매가 금지된 건 김대중 정부 때인 2002년 9월 이후 약 15년 만이다.

정부의 이번 규제 중 가장 강도가 센 것은 LTV(부동산 담보인정 비율)와 DTI(총부채 상환 비율) 강화를 꼽을 수 있다. LTV는 70%에서 60%로, DTI는 60%에서 50%로 각각 10%포인트 내려갔다. 10억 원짜리 아파트를 담보로 대출을 받을 때 지금까지 최대 7억 원을 빌릴 수 있었지만 앞으로는 6억 원으로 줄어든다. 연소득 5,000만 원짜리 직장인이 대출을 받는다면 전에는 1년 원리금 3,000만 원 한도 내에서 받을 수 있었지만 앞으로는 2,500만 원을 넘을 수 없게 됐다.

집단대출 중 잔금 대출에 대해서도 DTI 규제(50%)가 적용됐다. 이주비, 중도금 대출, 잔금 대출에 대한 LTV도 종전의 70%에서 60%로 줄어들었다. 새로운 DTI 규제는 잔금 대출에 대해서만 적용되지만 사실상 중도금 대출 때부터 효과를 낼 것으로 예상된다. 은행들이 중도금 대출을 해줄 때 향후 필요한 잔금 대출 금액과 DTI 50%를 적용한 대출 한도 등을 미리 고지할 방침이기 때문이다.

하지만 실수요자들을 위해서 부부 합산 소득이 연 6,000만 원 이하로 5억 원 이하의 집을 사는 '무주택 가구주'에게는 종전대로 LTV 70%, DTI 60%가 그대로 유지된다.

② 8·2 대책
- 강남 4구, 용산, 성동, 세종시 등 11곳 투기지역 지정
- 서울 전 지역, 경기 과천시 투기과열지구 지정
- 다주택자 양도소득세 중과
- 청약 1순위 자격요건 강화

6·19 대책으로 부동산 투기 수요가 근절되지 않자 정부는 10년 만에 가장 강한 대책이라는 8·2 대책을 내놓았다. 이 대책으로 서울 아파트 거래는 급감했지만 가격이 하락하지는 않고 시장을 관망하는 분위기로 돌아섰다.

지난 2011년 서울 강남3구를 마지막으로 해제된 투기과열지구가 6년 만에 다시 부활했다. 투기과열지구에서는 재건축조합 지위 양도가 금지되고(2003년 12월 31일 도입), 재개발 입주권의 전매가 제한된다. 또한 정비사업 재당첨 제한도 새롭게 도입됐다.

재건축조합원 지위 양도 금지는 투기과열지구 내 재건축 주택을 2017년 8월 3일 이후 발생한 매매계약 체결분부터 적용됐다. 조합원 양수·양도 예외 사유가 있기는 하지만 이는 재건축 투기수요를 원천적으로 없애겠다는 취지로 향후 재건축 시장을 침체에 빠뜨릴 것이 분명하

다. 재건축 부동산을 매입했다고 해도 조합이 설립되면 조합원 지위를 양도할 수 없기 때문에 프리미엄을 받고 팔 수 없게 된 것이다.

재개발 입주권 전매제한은 「도시 및 주거환경 정비법」이 개정된 2018년 1월 25일 이후 최초로 사업시행인가를 신청하는 구역부터 적용된다. 따라서 시행 전 사업시행 인가 신청 단계까지 사업이 진행된 구역은 입주권 전매가 자유롭다. 재개발 사업에서 조합원이 보유한 주택 또는 토지는 관리처분계획 인가가 나면 입주권으로 변한다.

2주택 이상 다주택자가 청약조정대상지역 내 주택을 양도할 때 양도세 중과가 적용된다(2018년 4월 1일 이후 양도하는 주택부터 적용). 양도세율은 기본세율(6~42%)에 10% 탄력세율을 가산한다. 3주택자 이상이 조정지역 내 주택을 양도하면 기본세율에 20% 탄력세율이 적용된다. 장기보유특별공제도 제외된다.

2018년 1월 1일 이후 양도하는 조정지역 내 분양권 양도세율도 50%로 강화됐다. 또 조정지역에서 8월 3일 이후 취득(잔금 기준)하는 주택부터 1세대 1주택 비과세 요건에서 2년 이상 거주요건을 추가했다.

투기지역으로 지정된 강남 4구 등 서울 11개 구와 세종시에서는 주택담보대출을 세대 당 1건으로 제한했다. 투기과열지구 및 투기지역에선 LTV, DTI를 40% 일괄 적용했다. 주택담보대출을 1건 이상 보유한 세대에 속한 자가 추가로 대출을 받을 경우 전 지역에서 LTV, DTI를 10% 각각 낮추기로 했다.

③ 9·5 대책
- 성남 분당, 대구 수성 투기과열지구 지정
- 민간택지 분양가상한제 적용요건 완화
- 3억 원 이상 자금 출처 제출
- 2018년부터 재건축초과이익환수제 적용

8·2 대책의 후속 대책으로 성남 분당과 대구 수성구를 투기과열지구로 추가 지정했다. 분양가상한제는 아파트를 분양할 때 택지비와 건축비를 합한 금액 이하로 분양가격을 제한하는 제도다. 2007년 9월 모든 공동주택에 적용됐으나 차츰 적용 대상이 줄어들어 2015년 4월부터는 유명무실한 제도로 전락했다. 하지만 분양가상한제의 요건을 완화해 적용 범위를 대폭 확대하기로 했다. 집값 상승이 물가상승률을 크게 웃도는 지역은 분양가 상한을 둬 규제한다는 방침이다. 서울 강남권을 비롯해 투기과열지구 상당수가 사정권에 들 것으로 점쳐진다. 분양가상한제가 적용되면 분양가가 주변 시세의 85% 수준으로 떨어져 건설회사의 수익성은 악화되지만 당첨만 되면 상당한 이익을 실현할 수 있어 '로또 청약' 열풍은 더욱 거세질 전망이다.

투기과열지구에서 3억 원 이상 주택(분양권, 입주권 포함)을 거래할 경우 계약 체결일로부터 60일 이내에 자금조달계획서를 제출해야 한다. 자금조달계획서에는 금융기관 예금액, 부동산 매도액, 주식·채권 매각 대금, 현금 등 집을 사는 데 들어간 자금과 대출금을 자세히 써야 한다. 계획서를 제대로 작성하지 않으면 소유권 이전등기를 할 수 없다. 입주

예정 시점도 밝혀야 한다. 이를 신고하지 않으면 과태료 500만 원, 허위 신고를 했을 경우엔 거래금액의 2%를 과태료로 내야 한다.

재건축 시장의 최대 화두는 단연 초과이익환수제였다. 재건축 초과 이익환수제는 2017년 말까지 한시적으로 유예된 상태로 추가연장 논의 가 제기되기도 했으나 정부는 예정대로 2018년부터 시행한다고 못 박았 다. 이를 피하려면 2017년 말까지 관리처분인가 신청을 마쳐야했기 때 문에 강남권 재건축 단지들이 일제히 사업에 속도를 내 5,900가구에 이 르는 강동구 둔촌주공과 강남구 개포주공1단지 등이 관리처분인가 신 청을 마쳤다. 초과이익환수제는 조합이 재건축을 통해 얻은 1인당 평균 이익이 1억1,000만 원을 초과하면 무조건 세대당 2,000만 원에 1억1,000 만 원을 초과하는 개발이익의 50%를 추가로 납부해야 하는 제도다.


④ 10·24 대책
• 신 총부채상환비율(DTI) 도입
• 총부채원리금상환비율(DSR) 단계적 도입


정부는 가계부채가 심각한 상황에 이르렀다고 보고 가계부채 종합대 책을 내놓았다. 2018년 1월부터 시행된 신DTI는 빚을 내 아파트를 사 서 시세 차익을 남기는 '투기수요'를 근절하려는 제도다. 기존 DTI는 대 출자 입장에서 원리금 상환액이 소득에서 차지하는 비중이다. 금융사 는 DTI의 일정 수준을 넘지 않는 수준까지만 대출해준다. 기존 DTI의 경우 신규 주택담보대출 원리금을 정할 때 기존 주택담보대출을 포함한 기타 대출 이자를 부채로 본다. 하지만 신DTI는 모든 주택담보대출 '원리금'과 기타 대출 '이자'가 함께 적용된다. 이는 원리금까지 부채로 보기 때문에 주택담보대출이 있는 다주택자들은 부채가 늘어나 원하는 만큼 돈을 빌리기 어려워지게 되는 것이다.

2018년 3월 말부터 시범 도입되어 하반기 실행예정인 DSR은 주택담보대출뿐 아니라 자동차할부금, 신용대출, 마이너스통장 등 차주가 보유한 모든 대출금액이 반영돼 대출 규모가 산정되기 때문에 부채가 많을수록 추가 대출이 어렵다.

⑤ 11·29 대책
- 5년간 주택 100만 가구 공급
- 공공택지지구 신규 개발
- 신혼희망타운 7만 가구 공급

그동안 수요억제에만 전념하던 정부가 공급 쪽에 눈을 돌려 '주거복지 로드맵'을 발표했다. 무주택 서민과 실수요자를 위한 공적 주택 100만 가구 공급 계획과 청년층부터 신혼부부, 고령층 등 세대별 수요에 맞춘 주거 지원책이 담겼다.

총 40곳의 신규 공공택지는 기존에 입지가 공개된 9곳 외에 31곳의 입지를 2018년 말까지 선정할 계획이다. 입지가 발표된 9곳은 성남 금토·복정지구와 구리 갈매역세권, 군포 대야미, 의왕 월암, 부천 괴안·원종 등 수도권 8곳과 경북 경산 대임지구 등이다. 신규 택지에서는 신혼희망타운과 공공임대·공공분양 물량이 공급될 뿐 아니라 민간에 매각해 민간분양을 할 수도 있을 것으로 보인다. 특히 서울 내부나 서울에 근접한 유망 입지의 경우 개발제한구역(그린벨트) 해제를 통해 확보될 것으로 전망된다. 앞서 지정된 수도권 후보지 8곳도 70%가 그린벨트 지역이다. 서울에서 개발이 가능한 공공택지 후보지로는 강남 내곡동이나 우면산 일대 등이 거론된다. 서울 노원·강북·은평·강서구 등지의 그린벨트도 후보지로 예상되는 곳이다.

⑥ 12·13 대책

- 연 임대소득 2,000만 원 이하 임대의무기간 동안 건강보험료 완화 (8년 50%, 4년 40%)
- 임대소득세, 양도소득세 감면 확대
- 지방세 감면 연장 기간 2021년으로 확대

임대주택 활성화 방안은 임대주택을 늘려 전월세 시장을 안정화시키고, 임대주택의 등록을 통해 합법적인 임대시장을 정착시키겠다는 취지로 마련됐다. 이를 위해 다주택자들에게 임대주택 등록 시 각종 세제혜택을 주는 반면 2020년 이후에는 임대주택의 등록을 의무화시키겠다고 밝혔다. 등록 임대주택은 주택 보유자가 지자체에 임대사업자로 등록을 하고 임대를 하는 주택으로 4년 임대와 8년 준공공임대로 나뉜다. 각종 세금혜택을 받을 수 있는 대신 임대기간 동안 임대료 상승률이 연간 5%로 제한되고, 임차인의 계약갱신청구권을 보장해야 하는 등의 규제를 받는다.

정부는 우선 임대소득에 대한 비과세 혜택을 대폭 늘렸다. 현재 임대소득에 대한 과세는 2,000만 원 초과에 대해서만 다른 소득과 합산돼 종합과세가 이뤄지고 있고, 2,000만 원 이하 임대소득은 2018년까지 과세가 유예돼 2019년 소득분부터 분리 과세된다. 정부는 2,000만 원 이하 임대소득에서 공제되는 필요경비율을 기존 60%(400만 원 기본공제 추가)에서, 등록 임대사업자는 70%로 확대하고 미등록 임대업자는 50%로 축소하기로 했다. 한 해 2,000만 원의 임대소득을 올릴 경우 현행대로라면 등록 임대사업자(8년 임대 기준)는 연간 14만 원의 세금이, 미등록 임대업자는 56만 원의 세금이 부과되는데, 이번 대책이 적용되면 등록 임대사업자의 세액은 7만 원으로 줄어들고, 미등록 임대업자의 세액은 84만 원으로 늘어나게 된다.

2019년 이후 임대소득이 과세됨에 따라 건강보험료 부담 역시 늘어나지만, 등록 임대사업자들은 건강보험료도 대폭 감면받는다. 그동안은 2,000만 원 이하 임대소득은 과세당국에 파악되지 않아 피부양자로 등록하면 건보료를 내지 않았지만, 2019년 이후에는 이들도 지역가입자로 전환되게 된다. 4년 임대주택으로 등록할 경우에는 건보료 인상분의 40%를, 8년 준공공임대주택으로 등록할 경우 80%를 감면받는다.

2018년에 종료될 예정이었던 취득세와 재산세 감면제도도 2021년까지 3년간 추가 연장하고 감면 요건도 완화하기로 했다. 취득세의 경우 공동주택이나 주거용 오피스텔을 임대주택으로 등록하면 전용면적 60㎡ 이하는 면제(취득세액이 200만 원을 초과할 경우 85% 감면)하고, 60~85

㎡ 주택은 8년 이상 임대 시 50%가 감면된다. 재산세는 40㎡ 이하는 면제되고, 40~60㎡는 50~75%, 60~85㎡는 25~50% 감면된다. 재산세의 경우 주택을 2호 이상 임대를 해야 감면 혜택이 적용됐지만 앞으로는 8년 이상 장기임대하는 소형주택(40㎡ 이하)은 1호만 임대해도 감면 혜택이 부여된다.

정부는 임대주택 등록 활성화 효과 등을 검토한 뒤 2020년 이후 다주택자의 임대주택 등록 의무화와 전월세상한제, 계약갱신청구권제 도입을 추진하겠다고 밝혔다.

## 04
# 앞으로 5년간 아파트 값은 어찌 될까

사실 시장 전망처럼 어렵고 위험한 것은 없다. 한치 앞도 보지 못하는 것이 우리네 인생인데 각종 변수가 얽히고설켜 돌아가는 한국의 부동산 시장을 정확히 전망하는 것은 사실상 불가능하다. 게다가 국민 대부분의 전 재산이 부동산인 우리 현실에서 시장을 잘못 전망해주면 큰 손해를 보는 사람도 생길 수 있으므로 지극히 위험한 일이기도 하다.

그럼에도 부동산 시장에 오랫동안 종사한 전문가로서 나름의 소신을 가지고 얘기하지 않으면 그건 직무유기에 해당된다. 따라서 나중에 틀려 비난을 받더라도 필자의 견해를 밝히고자 한다.

한국의 주택 혹은 아파트 시장은 3년간은 상승 곡선을 이룰 것으로 전망된다. 그 이후 2년간은 완만한 안정세가 지속될 것으로 판단된다. 그 이유는 기준금리가 1.5%로 저금리인데다 앞으로 기준금리 인상이 예상돼 있다고 해도 한 번에 올릴 수 있는 게 0.25%이므로 3%까지 진입하려면 최소 3년은 걸릴 것이기 때문이다.

기준금리가 인상되면 부동산 시장에 좋지 않은 영향을 미친다고 알려져 있지만 금리 인상이 부동산 시장에 영향을 미치려면 꾸준한 금리 인상이 몇 단계 지나야 한다는 것이 일반적인 의견들이다. 금리를 인상한다는 것은 경기가 좋아진다는 신호이므로 경기 회복과 함께 부동산 시장도 상승세를 지속하게 되는 것이다.

경기를 부양시키기 위해 제로금리를 7년 간 유지했던 미국은 경기회복과 함께 기준금리를 2015년 12월 인상했다. 그 이후 5차례 더 기준금리를 인상해서 2018년 4월 현재 1.75%까지 올라갔지만 부동산 상승세는 멈추지 않고 있다. 전문가들은 미국의 부동산 시장이 앞으로도 3, 4년간은 더 상승할 것으로 내다보고 있다.

하지만 한국 시장에는 미국 시장에 없는 변수가 있다. 그것은 강력한 부동산 규제 정책이다. 이미 6차례나 부동산 규제책을 발표한 문재인 정부는 부동산 시장의 과열이 꺾이지 않으면 더욱 강력한 부동산 진정책을 내놓을 가능성도 있다. 그것은 보유세 인상이다. 종부세 인상보다 더욱 강력한 것은 다주택자에 대한 재산세 가중 부담이다. 보유세 인상은 문재인 정부로서도 부담스러운 정책이라 쉽게 내놓기는 어려울 것으로 전망되지만 만일 강력한 세제 정책이 나온다면 시장은 급격히 냉각될 것이 분명하다.

부동산 시장이 상승세를 유지한다는 필자의 의견에 동의한다면 아파트 투자에 나서도 무방하다. 단 3년 이상 상승세를 유지하기는 힘들

것으로 보이므로 서울 도심의 블루칩 아파트 위주로 투자하기를 권한다. 그 지역의 랜드마크, 혹은 '대장주'로 불리는 블루칩 아파트는 오를 땐 많이 오르고 떨어질 땐 적게 떨어지기 때문에 시장이 불투명한 이런 시기에는 최적의 투자 대상이다. 강남의 재건축 아파트, 한남뉴타운이나 성수전략정비구역의 재개발 부동산 등도 블루칩 아파트라고 할 수 있다.

갭 투자 등으로 수도권이나 서울 변두리 아파트들을 무분별하게 사들인 투자자들은 똘똘한 블루칩 한 두 채만 보유하는 전략이 무엇보다 시급한 시점이다. 2018년 4월 이전에 처분하지 못한 다주택 보유자라면 양도차익이 적은 주택부터 순차적으로 매도하면서 부동산 시장의 진행 상황을 살펴볼 필요가 있다.

## 시장 전망이 헷갈릴 때는 '가치투자'를

부동산 시장이 앞으로 3년간 상승세를 유지한다는 필자의 의견에 동의하지 않는 분들도 많을 줄 안다. 이렇게 시장 전망이 헷갈리는 분들은 '쌀 때 사서 비쌀 때 판다'는 시세차익 투자에서 탈피하면 된다. 시장 전망과 상관없이 가치가 지속적으로 상승하는 물건에 투자하는 '가치투자'를 하면 되는 것이다.

가치투자는 시세차익 투자에 비해 안전하지만 물건을 선택하기가 어렵다는 것이 문제점으로 지적된다. 생업에 종사하느라 시간 내기 힘든 판국에 주말마다 발품 팔아 '좋은 물건 찾아 삼만 리'하는 것은 엄두가 나지 않는다. 이를 악물고 돌아다니는 수고를 마다하지 않는 사람도 있긴 하지만 좋은 물건은 보이지 않고 오히려 다리에 알이 배고, 신발이 닳아 헤지기만 하는 경우가 부지기수다.

여유자금을 오랫동안 사용하지 않아도 되는 사람들이라면 지금이라도 강남재건축 아파트를 구입하면 된다. 강남재건축은 정부의 규제에 따라 가격이 떨어지기도 하고 거래가 이루어지지 않는 경우도 있지만, 장기적으로 보면 가격이 늘 오를 수밖에 없는 부동산이다. 우리나라에서 가장 좋은 입지에 위치해 있는데다 수요에 비해 공급이 적기 때문이다. 다만 초기투자비용이 많이 들고 자금이 오랫동안 묶일 수 있다는 점에서 자금 여유가 충분한 사람에게나 가능한 투자이다.

월세가 꾸준히 나오는 부동산은 가치투자의 핵심이자 요체다. 1, 2인 가구가 증가하는 추세이기 때문에 도심에 위치한 월세 부동산의 인기는 식을 줄을 모른다. 월세가 꼬박꼬박 나오는 주택이나 오피스텔, 상가 등을 잘만 구입해 놓으면 평생 월급봉투를 또 하나 갖는 것과 같다. 언제 잘릴지 모르는 직장인이나 노후를 대비해야 하는 사람들에게는 시세차익 투자보다는 월세부동산을 구입하는 것이 훨씬 현명하다.

시세차익 투자는 시장 전망에 따라 명암이 갈릴 수 있으므로 불안하기 짝이 없지만 월세부동산은 가치를 지금 당장 따져볼 수 있기 때문에 매우 안전한 투자라 할 수 있다. 월세부동산이라고 해도 미래가치가 중요하기 때문에 유동인구가 늘어날 수 있는 지역을 선택해야 한다. 그래야 임대료가 상승해 자산가치가 증식되기 때문이다.

공동주택이나 다가구주택을 지을 수 있는 땅을 구입하는 것도 매우 유력한 투자방법이다. 서울이나 대도시는 집을 지을 수 있는 땅이 점점 줄어들기 때문에 사두기만 하면 무조건 오른다고 봐야 한다. 특히 도심으로 출퇴근이 용이한 지역은 매물이 나오기 무섭게 팔리고 있는 실정이다.

나대지는 거의 없기 때문에 단독주택이나 근린생활시설, 오래된 다가구 주택 등이 대상이 된다. 대지가 반듯하고 최소 40평 이상은 돼야 철거하고 공동주택 등을 제대로 지을 수 있다. 강남이나 용산 등은 최소 3,000만 원 이상, 강북의 도심도 2,500만 원 이상이 넘기 때문에 초기투자자금이 많이 들어가는 것이 어려운 점이다.

자금이 모자랄 때는 뜻이 맞는 지인들과 힘을 합쳐 공동으로 구입하는 것도 좋은 방법이다. 자금을 모아 매물을 구입해서 집을 지은 뒤 층별로 개별등기하면 큰 마찰 없이 고정수입이 보장되는 부동산을 가질 수 있게 된다.

## 05
# 부동산 투자란
# 무엇인가

　내가 하면 로맨스고 남이 하면 스캔들이라더니 부동산 투자로 돈을 번 사람들에 대한 시선이 곱지 않다. '사촌이 땅을 사면 배가 아프다'고 하던가, 돈을 벌었으면 칭찬해주고 어떻게 벌었는지 술을 사며 물어봐도 시원찮을 판에 '투기했다고' 폄하하기 일쑤니 어처구니가 없다.

　부동산 투자로 부자가 된 사람들에 대한 사회의 시선이 좋지 않은 것은 아마도 '투자'와 '투기'에 대한 정의가 공론화되지 않았기 때문일 것이다. 사실 투자와 투기를 구분하는 것은 쉽지 않다. 그러나 대부분의 부동산 전문가들은 어떤 노력 없이 시세 차익을 얻는 것을 투기라 하고, 본인의 노력을 기울여 개발 이익을 창출하는 것을 투자라 하는 데 의견의 일치를 보고 있다.

　노력 없이 불로소득을 얻는 것은 경제적으로 나쁜 영향을 미치는 데다 열심히 일해 돈을 버는 사람들의 의욕을 꺾기 때문에 바람직하지 않다. 아파트를 샀는데 많이 올랐다더라, 땅을 샀는데 그 옆에 도로가 생겨 몇 배로 뛰었다든가 하는 것은 투기로 비난의 대상이 되어야 마땅하다. 반면 땅을 구입해 집을 짓거나 공장을 신축해 땅값을 올리거나, 낡은 집을 사서 리모델링을 해서 건물의 가치를 올리는 것은 투자이므로 칭찬의 대상이 된다. 월세가 꾸준히 나오는 부동산을 구입해 임대료를 올리는 노력을 하는 것도 투기가 아니라 투자다.

그런데 아직도 올바른 부동산 투자가 무엇인지 모르는 사람들이 많은 것 같다. 개발 이익을 창출하고 가치를 상승시킨다고 해서 다 투자는 아니다. 진정한 투자는 돈을 아예 들이지 않거나 최소한의 비용만 들여 부동산을 구입하는 것이다. 그 최소한의 비용도 내 돈이 아니라 은행 돈, 즉 레버리지 효과를 극대화하는 것이 투자의 요체다.

내가 가진 여유 돈을 가지고 부동산을 구입하는 것은 투자가 아니라 매입이다. 아무리 돈이 많다고 해도 6억 원짜리 아파트를 6억 원을 다 주고 구입하는 것은 투자가 될 수 없다. 1억 원이나 2억 원을 들여 구입해야 기회비용을 살리고 개발 이익을 얻을 수 있어 투자가 될 수 있는 것이다.

부동산 거품이 걷힐수록 시세 차익을 위한 투기는 사라지게 되고, 진정한 투자만 돈을 버는 세상이 된다. 물건 찾아 발품을 팔고 남보다 먼저 정보를 입수하고 머리를 쥐어짜서 가치를 상승시키는 개발을 해야 돈을 버는 올바른 세상이 되는 것이다. 이제부터라도 부동산으로 돈을 벌려면 매입이 아니라 투자를 해야 하고, 그러기 위해서는 남보다 몇 배 노력해야 한다.

부동산 투자의 핵심은 '싸고 좋은 물건 찾기'에 있다. 부동산 투자의 시기를 잘 잡고 미래가치가 높은 지역을 찾아냈다고 해도 좋은 물건을 구하지 못하면 투자에 성공할 수가 없다. 그런데 이 좋은 물건 찾기가 쉬운 일이 아니다. 부동산 현장에서 10여 년을 돌아다닌 전문가도 찾기가 쉽지 않은 물건을 일반인들이 찾아내려면 부동산 유통의 원리를 먼저 알아야 한다.

부동산도 상품으로서 시장에서 유통되기 때문에 엄연히 유통의 논리가 존재한다. 부동산 유통의 구조는 통상 매도자–중개업소(컨설팅)–매수자, 건축주–분양대행사(컨설팅)–매수자로 이루어진다. 대부분의 일반 매수자는 중개업소를 통해서 기존 주택 또는 토지를 매수하게 된다. 이 경우 유통은 어떻게 이루어질까?

### 싸고 좋은 물건을 보다 쉽게 찾으려면

자, 좋은 물건을 중개업소가 확보했다고 치자. 중개업소는 이 물건을 잘 알지도 못하는 뜨내기 매수자에게 줄까? 천만의 말씀, 만만의 콩떡이다. 능력이 있으면 본인이 먹고, 능력이 없으면 단골 컨설팅업체에 준다. 본인이 먹으면 돈을 많이 벌 수 있고, 컨설팅업체에 주면 복비보다 훨씬 많은 수수료를 받을 수 있기 때문이다. 언제 다시 볼지 모르고 얼마 되지 않는 복비마저 깎으려 드는 뜨내기 매수자에게 줄 리가 없다.

이런 상황을 모르고 급매물을 찾겠다며 돌아다니는 매수자가 있다. 소 뒷걸음질 치다 쥐 잡는 일이 자주 발생하는 것이 아니다. 신발만 닳고 다리만 아프지 별 실속이 없다.

이게 귀찮으면 공신력 있는 컨설팅업체의 도움을 받는 것이 유력한 방법이다. 컨설팅업자는 부동산을 보는 안목이 높고 많은 중개업소와 네트워크가 형성이 돼 있기 때문에 '좋은 물건'을 비교적 빨리 찾아낼 수 있다. 게다가 매수자가 직접 사는 것보다 가격이 더 싸기 때문에 수수료를 지급하고도 물건을 더 싸게 구입할 수 있다.

유명인이나 부자일수록 직접 물건을 찾기보다는 컨설팅업체를 이용한다. 수수료를 지급해도 더 좋은 물건을 더 싸게 구입할 수 있다고 믿기 때문이다. 하지만 일반인들은 수수료가 아까워서 혹은 컨설팅업체를 믿지 못해서 직접 구하러 돌아다닌다. 사막에서 오아시스 찾기와 다를 바 없다.

신규 분양 물건의 유통 과정은 기존 물건과 다르다. 아파트와 상가, 오피스텔은 거의 대부분 건축주–분양대행사–매수자의 유통구조로 이루어진다. 단, 아파트는 청약을 통해 당첨자를 선정하는 방식이다. 분양대행사는 신규 분양을 위해 상당한 마케팅을 해야 하고 그 경비는 고스란히 매수자가 떠안는다. 원가가 높으니 매수자가 당첨이 된다 해도 프리미엄이 높게 붙을 수가 없다.

이 당첨된 아파트를 분양 받은 자로부터 프리미엄 주고 사는 사람도 많다. 과연 차액을 남길 수 있을까? 모두에게 노출된 정보와 높은 원가로 이루어진 아파트가 올라봐야 얼마나 오르겠는가? 건축주와 분양대행사만 살찔 뿐이다. 그 대지가 정부나 지자체가 제공한 택지라면 택지 제공자도 배가 부르게 된다.

미분양된 물건이나 임의분양 하는 물건 중 좋은 물건은 돈이 될 수 있다. 싸게 살 수 있기 때문이다. 하지만 이런 물건도 일반 매수자가 직접 만나기는 쉽지 않다. 부동산 시장의 유통구조상 직거래 장터가 형성돼 있지 않기 때문이다. 이 경우에도 발 빠른 컨설팅업체나 부동산 전문가가 낚아챌 가능성이 크다.

19세대 이하의 공동주택은 건축주가 임의분양 할 수 있다. 건축주는 광고를 하게 되면 원가가 높아지므로 대부분 분양대행사나 컨설팅업체에게 이 물건의 판매를 대행시킨다. 다세대주택이나 연립주택, 타운하우스, 원룸주택 등 신규로 공급하는 물량을 일반인들이 접할 수 없는 이유가 바로 이 때문이다.

필자가 부동산 시장에 나온 지 15년이 지났지만 지금까지 가장 어렵게 느끼는 것이 바로 물건 찾기다. 좋은 물건을 만나려면 상당한 인프라와 네트워크, 안목이 삼위일체가 돼야 하고 그러기 위해서는 시간이 상당히 필요하다. 그런데도 네트워크나 안목이 없는 일반인들이 좋은 물건을 찾겠다고 돌아다니는 것을 보면 측은한 생각이 든다.

그렇다고 컨설팅업체를 이용하라고 말하면 장삿속이라는 오해를 살 수 있어 그동안 말을 하기가 어려웠다. 사실 컨설팅업체 중에는 사기꾼들도 있으니 말이다. 따라서 무조건 컨설팅업체가 내놓는 물건을 살 게 아니라 여러 물건을 비교해서 꼼꼼히 분석한 뒤 판단해야 한다. 그러기 위해서는 스스로 부동산을 보는 안목을 키워놓을 필요가 있다.

## 06
# 인플레이션을 모르면
# 당신은 영원한 패자

 내 집 마련은 투자 이전에 소중한 내 가족을 위한 거주공간을 확보하는 것이다. 그래야 가족 간에 미소가 싹트고 든든한 배경으로 어려운 세파를 헤쳐 나갈 수 있다. 홈그라운드가 있어야 생활이 안정되고, 베이스캠프가 있어야 정상을 정복할 수 있는 것이다.

 그런데 언제부터인가 내 집 마련을 포기하는 젊은이들이 점차 늘어나고 있다. 아파트 값이 너무 비싸 살 엄두가 나지 않는 것이다. 서울에서 어지간한 25평형 아파트 값이 3억 원이 넘으니 월급을 아끼고 모아서는 요원할 뿐이다.

 생각해보라. 한 달에 100만 원을 저금하려면 얼마나 허리띠를 졸라매야 하는가. 먹고 싶은 것, 사고 싶은 것 참아야 하고, 동료들과 술 한 잔하려 하면 계산할 때 화장실 가거나 구두끈을 매만져야 한다. 그런데도

일 년에 1,200만 원, 10년 지독하게 모아야 1억2,000만 원이다. 사고자 하는 아파트 값의 3분의 1밖에 되지 않는다. 그나마 그 돈의 가치가 제대로 보존됐을 때의 얘기다.

인플레이션에 의해 돈의 가치는 해마다 떨어진다. 1년 평균 인플레이션이 4%이므로 10년이면 40%, 따라서 뼈 빠지게 모은 1억2,000만 원은 어느새 7,200만 원으로 줄어 있다. 미치고 환장할 노릇이다.

그래서 머리가 좀 돌아가는 사람들은 주식이나 펀드에 투자한다. 잘되면 좋지만 잘못 걸리면 그마저도 반 토막이 된다. 5년 안에 몇 배 튕겨준다는 기획부동산의 꼬임에 넘어가 전 재산을 날리는 경우도 비일비재하다. 그렇다고 은행에 넣어두어서는 이자가 쥐꼬리만 하다. 저축은행 등에 넣어두면 내 돈이 아니라 남의 돈이 되는 분통 터지는 일도 생긴다.

돈을 아끼고, 모아서는 부자 되기는커녕 내 집 마련도 요원하다. 돈이 모이는 속도가 화폐가치가 추락하는 속도를 이길 수 없기 때문이다. 돈의 이자율보다 인플레이션이 높기 때문에 돈을 모아서는 화폐가치 추락에 의해 가격이 상승하는 아파트 값을 쫓아갈 수 없다. 거북이는 토끼가 잠시 잠을 잘 수 있기 때문에 추월이 가능하지만 인플레이션이란 토끼는 잠을 자는 법이 없다. 가장 큰 빚쟁이인 정부와 은행, 대기업이 먼저 자신들의 빚을 일정부분 탕감하기 위해서는 인플레이션을 조장할 수밖에 없기 때문이다.

IMF 이후 국내 시장에 들어온 달러는 한국 시장을 좌지우지하고 있다. 이 달러가 국내에서 빠져나가게 되면 한국 경제가 어떻게 되는지는 이미 2008년 가을 경험한 바 있다. 미국이 달러를 찍으면 달러 가치가 하락한다. 달러 가치가 하락하면 원화의 가치가 상승하므로 한국은 원화의 가치를 하락시키기 위해 돈을 찍어낼 수밖에 없다. 원화 가치가 상승하면 수출에 심각한 장애가 생긴다. 한국은 수출의존 국가다. 따라서 인플레이션은 앞으로도 계속 심화될 것이므로 원화의 가치는 지속적으로 하락하게 된다. 그러니 돈을 모아서, 아껴서 과연 돈의 가치를 높일 수 있겠는가.

## 콩나물 값 아끼고 '빵꾸' 난 양말 신어서 부자가 되는가

옛날 장독대 밑에 돈을 묻어서, 이불 속에 돈을 꿰매 넣어 부자가 됐던 것은 인플레이션이 없던 시절 이야기다. IMF 이후 국내 시장에 외국 돈이 들어오면서부터는 돈을 아끼고, 모아서는 돈을 불릴 수 없다.

다시 한 번 본인의 삶을 냉정하게 바라보라. 한 달에 몇 십만 원을 아끼기 위해 얼마나 절약하고 검소한 생활을 했는가. 그런데도 삶이 나아졌는가. 평생을 콩나물값 아끼고 빵꾸 난 양말 꿰매며 살아온 우리의 부모님 삶이 윤택해졌는가. 항상 허리띠를 졸라매야 살아갈 수 있고, 집 한 칸 장만하기 위해서는 대출을 받아야 하고, 이자 물다 보면 젊은 시절 다 가고, 대출금 갚다 보면 은퇴해서 뭘 먹고 살아야 하나 고민하는 노인네가 된다.

돈을 아끼고 모아서는 절대 내 집을 마련할 수 없다. 절대 부자가 될 수 없다. 그러면 어떻게 해야 한단 말인가? 돈이 무엇인지, 돈을 어떻게 만들어야 하는지를 알아야 한다. 이 세상에서 가장 중요한 것이 돈인데, 우리는 초중고 대학교까지 무려 16년을 배웠으면서도 돈을 가르쳐주는 사람을 만난 적이 없다. 그러니 그저 아끼고 모을 뿐이다.

부자가 되려면 돈을 모을 게 아니라 빌릴 수 있는 돈을 모조리 빌려야 한다. 그걸 사업자금으로 삼아서 이자보다 더 높은 수입을 올리면 된다. 거의 모든 재벌이 남의 돈으로 사업해서 부자가 되었다는 사실을 명심하자. 월급쟁이는 돈을 모아서 부자가 될 수 없지만, 돈을 빌릴 수 있기 때문에 부자가 될 수도 있다.

따라서 이자보다 많은 수입을 올릴 수 있는 사업이 무엇인지 연구하고 찾아야 한다. 부자가 되기는 어려운 법이다. 처음에는 막막하고 답답하겠지만 열심히 노력하면 길은 반드시 있다. 부자가 되기 위해서는 피눈물을 흘려야 하지만 일단 부자가 되면 그 열매는 달다.

돈을 빌리라고 하니까 "빚쟁이가 되라는 말이냐" 하며 화내는 분들이 있다. 이런 분들은 돈을 벌 수 있는 사업대상이 무엇인지 눈을 부릅뜨고 찾을 생각은 하지 않고, 빚쟁이가 되면 어쩌나 걱정부터 한다.

6억 원짜리 아파트를 돈을 모아서는 살 수 없지만, 돈을 빌릴 수 있으면 5,000만 원으로도 살 수 있다. 한 달에 월세가 꾸준히 나오는 부동산을 돈을 모아서는 살 수 없지만 돈을 빌릴 수만 있다면 구입해서 이자를 내고도 월 몇 십만 원의 수익을 올릴 수 있다.

부자가 되고 싶은가. 그러면 지금이라도 은행에 가서 저금해놓은 돈을 당장 찾아라. 그리고 궁색하게 아끼면서 살 생각을 버려라. 대신 돈을 빌릴 수 있는 방법을 찾고, 돈을 빌려도 괜찮다는 마음가짐을 갖고, 그리고 이자를 능가하는 수입을 올릴 수 있는 대상을 찾아라. 그러면 부자가 될 수 있다.

## 07
# 당신은 양떼의 꼬리가
# 될 것인가

부동산 투자에서 성공하려면 무엇보다 정보를 선점하는 능력이 있어야 한다. 남보다 빨리 고급정보를 입수해서 결단력을 가지고 결행해야 한다. 하지만 이런 능력을 가진 사람들은 극소수에 불과하고 대부분의 사람들은 시장이 과열되고 나서야 뒤늦게 투자에 나서 상투를 잡거나 실패하곤 한다.

'소문에 사고 뉴스에 팔아라'는 말은 선점의 중요성을 강조한 것이고, '동네 아줌마도 다 알면 투자하지 말라'는 말은 시장이 과열되어 투자에 나서봤자 손해만 본다는 뜻이다.

시장을 선점할 능력도, 의지도 없는 대다수의 투자자들은 사실 금방 뜨거워지고 금방 식어버리는 '냄비'와 같다. 시장이 과열될 때까지 아무 생각이 없다가 '지금이라도 투자하지 않으면 큰 손해를 보지 않을까' 하는 생각이 들어 갑자기 투자 열기에 휩싸이기도 하고, 시장에 침체 기미가 조금이라도 보이면 언제 그랬냐는 듯이 싸늘히 식어버린다. 시장이 과열되면 매도해서 이익을 본 뒤 시장이 침체돼 시장이 냉각되면 투자에 나서는 '부자'들과 상반된 행보를 보인다.

시장이 침체돼 있으면 언젠가는 시장은 회복되기 마련이다. 시장이 회복기를 넘어 과열되면 다시 언젠가 침체되기 마련이다. 공급과 수요의 법칙에 의해 부동산 시장 역시 침체기와 회복기, 과열기, 하락기 등을 거친다.

대부분의 사람들은 침체기보다는 과열기에 부동산 투자를 감행한다. 이때 하는 부동산 투자를 '폭탄 돌리기' 혹은 '양떼효과'라고 한다. '폭탄 돌리기'는 언젠가는 거품이 걷힐 부동산을 비싼 값에 사다가 값이 폭락하면 큰 손해를 본다는 뜻이다. '양떼효과'는 무리에서 혼자 뒤쳐지거나 동떨어지는 것을 싫어해서 따라하는 현상으로, 사람들이 투자하니까 아무 생각 없이 따라하다가 상투를 잡는다는 것을 빗대서 하는 용어다.

폭탄을 돌리든지 양떼를 쫓아다니더라도 중간 정도에만 서 있으면 손해를 볼 일은 없다. 문제는 폭탄을 받았는데 터진다든지 양떼의 꼬리에 있어서 절벽으로 떨어지는 것도 모르고 계속 쫓아다닐 때 생긴다. 부동산은 주식이나 비트코인과 달라서 거의 전 재산에 해당되기 때문에 실패는 그 순간 쪽박이나 패망으로 직결된다.

그렇다고 부동산 투자를 아예 하지 않는 것은 해답이 될 수 없다. 월급쟁이들이 아무리 돈을 아끼고 열심히 모은다고 해도 오르는 전세금이나 집값을 쫓아갈 수 없기 때문이다. 특히나 노후 재테크가 중요하게 부각되고 있는 현실에서 부동산 재테크는 필수가 아니라 거의 생존에 가깝다.


## 부동산 안목을 키워야 양떼 앞에 선다

양떼의 꼬리를 면하려면 시장에 대한 안목을 먼저 키워야 한다. 시장이 어떻게 돌아가는지를 알아야 어떤 게 돈이 되는 정보인지, 그 정보를 어떻게 하면 남보다 먼저 알아차릴 수 있는지를 알 수 있게 되기 때문이다. 안목을 키우는 가장 좋은 방법은 부동산 스승을 모시는 것이다. 그 스승은 책이나 강의가 될 수도 있고, 지인이나 부동산 전문가가 될 수도 있다.

요즘은 잘 찾아보면 가치 있는 부동산 책이 많이 나온다. 허접한 책이 아니라 고수의 혼이 담긴 책을 찾아 읽는다면 당신의 눈은 한층 밝아질 수 있다. 강의를 듣는 것도 매우 좋은 방법이다. 그러나 공짜 강의는 무언가 음흉한 목적이 감추어져 있으므로 피하는 것이 상책이다. 그런 강의는 당신의 눈을 밝게 하기는커녕 당신의 마음 깊숙한 곳에 감춰진 욕망을 들추어내 사악한 유혹의 손길을 잡게 할 수 있다.

부동산에 정통한, 혹은 성공 투자의 길을 아는 멘토를 만난다면 당신의 안목은 매우 좋아질 수 있다. 그 멘토는 친구일 수도 있고 지인일 수도 있다. 그러나 아무리 가까운 친지라도 공짜인 경우는 조심해야 한다. 세상에 공짜 점심은 없다고 했다. 가까운 지인이 그렇게 큰돈을 벌 수 있는 부동산을 자기가 갖지 않고 내게 내민다는 것이 수상하지 않은

가. 과거 사회적으로 큰 물의를 빚은 기획부동산이 잘됐던 이유 중 하나는 바로 믿을 만한 지인들이 권유했기 때문이었다.

우승을 해본 사람만이 우승하는 방법을 안다고 했다. 부동산으로 돈을 벌어본 사람만이 성공 투자의 방법을 안다. 그런 사람들을 멘토로 삼으라. '내가 얼마 벌었다', '내가 돈을 많이 벌 수 있게 해주겠다'고 큰소리친다고 해서 진짜 돈을 많이 벌었다고 볼 수 없다. 진정한 부자는 항상 조용히 웃으며 뒷짐 지고 서 있을 뿐이다.

필자가 재건축에 투자하며 부동산에 입문했던 2000년 초, 재건축 고수를 찾아다니며 투자의 비법과 조언을 구했던 적이 있다. 그들은 화려한 사무실이나 요란한 직함은 없었지만 날카로운 안목과 식견이 있었다. 돈은 많이 벌었지만 겉으로는 부자인 티를 내지 않았다. 겨우겨우 누구를 통해 만나게 되면 분명한 해답을 던져주었다. 적지 않은 상담료를 지불했음에도 절대 아깝다는 생각이 들지 않았다.

양떼효과는 부동산에서 항상 일어나는 현상이다. 당신은 양떼의 앞에 설 것인가, 맨 끄트머리에 머물 것인가. 이것이 당신에게는 지금 가장 중요한 문제다.

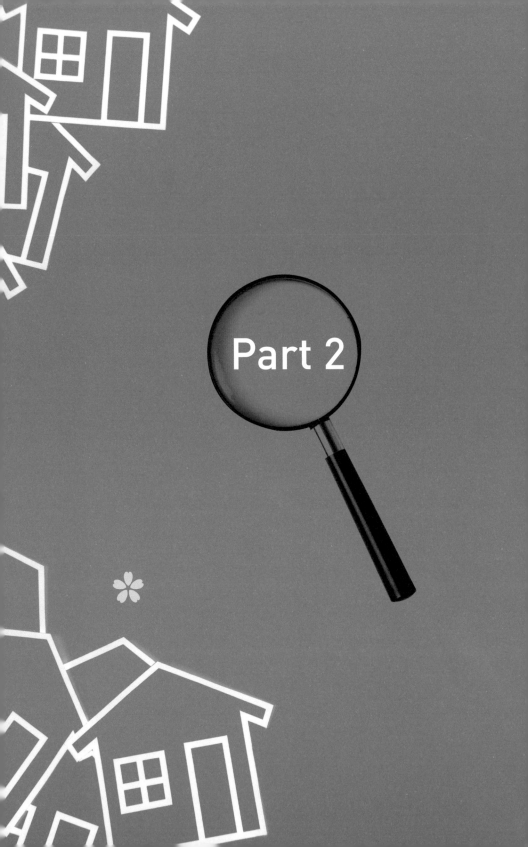

Part 2

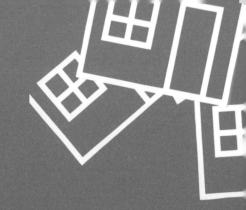

# '사자의 심장'과
# '여우의 꾀'를 가져라

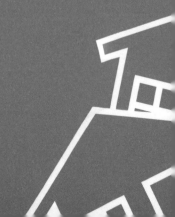

## 08
# 내 친구, 내 지인, 내 부모의 말을 절대 듣지 마라

여러분들이 부자가 되지 못한 것은 부자가 되는 방법을 알지 못했기 때문이다. 사실 부자가 되는 방법은 엄청나게 어려운 것은 아니다. 다만 그 방법을 가르쳐줄 사람을 그동안 만나지 못한 것이다.

여러분들의 주위를 돌아보라. 가족 중에, 가까운 친척 중에, 친구 중에 부자가 있는가. 끼리끼리 논다고, 부자가 당신 주위에 있었다면 당신은 벌써 부자가 돼 있을 것이다. 부자가 되는 비법을 벌써 전수했을 테니 말이다.

부자가 되는 비법은 아무에게나 가르쳐주는 게 아니다. 무림 비기처럼 자신의 수제자에게만 전수된다. 아버지가 부자면 자식도 부자가 된다. 재산을 물려주기 때문만은 아니다. 돈을 만들 수 있는, 돈을 벌 수 있는 비법을 알려주기 때문이다.

당신의 부모님이 부자가 아니라면 당신은 부자가 되는 방법을 알기가 어렵다. 재산을 물려주지 않는다고 투덜댈 것이 아니라 부자가 되는 비법을 알아내려고 노력해야 한다. 당신의 친구 역시 부자가 아니라면 그로부터 배울 재테크는 없다. 그들은 지금도 계속 이렇게 말할 것이다. 쓸데없는 투자에 관심 갖지 말고, 그저 직장 열심히 다니고 절약해서 돈을 모으는 것이 최선이라고.

당신의 부모님이 그렇게 열심히 직장 다니고, 정직하게 살고, 검소하게 절약해서 산 결과가 어떤가. 부자로서 떵떵거리고 살고 있는가. 아닐 것이다. 당신의 친구는 또 어떤가. 그들 역시 당신과 마찬가지로 쥐꼬리만 한 월급 받아 애들 키우느라 허리가 휘고 있다. 그 직장도 언제 잘릴지 몰라 상사 비위 맞추며 스트레스 심한 직장생활을 감내하고 있다. 그래도 부모님이란 이유로, 친구나 친지란 이유로 그들의 고견을 듣고 싶은가.

필자에게 상담 온 사람 중 많은 사람들이 최종 결정 단계에서 포기하는 가장 큰 이유는 그들의 부모 혹은 친구들의 반대 때문이었다. 돈을 벌려면 지금까지의 고정관념에서 벗어나야 하는데, 좋은 대학교 나와 좋은 직장에 근무하는 사람들일수록 이런 고정관념에서 탈피하기 어렵다. 시장에서 장사를 하며 성장한 사람들은 돈을 어떻게 만들어야 하는지 스스로 터득하지만 누가 주는 돈만 받으며 살아온 직장인들은 스스로 돈을 만드는 방법을 알지 못한다.

필자가 어렵게 그들의 사고방식을 변화시켜 투자를 감행해보도록 설득해도 마음 약한 사람들 대부분은 마지막 결정의 순간 가족이나 친지에게 물어볼 수밖에 없다. "내가 이렇게 새로운 세계에 투자하려는데 괜찮을까?" 하고. 그랬을 때 돌아올 대답은 뻔하다. "위험하니 하지 말라" 거나 "신중히 생각하라" 이다.

이렇게 되면 며칠을 고민해서 새로운 투자의 세계에 발을 들여놓을까 고민했던 당신의 마음은 흔들린다. '내가 무리하는 게 아닐까?' 혹은 '내가 과연 잘하는 일일까?', '에이, 하지 않아도 먹고 사는 데 지장 없는데 잘 모르는 걸 해야 하나' 등등이다. 돈을 벌려면 그만큼의 위험부담을 안아야 한다. 리스크는 두렵고 위험한 게 아니다. 철저히 분석하고 파악하면 충분히 정복할 수 있다.

부자가 되기 위해서는 새로운 세계에 발을 들여놓아야 한다. 지금의 당신이 머물러 있는 곳과 새로운 세계에는 넘을 수 없을 것 같은 강이 가로 놓여 있다. 부자가 되기 위해 강을 건너다보면 빠져서 죽을 수도 있다. 그게 두려워 건너기를 포기한다면 죽지는 않겠지만 지금보다 나은 삶은 없다. 죽기를 각오하고 건너는 데 성공한다면 당신은 부자가 될 수 있다.

당신의 가족과 친지들은 그 강을 건너기는커녕 그런 강이 있다는 것조차 알지 못하는 사람들이다. 그런 사람들에게 강 건너 세계를 얘기한들 그들이 이해할 수 있겠는가. 그러니 당연히 부정적인 답변만 돌아오게 되고 그 답변은 가뜩이나 마음이 약해 갈팡질팡하는 당신을 현실에 다시 안주하게 만든다. 당신의 부모님과 친지들이 아는 부자가 되는 길이란 검소하게 살면서 알뜰히 저축하고 내 집 마련이나 하는 것이다.

## 강 건너려고 타고 가는 뗏목을 버려야 한다면

지금이라도 다시 당신의 부모님을 보라. 부모님이 착하고 검소하고 정직하게 살아온 생의 대가가 어떠한지. 물론 당신을 번듯한 사회인으로 키운 공로는 충분히 칭송받아 마땅하다. 그러나 당신들을 교육시키고 결혼시키느라 그들의 삶은 곤궁하기 짝이 없다. 평생 검소한 생활을 해왔지만 부자가 되기는커녕 항상 생활에 쪼들리느라 여유 있는 삶 한 번 누려보지를 못했다. 이제는 은퇴하여 인생의 막바지를 즐겨야 할 그들이지만 아직도 돈 100만 원을 벌기 위해 힘든 일을 해야 하거나, 아니면 사회에서 소외된 채 근근이 어려운 삶을 영위하고 있다.

부자가 되고 싶은가. 지금보다 나은 미래를 맞이하고 싶은가. 아이들에게 보다 나은 교육 환경과 생활 여건을 마련해주고 싶은가. 은퇴 후 여유 있는 삶을 살 수 있도록 미리 대비하고 싶은가. 그렇다면 부모와 친구, 친지 모두와 인연을 끊어라. 그들과 인연을 끊고 새로운 정보를 취득하여 철저히 분석한 뒤 온전히 본인 판단과 책임 하에 투자를 시도하라. 강에 뛰어들어야 건널 수 있다. 뛰어들지 않으면 새로운 발전은 없다.

배우자는 함께 살아야 한다면 설득하고 가르쳐라. 새로운 세계에 같이 뛰어들어 죽어도 같이 죽고 살아도 같이 살자고 동의를 구하라. 배우자가 반대하면 투자할 수 없다. 반대를 무릅쓰고 감행하면 분란만 깊어진다. 계속 반대하면 투자를 포기하거나 배우자와 이혼할 수밖에 없다.

부모와 친구, 친지 모두와 인연을 끊으라고 하니 걱정하는 분들이 많을 줄 안다. 인연을 끊으라고 해서 다시는 얼굴도 보지 말라는 게 아니다. 다만 투자에 있어서 그들의 조언을 들으려고 청하지 말라는 뜻이다. 섭섭하게 생각하더라도 절대 그들 몰래 투자해야 한다. 그들이 알아봤자 좋을 게 없다. 당신의 마음만 약해질 뿐이니까. 당신이 투자에 성공해 돈을 벌면 그때 가서 그들에게 얘기하면 된다.

부처님은 도의 세계를 전파하기 위해 뗏목을 타고 강을 건널 것을 설파했다. 많은 사람들이 강을 건너기 위해 뗏목을 타기를 거부했지만 일부는 어렵게 뗏목을 타고 강을 건너기 시작했다. 강 건너가 보일 때 그들은 도를 깨칠 수 있다는 희망에 부풀어 올랐다. 그러나 이때 부처님은 뗏목을 버리라고 했다. 뗏목을 버려야 피안의 세계에 도달할 수 있다고 했다. 당신은 뗏목을 버릴 수 있겠는가. 부처님이 미쳤다고 반대하지는 않겠는가.

부자가 되는 길은 바로 당신이 타고 있던 뗏목을 버리는 것이다. 뗏목을 버려야 비로소 부자가 되는 길에 접어들 수 있다. 무서워서 뗏목에 남아 있으면 레드 오션의 세계에서 계속 허우적거리고 방황하며 힘든 삶을 살아갈 수밖에 없다. 뗏목을 버려라. 그래야 당신도 당신의 자식도 미래가 있다.

## 09
# 돈을 아끼고 모으다간
# 쪽박 찬다

물이 흐르지 않고 고여 있으면 썩기 시작한다. 악취가 나고 병충해가 들끓기 시작한다. 빨리 조치를 취하지 않으면 자연이 오염된다. 돈도 흘러가지 않고 한 곳에 오래 머무르면 썩는다. 다만 악취가 나지 않기 때문에 문제가 심각하다는 걸 감지하지 못하는 것이다.

우리는 목돈을 만들기 위해 은행에 돈을 저금하라고 배웠다. 그래서 죽어라 하고 돈을 모았지만 결과는 어떠한가. 내 집을 사기에는 항상 턱없이 모자란다. 생각만큼 돈이 모이지 않으니까 먹고 싶은 것, 입고 싶은 것, 사고 싶은 것을 아낀다. 그래서 얼마나 더 모을 수 있는가. 필요한 욕구를 억제했음에도 돈이 모이지 않으니 삶만 고달플 뿐이다.

은행에 돈을 저금해도 목돈이 되지 않는 이유는 예금 이자가 너무 짜기 때문이다. 은행은 예금과 대출 이자 차이로 먹고 산다. 예금 이자를 늘이면 그 많은 은행원은 무얼 먹고 살겠는가.

우리가 은행에 넣은 그 귀중한 돈은 은행과 대기업만 배부르게 할 뿐이다. 은행은 우리가 넣은 돈을 10배 이상 불려(그게 지급준비율이란 합법적인 방법이다) 남에게 꿔주고 이자 수입을 올린다. 대기업은 은행으로부터 빌린 돈을 가지고 사업을 해서 대출 이자보다 더 높은 수익을 올린다. 손해를 본다 해도 걱정 없다. 정부가 공적자금이란 거창한 이름을 단 국민들의 세금으로 대신 갚아주니 말이다.

더 중요한 이유는 화폐가치가 계속 떨어지기 때문이다. 내 돈이 모이는 속도가 화폐가치가 떨어지는 속도를 따라잡을 수 없기 때문에 돈을 모으는 것은 밑 빠진 독에 물붓기와 다를 바 없다. 10년 전보다 당신의 월급이나 수입은 훨씬 더 늘어났음에도 불구하고 삶은 왜 갈수록 고달픈지 그 이유가 궁금했던 적은 없는가.

우리나라 최대 빚쟁이는 정부와 은행, 대기업 등이다. 빚쟁이는 인플레이션이 심화될수록 유리하다. 화폐가치가 떨어지면 빚이 줄어들기 때문이다. 정부는 돈을 찍을 권리가 있고 은행과 대기업은 수표와 회사채를 발행할 수 있다. 그들은 그것을 마음대로 찍을 권한이 있다. 앞으로 화폐가치가 얼마나 더 떨어질지 상상할 수 있지 않은가?

은행에 돈을 넣어두면 그 돈은 아무짝에도 쓸모없는 종이가 된다. 펀드나 변액보험에 투자하면 이율은 좀 높지만 불안하고 시간이 많이 걸린다. 돈은 활용해야 가치를 발휘한다. 예금이자보다 더 나은 수익률이 나오는 곳으로 돈을 보내야 한다. 그것이 현금흐름이고 돈을 살리는 길이다.

부자가 되려면 빚쟁이가 되어야 한다. 대출을 일으켜 그것으로 대출 이자보다 더 높은 수익을 올려야 한다. 이미 강남부자와 대기업들은 그 방법으로 부를 이뤘다. 그럼에도 대출을 많이 받는 것을 두려워하는 사람들이 많다. 그렇게 배웠기 때문이다. 누가 그렇게 가르쳤는가. 대출을 많이 받아 사업하는 정부와 은행, 대기업들이다. 그들이 대출을 받지 말라고 하는 것은 우리들이 부자가 되길 원치 않기 때문이다. 은행에서 돈을 빼가는 것을 두려워하기 때문이다.

화폐가치는 앞으로 무조건 떨어질 수밖에 없으므로 대출을 많이 받는 것이 유리하다. 정부와 은행, 대기업이 빚을 갚지 않는 한 화폐가치는 절대 오를 수 없다. 부자가 되려면 부자들의 생각을 알아채야 한다. 내 친구, 내 가족, 내 회사 동료와 동네 사람들은 부자가 아니다. 그 사람들의 생각은 알아봤자 손해만 된다.


## 당신의 돈은 썩고 있다

대출을 잔뜩 끼고 집을 산 사람도 돈이 썩고 있다는 걸 자각하지 못하고 있다. 그 많은 이자 비용을 부담하고도 살아가는 데 아무 문제가 없을 정도로 수입이 많다면 그 사람의 돈은 썩지 않는다. 하지만 이자 비용 부담하느라 삶에 허덕인다면 그 사람의 돈은 썩고 있는 것이다. 지금 자문해보라. 내 삶이 편안하고 즐거운지를.

대출이자를 감내하고 살아도 나중에 집값이 많이 오르면 고진감래가 된다. 지금도 대부분의 사람들이 고진감래를 위해 허리띠를 졸라매고 있다. 그러나 이제는 집값이 오를 것이라는 보장이 없다. 오를 수 있다고 우기는 사람도 많지만, 떨어질 수 있다고 믿는 사람도 많다. 확률이 반반이라면 안전한 쪽을 택하는 것이 낫다. 5층 건물에서 떨어져서 살 확률과 죽을 확률이 반반이라면 뛰어내리겠는가. 우리의 집은 우리의 전 재산이므로 목숨과도 같다.

대출 없이 집 샀다고 자랑하는 사람의 돈도 썩어가긴 마찬가지다. 자신의 돈을 활용하지 못하고 깔고 앉아 있으니 더 여유 있는 삶을 살 기회를 놓치고 있는 것이다. 지금의 삶은 편안하겠지만 미래는 불안하기 짝이 없다. 평생 직장에 다닐 수 있고, 항상 돈을 벌 수 있는 것은 아니므로 지금 미래를 준비해야 한다.

집값이 오른다고 치자. 5억 원짜리가 7억 원이 됐다고 하자. 2억 원을 벌었을까? 화폐가치가 떨어지지 않고 유지돼야 2억 원이 실질소득이 되는 것이다. 그러나 화폐가치는 계속 떨어질 수밖에 없으므로 실질소득은 2억 원보다 훨씬 못할 수밖에 없다.

한 달에 월급이 500만 원인 직장인 L씨가 있다. 집도 있고 오피스텔도 있어 일견 여유 있는 삶을 사는 사람으로 보인다. 하지만 그는 행복하지 않다고 한다. 뭔가 알 수 없는 불안감이 있기 때문이다.

그는 대출을 끼고 집과 오피스텔을 사는 바람에 한 달에 이자로만 150만 원 가까이 나간다. 여기에 보험료 등을 제외하면 그의 실제 수입은 300만 원 정도 된다. 아이들의 사교육비 지출이 만만치 않아 그들 가족은 외식 한 번 마음 편히 할 처지가 아니다. 나이는 들고 직장에서 언제 쫓겨날지도 모르는 데 모아놓은 돈도 없으니 미래는 불안할 수밖에 없다.

L씨의 불안을 해소하고 노후를 대비할 수 있는 방법은 없을까. 그것은 이자가 나가는 포트폴리오를 수익이 발생할 수 있도록 재조정하는 것이다. 그러기 위해서는 먼저 '집값이 오르는 것을 기대하지 않고', '대출을 일으키는 것을 무서워하지 않는' 마인드로 바꿔야 한다. 그런 다음 현금흐름이 원활한 부동산으로 갈아타야 한다(부동산이 싫으면 다른 투자대상도 무방하다). 집 두 채를 보유했어도 이자가 월 150만 원 나가는 구조가 생각을 바꾸면 집 두 채를 보유하고도 수익을 50만 원 이상 올릴 수 있는 구조로 바꿀 수도 있다.

지금 당신은 행복한가. 미래가 불안하지 않은가. 만약 이 대답에 자신 있게 '네'라고 대답하지 못한다면 당신의 돈은 썩고 있는 것이다. 돈이 썩는다는 것은 흘러가지 않고 머물러 있는 것이다.

# 10
# 시세 차익이냐,
# 현금흐름이냐

부자가 되고 싶은 사람은 많지만 막상 부자가 되는 사람은 극소수다. 부자가 되는 방법을 모르기 때문이다. 돈을 많이 버는 사람만 부자가 되는 것은 아니다. 돈을 많이 벌지 못해도 돈을 만드는 방법을 알면 부자가 될 수 있다. 그 비결은 바로 현금흐름 확보다.

예를 들어 10억 원짜리 부동산을 보유한 사람이 있다고 치자. A는 그가 거주하는 아파트, B는 토지, C는 매달 월세가 나오는 주택을 보유하고 있다. 이것만으로 따질 경우 이 세 사람 중 누가 가장 잘 살까?

A는 거주 환경은 가장 좋겠지만 이 아파트에서는 돈이 나오지 않는다. 오히려 거주비용으로 많은 돈을 쓰고 있다. A가 돈을 벌려면 이 아파트가 가격이 오르는 길뿐이다. 가격이 오르면 다행이나 그렇지 않으면 돈이 묶여 손해를 자초하게 된다. 만약 대출을 많이 받아 구입했다

면 하우스푸어가 될 소지도 많다. B는 토지 가격이 오르지 않으면 아무 것도 한 일이 없게 된다. A는 거주 환경이라도 좋지만 B는 그렇지 못하다. B 같은 사람을 '10억 거지'라고 한다.

C는 거주환경도 좋지 못하고 토지도 없다. 하지만 그는 매달 현금이 나오는 부동산을 보유하고 있어 현금흐름이 원활하다. 만약 임대수익률이 7%라면 A는 매달 600만 원에 달하는 현금이 생기게 된다. 그는 이 돈으로 삶을 윤택하게 할 수도 있고, 이 돈을 기반으로 다른 투자를 할 여력이 생기게 된다. A와 B는 부동산을 팔 때까지는 아무 것도 할 수 없는 신세지만 C는 부동산을 팔 필요가 없다. A와 B는 가격이 오르기를 학수고대하지만 C는 가격이 오르거나 말거나 관심이 없다. 오히려 물가상승으로 임대료가 올라가게 되므로 생활은 더 나아지게 된다.

현금흐름이란 부의 원천이다. 물줄기를 뚫어야 물이 흘러 논밭이 기름지게 되듯이 부도 현금흐름을 뚫어줘야 시작될 수 있다. 현금흐름이란 매월 고정적으로 돈이 나오는 것을 말한다. 불규칙적이거나 불안한 것은 현금흐름이 아니다. 직장인들의 월급도 훌륭한 현금흐름이다. 사업을 해서 매월 벌어들이는 돈도 현금흐름이다. 주식의 배당금이나 이자도 현금흐름이다. 하지만 주식이나 펀드에 투자한 돈, 부동산에 묻어 놓은 돈은 현금흐름이 아니다. 현금흐름이 없는 돈은 고여 있다가 썩게 된다. 썩은 돈으로는 미래를 만들 수 없다.

현금흐름은 또 다른 현금흐름을 낳을 수 있다는 점에서 상승효과를 탄다. 공무원이나 대기업 직원은 매달 고정적인 수입이 있기 때문에 신용대출을 받을 수 있다. 그는 신용대출을 받아 이자를 내고도 남는 수입이 고정적으로 나오는 곳에 투자함으로써 제2의 현금흐름을 창출할 수 있다. 현금흐름을 창출하는 직장인은 미래를 꿈꿀 수 있지만 월급만 가지고 생활하는 직장인은 평생 가난의 굴레에서 벗어날 수 없다. 돈을 모아서, 아껴서는 더 나은 생활을 할 수 없기 때문이다. 당신이 아무리 돈을 모아도 인플레이션에 의한 화폐가치 추락을 감당할 수 있겠는가.

## 제2, 제3의 현금흐름을 만들어라

직장인들은 외벌이든 맞벌이든 하루라도 빨리 제2, 제3의 현금흐름을 만들어야 한다. 그래야 부자로 가는 길에 접어드는 것이며, 또한 인제 잘릴지 모르는 불안한 미래에 대비할 수 있다.

대출을 끼고 주택을 구입하거나 전세를 끼고 투자 목적으로 아파트를 사는 것, 토지에 돈을 묻는 것은 어리석은 행동이다. 현금흐름이 창출되기는커녕 현금흐름을 스스로 막아버리는 짓이기 때문이다. 매스컴이나 전문가라고 자처하는 이들이 아무리 아파트 값이 더 오를 것이라고 울부짖어도 냉정히 시장을 직시해야 한다. 돈을 묻으면 황금이 되는 것이 아니라 썩는 시대가 이미 '도래 했다'.

부동산 투자란 스스로 개발이익을 창출하거나 현금흐름을 원활히 하는 것이다. 부동산에 돈을 묻고 오르기를 기다리는 요행수는 이제 더 이상 통하지 않는다. 설사 오른다고 해도 내 것만 오르는 게 아니니 돈을 버는 게 아니다. 오히려 부동산 거품으로 인해 우리의 삶의 질은 떨어지므로 부동산이 오른다고 해서 마냥 좋아할 일만은 아니다.

돈이 많아야 현금흐름을 만들 수 있는 것은 아니다. 1,000만 원만 있어도 대출을 끼고 매달 월세가 나오는 부동산을 구입할 수 있다. 초기투자비용이 적을수록 투자 대상을 찾는 것이 어려우므로 초보자는 5,000만 원 정도로 시작할 수 있는 매물을 찾는 것이 현명하다. 안정적인 수입이 보장되고 매년 임대수익률이 상승할 수 있는 지역인 강남이나 용산, 마포의 원룸은 이 정도 금액으로 충분히 구입 가능하다. 단 레버리지 원리를 최대로 이용해야 한다. 수익률은 5% 정도 가능하므로 이자를 내고도 매월 20만 원 정도의 수입을 올릴 수 있다.

현금흐름을 창출하는 일에 가장 게으른 사람이 직장인이라는 통계가 있다. 언제까지나 월급을 받을 수 있다고 착각하고 있기 때문이다. 직장인보다 훨씬 수입이 많은 사업가나 연예인들이 오히려 제2의 현금흐름 창출에 훨씬 더 적극적이다. 그들은 자신들의 앞날을 불투명하게 보고 있기 때문이다. 하지만 직장인도 예전처럼 안정적이지 않다. 정년이 앞당겨지고 있고 불확실한 경기 때문에 하루아침에 직장을 잃는 사람들이 속출하고 있다.

지금부터라도 자신의 현금흐름을 점검하라. 월급 외에 현금흐름이 없다면 직장에서 잘렸을 때 어떻게 살 것인가. 식은땀이 흐르지 않는가. 은행에 넣어둔 돈은 현금흐름이 아니다. 화폐가치 추락으로 그 돈은 썩어가고 있다. 현금흐름은 부의 원천인 동시에 당신의 삶의 에너지다.

# 11
# 거주비용만 줄여도
# 부자 될 수 있다

　대부분의 사람들은 월세 사는 것을 싫어한다. 월세로 살면 상당한 거주비용을 지불한다고 생각하기 때문이다. 따라서 전세로 살거나 집을 하나 장만해 살고 싶어 한다. 하지만 전세로 살든 집을 소유해 살든 우리는 모두 거주비용을 지불하고 있다. 거주비용이 무엇인지 정확히 알고 거주비용만 줄여도 부자로 가는 길을 찾을 수 있다.

　집을 소유한 사람은 매달 임대료가 나가지 않으니 거주비용이 없다고 착각할 수 있다. 하지만 집을 사기 위해 매달 절약한 돈을 비롯해서 집을 사기 위해 포기한 기회비용 등을 감안하면 실제로 매달 상당한 거주비용을 지불하고 있다. 전세를 살고 있어도 전세금의 기회비용과 인플레이션에 의한 화폐가치 추락에 의해 실제로 월세를 지불하고 살고 있는 것과 같다.

예를 들어 5억 원짜리 아파트에 살고 있는 사람의 거주비용은 월 208만여 원이나 된다. 정기예금을 들었을 경우에는 수익이 연 2.5%에 불과하지만 펀드나 주식, 부동산 투자를 했다면 연 5%의 수익을 올릴 수 있었으므로 기회비용 월 208만여 원을 포기한 셈이기 때문이다.

5억 원×5%=2,500만÷12=208.33만

5억 원짜리 아파트를 대출 2억 원을 받아 살고 있는 사람의 거주비용은 얼마나 될까. 5억 원의 기회비용 연 5%와 대출 2억 원의 연 3.5% 이자를 합치면 월 266.66만 원이나 된다. 이런 사람들은 집값이 많이 오르지 않으면 하우스푸어로 전락할 가능성이 높다.

5억 원×5%+2억 원×3.5%=3,200만÷12=266.66만

전세로 살고 있어도 거주비용은 지불하고 있다. 2억 원짜리 전세를 살고 있는 사람의 거주비용은 인플레이션율이 3%라고 가정했을 때 무려 141만여 원이나 된다. 집을 소유한 사람은 부동산의 인플레이션 헤지 기능에 의해 화폐가치 추락은 막을 수 있지만 전세금은 현찰이기 때문에 화폐가치 추락에 의한 손해도 감수해야하기 때문이다. 전세로 살고 있는 사람들 대부분이 아무리 열심히 아끼고 돈을 모아도 전세 난민을 벗어나기 힘든 것은 바로 이 때문이다.

2억 원×5%+2억 원×3.5%=1,700만÷12=141.66만

부자가 되려면 먼저 거주비용부터 줄여야 한다. 자기 수입의 10분 1 이하로 줄여야 돈이 모이고 미래가 있다. 거주비용을 줄이는 정도가 아니라 아예 돈을 벌면서 거주할 수 있다면 머지않아 큰 부자가 될 수 있다.

거주비용을 줄이는 방법은 간단하지만 결단력이 요구되므로 실행하기는 쉽지 않다. 부채 없이 5억 원짜리 집에 살고 있는 사람들은 3억 원을 대출받는다(DTI 규제로 대출 한도가 3억 원이 되지 않으면 한도까지 받는다). 이 3억 원으로 연 5% 정도의 수익이 창출되는 부동산을 구입한다. 그렇게 되면 거주비용은 (5억×5%)+(3억×3.5%)−(3억×연 5%)=2,050만 원이 되므로, 거주비용이 월 170만여 원으로 확 줄어들게 된다.

### 돈을 벌면서 거주할 수는 없을까

그럼 5억 원짜리 아파트를 대출 2억 원을 받아 살고 있는 사람은 어떻게 해야 할까. 연봉이 1억 원이 넘는다면 관계없지만 그렇지 않은 분들은 죄송하지만 깊은 반성과 함께 이사를 가야 한다. 먼저 부채 없이 3억 원짜리 집을 사게 되면 거주비용은 월 266.66만 원에서 125만 원으로 줄게 된다. 하지만 이것만으로는 부자가 될 기반을 갖출 수 없다. 2억 원짜리 전세를 얻고 1억 원으로 연 5%의 수익을 올리는 부동산에 투자한다면 거주비용은 100만 원이 된다.

$$(2억 \times 5\%) + (2억 \times 3.5\%) - (1억 \times 연\ 5\%) = 100만$$

하지만 이것도 양에 차지 않는다. 돈을 벌어야하기 때문이다. 2억 원 짜리 전셋집을 보증금 2,000만 원에 월 90만 원으로 전환시키고, 남은 돈 2억8,000만 원으로 연 6%의 수익을 올릴 수 있다면 거주비용은 월 35.83만 원의 수입으로 바뀐다. {(2,000만×8.5%)+(90만×12)}−(2억 8,000 만×연 6%)=−430만 원이 되기 때문이다.

더 나은 미래를 위해, 더 빨리 큰 부자가 되려면 거주의 불편함을 감 수할 수 있어야 한다. 지금 편하게 살고 나중에 불편하게 사는 것보다 는 젊을 때 불편하게 살고 나이 들어 멋지게 사는 것이 훨씬 바람직하 기 때문이다. 이 말에 동의하는 분들은 '과감하게' 보증금 3,000만 원에 월 120만 원보다 더 싼 집을 구해라. 그렇게 되면 수익을 올릴 수 있는 투자 자금이 더 많아지게 된다.

전세 2억 원에 살고 있는 분들은 2,000만 원에 70만 원짜리 집으로 이 사 가면 거주비용이 월 141.66만 원 지출에서 월 20.83만 원의 수익으로 바뀌는 것을 실감할 수 있을 것이다.

집을 팔아서 거주비용을 수입으로 전환시키라고 해서 무주택자로 살 라는 것은 아니다. 지금까지 자신의 수입에 과분한 거주비용을 지불하 고 살았기 때문에 거주비용을 줄이고 현금흐름을 확보하라는 것이다. 현금흐름을 확보하면 대출에 대한 큰 부담 없이 좋은 집을 살 수 있다.

월 20만 원의 수입이 발생하면 연 3.5%의 대출 6,857만여 원을 일으 킬 수 있다. 월 40만 원의 수입이면 1억3,714만여 원을 빌릴 수 있다. 종자돈 6,000만 원이면 3, 4년 후 잔금 납부 시까지 한 푼도 추가로 부담하지 않고 서울시 요지의 33평형 아파트를 구입할 수 있는 방법도 있다. 1억 원이면 집도 구하고 또 다른 현금흐름을 확보할 수 있는 엄청난 자금이 된다.

지금이라도 거주비용을 줄여서 월 20만 원의 수입을 확보하라. 공짜로 살면서 이자 부담 없이 33평형 아파트를 갖고 싶지 않은가. 그것이 부자가 되는 길이다. 그러기 위해 연 6%의 수익을 올릴 수 있는 부동산을 찾을 수 있는 안목을 높이는 데 진력해야 한다. 집값이 오르기를 우두커니 기다리는 안일한 자세에서 탈피해 적극적으로 돈줄기를 캐는 투사가 되어야 하는 것이다.

# 12
# 전세로 계속 살다간
# 신세 망친다

　전세난은 전세 물건은 모자라는데 전세로 살려는 사람은 많기 때문에 일어나는 현상이다. 집을 소유하고 있는 사람의 입장에서는 집값은 많이 오르지 않고 은행 이자율은 낮기 때문에 전세보다는 월세를 주려고 한다. 집값이 어느 정도 오를 때는 전세를 주는 것이 유리할 수도 있지만 집값이 안정되면 전세를 주는 것이 손해가 된다. 주택 시장이 안정돼 있는 미국이나 유럽 선진국에서 전세 제도가 없는 것은 바로 이 때문이다.

　세입자의 대부분은 월세보다는 전세로 사는 것이 유리하다고 생각한다. 전세로 살면 목돈을 안전하게 맡기고 매월 나가는 돈이 없다고 생각하지만, 월세는 매월 '생돈'이 나가므로 엄청난 손해라고 생각하는 것이다. 게다가 정부의 전세자금 저리대출 제도도 전세를 선호하는 이유가 되고 있다. 이 때문에 전세금이 매매가에 육박하는 기현상이 심화되고 있는 것이다.

과연 전세가 월세보다 유리할까? 전세가 유리한 제도라면 왜 선진국에는 전세 제도가 없는지 의아스럽기 짝이 없다. 전세와 월세 중 어느 것이 유리한지는 거주비용을 따져보면 비교적 정확히 알 수 있다.

전세 2억 원으로 살게 되면 2억×5%(기회비용)+2억×3.5%(인플레이션)=1,700만 원/12=141.66만 원이 한 달 거주비용이 된다. 전세로 살게 되면 매월 나가는 돈이 없다고 생각하기 쉽지만, 실제로는 2억 원을 다른 곳에 투자해서 벌 수 있는 돈을 포기한 기회비용과 인플레이션에 의한 화폐가치 추락으로 인한 손해를 합쳐 매월 141만여 원을 손해 보는 셈이 된다.

이해하기 쉽지 않겠지만 전세로 사는 사람들이 아무리 열심히 일하고 돈을 아껴도 오르는 전세금을 모으기 쉽지 않은 데는 이런 이유가 깔려 있는 것이다. 전세로 살게 되면 재테크할 수 있는 목돈을 깔고 앉

| | 거주비용 산출 방식 | 1년 거주비용 /월 거주비용 |
|---|---|---|
| 전세 2억 원의 거주비용 | 2억×5%(기회비용)+2억×3.5%(인플레이션) | 1,700만/141.66만 원 |
| 월세(보증금 2,000만 원에 월 90만 원)의 거주비용. 남는 돈 1억 8,000만 원으로 연 5%의 수익을 올리는 경우 | {(2,000만×8.5%)+(90만×12)}-(1억 8,000만×5%) | 350만/29.16만 원 |
| 내 돈 2억 원+대출 2억 원으로 집 구입했을 때의 거주비용 | (4억×5%)+(2억×3.5%)(대출이자) | 2,700만/225만 원 |

아 있기 때문에 더 나은 미래를 설계하기가 어려워 전세 난민이 될 확률이 높다.

전세 2억 원은 월세로는 보증금 2,000만 원에 90~100만 원이다. 우리나라는 아직 세입자의 전세 선호 현상이 강해서 전세의 월세전환율은 60~70%밖에 되지 않는다. 집 주인은 월세를 선호하지만 세입자는 전세를 선호하고 정부의 전세자금 저리대출이 있어 월세전환율이 아직은 낮은 편이다. 보증금 5,000만 원에 월 60만~70만 원, 보증금 1억 원에 월 20만~30만 원도 가능하다.

보증금 2,000만 원에 월 90만 원의 거주비용은 {(2,000만×8.5%)+(90만×12)}=1,250만/12=104.16만 원. '뭐야 별 차이 없잖아?' 하고 당신은 반문할지 모른다. 하지만 이렇게 반문한다면 당신은 절대로 부자가 될 자격이 없다. 나머지 1억8,000만 원을 장롱 속에 감추어두거나 은행에 넣어두었을 테니 말이다. 은행에 정기예금을 들어둔다면 이자가 붙긴 하지만 인플레이션도 이자율만큼 하니 실질적으로는 돈이 불어나지 않는다.

당신이 거주비용을 줄이려면 1억8,000만 원으로 기회비용을 살려야 한다. 연 5%면 1년에 900만 원, 연 8%면 1년에 1,440만 원을 벌 수 있다. 그렇게 되면 당신의 거주비용은 1,250만−900만=350만/12=29.16만 원으로 줄거나 또는 1,250만−1,440만=−190만/12=−15.83만 원으로 오히려 15만여 원을 벌면서 거주할 수 있게 된다. 따라서 전세로 사는 것보다는 월세로 사는 것이 거주비용을 줄이고, 당신이 부자로 갈 수 있는 시작이 된다고 필자는 생각한다.

당신은 또 이렇게 반문할지도 모른다. 1억8,000만 원으로 어디에 투자하라는 것인지, 투자해서 과연 5~8%의 수익률을 올릴 수 있다는 것인지, 그러다 그 돈마저 날리는 것은 아닌지 하고 말이다. 당신이 그렇게 의심하고 걱정하는 것은 당연한 일이다. 당신이 투자해서 돈을 벌 수 있는 능력이 있다면 지금 그 모양으로 살고 있겠는가? 부자는 아무나 되는 게 아니다. 돈을 벌려면 피땀을 흘려야 하고 상당한 연구와 노력을 기울여야 한다. 1억8,000만 원을 그냥 들고 있다고 해서 돈을 버는 것은 아니다. 돈을 벌려면 당신이 취직을 위해 노력했듯이 코피 쏟아가며 재테크를 위한 연구를 해야 한다.

## 초보자들이 하기 쉬운 투자가 바로 월세부동산

연 5~8%의 수익률을 올릴 수 있는 투자 대상은 다양하다. 어떤 이는 그 돈으로 부업을 하기도 하고, 주식 투자를 한다거나, 채권을 구입하기도 한다. 하지만 월세가 고정적으로 나오는 부동산 투자는 초보자들이 하기가 그리 어렵지 않은데다 인플레이션 헤지 기능이 있고, 무엇보다 임대료 상승으로 인한 자산 가치 증식이 있어 부를 축적하는 데 유리하다.

물론 당신은 또 이렇게 반문할 수도 있다. '그런 부동산이 있겠어? 원룸이나 투룸 공급이 과잉이고 임대료 수익률도 낮던데' 하고 말이다. 그러나 당신이 이런 수익률 높은 물건을 찾기 위해 얼마나 노력을 기울였는가 스스로 반성해봐야 한다. 보물은 아무나 찾을 수 있는 게 아니다. 오랜 시간 엄청난 노력을 기울여도 찾을까 말까 한다. 그런데 당신은 고작 컴퓨터 앞에서 손가락이나 까딱이고, 지인들의 지나가는 말에 귀를 쫑긋 세우는 정도이니 당신 앞에 나타나지 않는 것은 당연한 일이다.

전세는 부동산, 특히 주택이 비정상적으로 가격이 폭등하는 나라에서만 생기는 왜곡현상이다. 주택 시장이 안정되면 전세 제도는 있을 수가 없다. 집 주인이 정신이 약간 이상하지 않고서야 저금리인 시대에 전세를 놓을 수가 없다. 월세를 받아야 집을 소유할 수 있는 이유가 생기고 손해를 보지 않게 된다. 우리나라도 주택 시장이 안정되면 시세 차익으로 전세 끼고 집을 살 투자자는 없으며, 다주택자들은 거주 외의 집은 모두 월세로 전환해 수익을 올리려 할 것이다.

이런 도도한 자본시장의 흐름을 정부나 국민이 막을 수는 없다. 하지만 전세에서 반전세, 월세로 급격히 전환하게 되면 서민들의 주거가 불안정해질 수 있기 때문에 정부 입장에서는 월세로의 연착륙을 위해 당분간은 전세자금 저리대출을 해줄 수밖에 없다. 하지만 국민 혈세로 언제까지 저리 대출을 해줄 수는 없으므로 임대주택을 지속적으로 공급하여 월세 제도를 정착시킬 것이 분명하다.

따라서 전세를 사는 사람들은 다가올 월세 시대에 대비해 월세로 살고 월세 수입을 올릴 수 있는 투자에 심혈을 기울여야 한다. 그래야 거주비용이 줄어들고 현금흐름이 좋아져 전세 난민에서 벗어나고 더 나은 미래를 계획할 수 있다.

이게 싫다고 해서 그냥 안주해서는 전세 난민이 될 수밖에 없고 내 집 마련은 요원하다. 그렇다고 해서 집을 사려고 돈을 모으는 것은 삶만 피곤해질 뿐 별 효과가 없다. 아무리 아껴서 돈을 모아봤자 돈을 모으는 속도가 인플레이션에 의한 화폐가치 추락을 쫓아갈 수 없기 때문이다.

만에 하나라도 전세금에 대출금을 합쳐 집을 사려는 우를 범하지 말지어다. 원리금 상환하다 어느 날 늙어 버린 당신을 발견하게 되고, 직장에서 언제 잘릴지 몰라 전전긍긍하는 당신이 싫어질 것이다.

2억 원짜리 전세 살던 사람이 이참에 집을 사볼까 하고 2억 원을 대출받아 내 집을 마련하게 되면 거주비용은 월 225만 원으로 눈덩이처럼 불어나게 된다. 집값이 계속 오르지 않는다면 지나친 거주비용으로 인해 하우스푸어가 되는 것이다.

가정을 꾸리려는 사회초년생들은 부모님에게 전세금을 받아서 전세로 살림을 시작하는 우를 범해서는 안 된다. 부모님의 노후를 빼앗는 불효를 저지르는 일이기 때문이다. 그보다는 월세로 살림을 시작해서 현금흐름을 창출할 수 있는 종자돈을 모으는 것이 현명하다. 행여나 정부의 전세 자금 대출을 받아 전세로 살 생각을 해서는 절대 안 된다. 전세로 살게 되면 전세금을 매년 깎아먹게 되며, 원리금 갚느라 다른 재테크를 할 여유가 없는 빚쟁이가 되기 때문이다.

# 13
# '돈이 돈을 번다'는
# 생각을 버려라

재테크 또는 이재(理財)는 지금보다 더 나은 삶을 살 수 있게 하는 지혜이다. 오늘날 재테크는 선택이 아니라 필수가 되어 있고, 재테크를 잘 하지 못하면 패가망신할 수도 있을 정도로 그 중요성이 커졌다. 취업난과 조기정년이 심화되고 수명이 연장되어 노후를 대비해야하기 때문이다.

하지만 재테크를 그저 돈이나 아끼고 모으거나 빚을 내어 아파트 하나 장만해 오르기를 기다리는 막연한 심정으로 하는 사람들이 대부분이다. 또는 '돈이 돈을 번다'며 돈이 없다고 재테크 자체를 포기하고 허송세월하는 사람들도 부지기수다. 일반인들이 모르는 재테크의 오묘한 세계는 무엇일까?

① 누가 더 부자일까?

A는 아파트와 토지 등 보유하고 있는 부동산의 자산이 20억 원에 달한다. 그는 이 부동산이 오르길 기다리고 있다. 그런데 그의 월수입은 500만 원에 불과하다.

B는 월급이 300만 원 정도로 월 100만 원짜리 월세 살고 있다. 하지만 그는 월세부동산에 투자해 얻는 고정적인 수입이 월 600만 원에 달한다.

C는 대출을 받아 5억 원짜리 아파트에 살고 있다. 그의 월급은 500만 원이나 대출 이자를 매월 100여 만 원 내고 있다.

D는 집이 없고 전세 2억 원짜리 빌라에 살고 있다. 그의 월급은 700만 원 정도 되고 이자로 나가는 돈은 없다.


② 어느 것이 더 안전한 자산일까?

A는 자신이 투자한 아파트와 토지가 몇 년 후 많이 오를 것이라 기대하고 있다. 그는 나중에 이 부동산을 처분하면 한몫 단단히 챙길 것이라 믿고 대출 이자를 꼬박꼬박 내며 넉넉하지 못한 삶을 살고 있다.

B는 자신이 투자한 부동산을 처분할 생각이 없다. 그는 꼬박꼬박 월세만 챙기면 된다는 생각을 가지고 있다.

A가 생각하는 미래가치란 다분히 주관적이다. 시장은 그가 생각하는 대로 움직여주지 않을 수도 있고, 자신이 처분하고 싶은 시점에 매도가 잘 이루어지지 않을 수도 있다. 그의 미래가치는 불확실한 것이다.

B는 미래가치를 예상할 필요가 없다. 그의 가치는 눈앞에 주어진 것

이다. 임대료는 수요와 공급에 따라 시장에서 정해주는 것이다. 그가 투자한 부동산이 소재한 지역이 앞으로 유동인구가 늘어나는 곳이라면 임대료는 상승할 것이 분명하며 그의 미래가치는 확실한 것이다.

③ 돈을 모으는 것과 빌리는 것 중 어느 편이 더 유리할까?

E는 돈을 아끼고 모으는 데 열심이다. 그는 허리띠를 졸라매며 부자가 될 날을 꿈꾸며 은행에 저축을 하고 있다. 그가 매월 모으는 돈은 100만 원. 그는 아파트를 사기 위해 오늘도 먹고 싶은 것, 놀러가고 싶은 것을 참는다. 그는 돈을 꾸는 것을 극도로 싫어한다. 카드조차 잘 쓰지 않는다.

F는 돈을 모으지 않는다. 은행에 넣어봐야 인플레이션을 감안하면 이자는 없는 셈이라고 생각하기 때문이다. 오히려 그는 은행에 넣어두면 기회비용을 상실하므로 손해라고 생각한다. 그는 돈을 빌릴 수 있는 한 빌리려고 한다. 빌린 돈으로 투자해서 이율보다 높은 수익률을 올리면 그게 돈을 버는 길이라고 믿고 있다.

④ 수익률을 높이려면 레버리지 효과를 살려야 한다

G는 1억5,000만 원으로 보증금 1000만 원에 월세 60만 원이 나오는 원룸을 구입했다. 그의 수익률은 (720만÷1억4,000만)×100=5.124%다.

H는 원룸 한 채 당 9,000만 원의 대출금(이율 3.5%)을 빌려서 1억 5,000만 원으로 세 채를 구입했다. 그는 이자를 내도 월 101.25만 원의 소득을 올린다. 그는 똑 같은 돈을 투자했으나 수익률을 {(월세 60만 원

×3)−(이자 26.25만×3)} ÷1억5,000만=6.75%로 끌어올릴 수 있었다.


⑤ 누가 돈을 더 벌 수 있을까?

　장사를 하는 I씨는 보증금 5,000만 원에 월세 400만 원을 주고 상가를 임차했다. 그는 열심히 장사해서 매월 500만 원을 모으고 있다. 그는 언젠가 이런 상가를 소유하는 것이 꿈이다. 그렇게 되면 월세 나갈 걱정이 없을 터이고 향후에는 세를 주고 월세를 받아먹고 살 수도 있을 것이다. 이 상가 시세는 6억 원 정도. 10년은 걸리겠지만 그에게 꿈이 있다.

　J씨 역시 장사를 하는 사람이고 보증금 5,000만 원에 월세 400만 원짜리 상가를 임차 중이다. 그 역시 장사를 하면서 매월 500만 원씩을 모을 수 있다. 하지만 그는 돈을 모으기보단 빌려서 인근의 이와 비슷한 6억 원짜리 상가를 매수하기로 결정했다. 은행에서 3억6,000만 원을 빌렸고, 나머지 1억9,000만 원은 자신의 집을 담보로 빌렸다. 매월 나가는 이자는 230만 원이나 월세 400만 원에 비하면 170만 원이 절약이다. 게다가 장사가 잘 되는 상가이니 임대료 상승으로 자산가치가 증식되는 이득도 있다.


⑥ 전세로 사는 것이 과연 유리할까?

　K씨는 6년 째 전세로 살고 있다. 그는 아무리 돈을 아끼고 모아도 2년마다 오르는 전세금을 충당할 수 없어서 전세자금 대출을 받고 있다. 전세금 3억 원 중 1억 원이 전세자금 대출이어서 매월 30만 원 정도 이

자를 내고 있다. 그는 대출을 받아 집을 사서 전세난민에서 해방될까 고민도 했으나 집값이 오르지 않을 것 같아 계속 주택 구입을 주저하고 있다.

L씨는 전세로 계속 살다가는 전세난민으로 고생하고 결국 내 집 마련도 이루지 못한다는 걸 깨달았다. 전세로 살면 매월 나가는 월세 부담은 없지만, 기회비용과 인플레이션을 감안하면 더 큰 손해라는 것을 안 것이다. J씨는 합정동의 투룸을 2억4,000만 원에 구입했다. 여기서 1억2,000만 원을 대출 받고, 합정동의 또 다른 투 룸 2억4,000만 원짜리를 1억 원 대출 받아 구입했다. 모자라는 2,000만 원은 보증금으로 충당할 수 있었고 월세로 90만 원을 받을 수 있었다. 그는 매월 이자를 내고도 16만 원이 남았고, 전세 살 때는 무주택자였으나 지금은 집이 두 채나 된다.


⑦ 누가 더 현명한가?

M은 몇 년 전 현금 3억 원에 2억 원의 대출금을 합쳐 5억 원짜리 아파트를 장만했다. 그는 근검절약하여 10년 만에 2억 원의 대출금(이율 3.6%)을 최근 상환했다. 그는 대출금을 갚느라 다른 재테크는 생각조차할 수 없었다.

N도 몇 년 전 현금 3억 원에 2억 원의 대출금을 합쳐 5억 원짜리 아파트를 장만했지만 그는 대출금을 갚을 생각이 없다. 그는 여유 돈이 생기면 꾸준히 투자하여 2억 원으로 연 6%의 수익률을 올리고 있다. 그는 이자를 내고도 돈이 남아 생활비에 보탤 수 있고, 아파트 외에 월세

가 나오는 부동산을 보유하고 있어 자산가치가 증식하는 즐거움도 만끽하고 있다.

⑧ 거주비용은 현금이 나가야만 지불하나?

O씨는 자기 소유 5억 원짜리 아파트에서 살고 있다. 그는 대출금이 나가지도 않고 월세를 지불하지도 않으므로 거주비용이 없다고 믿고 있다.

P씨 역시 전세를 살고 있으므로 거주비용을 지불하지 않고 있다고 생각한다. 그는 전세 3억 원짜리에 살고 있다.

Q씨는 월세를 살고 있다. 보증금 5,000만 원에 월세 200만 원을 지불하고 살고 있지만 그는 전세를 살기보다는 그 전세금으로 다른 부동산에 투자하여 수익을 올리는 것이 더 낫다고 생각하고 있다.

당신은 누구의 거주비용이 가장 많다고 생각하는가?

⑨ 싸고 좋은 부동산을 찾는 가장 좋은 방법은 무엇이라 생각하는가?

아직도 당신은 신문이나 방송을 통해 물건을 찾는가? 아니면 아직도 인터넷으로 물건을 뒤지고 있는가? 아니면 매주 좋은 물건을 찾아 발이 부르트도록 시내를 돌아다니고 있지는 않은지 궁금하다.

부동산은 발품이나 정보로 찾는 것이 아니다. 명품은 보자기에 감춰진 채 숨겨져 있다. 공짜로 얻을 수 있는 게 아니다.

명품은 네트워크, 인프라로 찾는 것이다. 전문가들이 그 분야에서 십수 년 종사하며 인맥을 쌓는 것은 무엇 때문인가. 전문가나 고수의 네트워크나 인프라를 이용하라. 그것이 쓸데없이 돈과 시간을 낭비하지 않고 좋은 물건을 찾는 지름길이다.

⑩ 아직도 정부의 부동산 정책을 믿는가?

정권이 바뀌면 정부가 각종 대책을 통해서 부동산 경기 부양을 하거나 부동산 규제를 하는 이유는 여러분들을 위한 것이 아니다. 5년 후 정권 재창출을 위해서고, 건설사의 미분양 물건을 해소해주고, 은행이 돈놀이 사업을 더 잘되게 해주고, 언론의 부동산 광고가 떨어지지 않도록 해주기 위해서다.

부동산 시장은 과거처럼 정부의 부양 정책으로 살아나거나 규제 정책으로 침체에 빠지거나 할 정도로 호락호락하지가 않다. 시장을 움직이는 가장 큰 원동력은 기준금리이고 그에 따른 투자자들의 심리다. 정부의 부동산 정책은 시장에 영향을 미치기는 하지만 결정적인 것은 아니고 게다가 어느 정도 시일이 지나야 한다.

정부의 부동산 정책이 계속 쏟아질수록 '유행투자'는 외면하고 정부의 정책과 상관없이 해가 갈수록 빛을 발하는 '가치투자'에 관심을 가져야 지금보다 더 나은 미래를 맞이할 수가 있다. 앞으로 10년, 20년 후에도 그 가치가 더 좋아지는 부동산이란 과연 무엇이겠는가?

위에 서술한 10가지의 재테크 비법을 이해하지 못한다거나 실행에 옮길 의사가 없다면 당신은 부자가 절대 될 수 없다. 아니 지금보다 더 나은 삶을 맞이할 수 없다. 재테크는 기술이자 실력이다. 재테크의 기술은 발상의 전환에서 나온다.

사회는 당신에게 일류대학을 나와서 좋은 직장에 들어가라고 가르친다. 개처럼 충성하고 소처럼 일한 대가가 과연 무엇인가. 지금이라도 발상을 전환해서 재테크의 오묘한 세계를 맛보고 싶지 않은가. 당신이 꿈꾸던 자유의 세계가 저만치 서 있다.

# 14
# 부동산 공부
# 제대로 하는 법

　부동산 공부를 하라고 하니까 어떻게 하는지 모르겠다는 사람들이 많다. 하긴 하는데 엉터리로 하는 사람들도 많다. 모르고 가도 서울만 가면 되긴 하지만 하루면 갈 거리를 한 달이나 걸린다면 문제가 아닐 수 없다.

　부동산 공부는 필요하긴 하다. 좋은 물건을 만나도 그게 뭐가 뭔지 모른다면 큰일이 아닐 수 없기 때문이다. 부동산에 대한 안목이 없을수록 일확천금을 꿈꾸고 이 때문에 사기에 걸릴 확률도 높다.

　그러면 어떻게 공부해야 잘하는 것일까. 책상에 오래 앉아 있다고 1등을 하는 건 아니라고 한다. 학교에서 공부 잘하는 학생들을 보면 오래 공부하기보다는 잠깐씩 해도 집중해서 하는 학생들이 더 많다고 한다. 문제는 집중력인 셈이다. 부동산 공부도 마찬가지다. 닥치는 대로

책 읽고 세미나 하는 곳마다 찾아다니고 현장에 자주 간다고 해서 안목이 크게 생기는 것은 아니다.

① 책을 좀 읽자

일단 부동산에 대해 아무것도 모른다면 부동산 관련 책을 읽어봐야 한다. 그런데 아무거나 닥치는 대로 읽어서는 곤란하다. 부동산 관련 책 중에는 자기 자랑이나 손님을 유혹하는 미끼, 인터넷에 돌아다니는 남의 글 베낀 것 등 아주 형편없는 책들이 많다. 출판사라는 곳도 다 믿을 만한 것은 아니다. 돈 받고 책 내주는 곳도 있으니 조심해야 한다.

'베스트셀러나 스테디셀러'라고 믿을 만한 책도 아니고 신문이나 방송에 자주 나오는 유명한 사람이 쓴 책이라고 해서 당신의 안목을 확 키워주는 것도 아니다. 좋은 책은 진심이 담겨 있어야 하고, 현장 경험이 묻어나야 하고, 이론 전개가 정연해야 하고, 법 조항에 바탕을 둔 사실이어야 한다.

인터넷 서점에 들어가서 잘 팔린다고 해서, 조회 수가 많다고 해서 무작정 사서는 곤란하다. 부동산 서적은 당신의 전 재산을 좌우할 수 있는 방향이 될 수도 있기 때문에 신중히 고를 필요가 있다. 따라서 바쁘더라도 서점에 가서 몇 장 읽어보고 사길 권한다. 당신의 안목이라면 좋은 책인지 엉터리 책인지는 구분할 수 있지 않을까.

한 가지 팁을 준다면 가급적 책을 세 권 이상 낸 저자의 책을 고르라는 것이다. 책을 세 권 이상은 써야 전문가로서의 안목이 인정되는 것이고, 자신만의 정립된 이론을 서술할 능력을 갖추게 되기 때문이다.

세 권 이상 낸 사람이라도 가끔 엉터리 책을 또 써내는 경우도 있지만 그런 저자의 책이라도 몇 장 읽어보는 것은 필수다.

② 세미나 등 강의를 들으러 다니자

책만 보고 공부하는 것은 한계가 있으니 강의도 들어야 한다. 강의를 듣다 보면 사람들을 만나게 될 수 있으므로 정보를 얻는 기회도 생긴다. 강의는 유료가 있고 무료가 있는데 가급적이면 유료 강의를 듣는 게 좋다. 무료 강의는 뭔가 미끼를 던지는 강의이기 때문에 들어봐야 도움도 되지 않고 시간만 허비한다. 특히 분양을 위해 하는 무료 강의는 선물도 주고 유명 전문가가 나오는데 분양 물건을 사라는 게 목적이므로 영양가가 없다.

좋은 강의 역시 좋은 책 고르는 것만큼 힘들다. 강의는 많은데 좋은 강의는 별로 없기 때문이다. 책을 최소 세 권 이상 펴낸 전문가가 직접 하는 강의, 꾸준히 오랫동안 해온 강의, 카페나 포털사이트 등에 꾸준히 칼럼을 게재하는 강사가 하는 강의 등이 들을 만한 강의일 확률이 높다.

③ 신문이나 방송, 인터넷 등을 접하되 영양가 있는 정보만 골라내자

신문이나 방송에 나오는 정보는 이미 늦은 경우가 대부분이다. '소문에 사고 뉴스에 팔라'는 말이 있듯이 신문이나 방송에서 떠들면 이미 상투라는 얘기고 '살 때가 아니라 팔 때'라고 거꾸로 생각할 줄 알아야 한다. 신문이나 방송에서 얘기할 때면 동네방네 소문 다 난 거란 얘기

다. 신문이나 방송에서 정보를 찾기보다는 시장의 흐름을 찾아야 한다.

좋은 물건 찾는답시고 인터넷을 열심히 검색하는 사람들이 많다. 인터넷에 올라 있는 정보는 모든 사람에게 노출된 것이기 때문에 따끈따끈하지 않을 뿐만 아니라 미끼일 가능성이 크다. 좋은 물건인 줄 알고 전화하면 '그 물건은 방금 팔렸다'면서 다른 좋지 않은 물건을 권할 가능성이 크다. 인터넷에 올라 있는 정보는 가짜일 가능성이 크므로 진짜를 골라낼 수 있는 참고자료로만 활용한다.


④ 중개업소를 자주 찾아가서 내 소식통으로 만든다

아무리 전문가라고 해도 서울의 모든 지역에 정통할 수는 없다. 게다가 어느 지역에 어떤 물건이 있는지는 전문가라고 해도 알 재간이 없다. 지역 특징과 지역의 좋은 물건은 그 동네 중개업자가 가장 잘 안다. 내가 관심을 갖고 있는 지역이 있다면 그 동네 중개업자를 친구로 만들어야 한다.

하지만 중개업자와 친해지기는 매우 어렵다. 바쁜데다가 당장 물건도 사지 않는 손님이 와서 이것저것 물어보면 귀찮아서 자세히 얘기해주지 않는 경우가 많다. 더욱 웃기는 것은 전생에 뜨거운 인연이 있는 것도 아닌데 갑자기 와서는 "급매물 좋은 거 있으면 달라"는 것이다.

좋은 물건을 만난 중개업자는 첫째 자기가 갖는다고 한다. 두 번째는 평소 신의가 두터운 전문가나 고수에게 준다고 한다. 이 사람들은 물건에 대해 잘 알기 때문에 결정이 빠르고 복비 등을 후하게 쳐주기 때문이다. 따라서 좋은 급매물 물건이 '뜨내기 손님'에게 갈 확률은 아주 낮다. 급매물이긴 하지만 평범한 물건이라면 몰라도.

중개업자와 친해지는 비결을 소개한다. 처음 안면을 틀 때는 배우자를 대동하고 가서 매수 물건을 찾는 척한다. 중개업자는 '진짜 손님'인 줄 알고 정성을 다해 대우한다. 그 다음에 갈 때는 빈손으로 가지 말고 음료수라도 사들고 가서 이것저것 묻는다. 여름에는 냉면이라도 사주고, 겨울이라면 설렁탕이라도 사주며 친해지게 되면 지역 정보에 대해 소상히 알려줌은 물론 '좋은 급매물'도 연결해 줄 것이다. 물론 복비를 후하게 쳐주어야 한다.

⑤ 서울 시청이나 구청, 군청의 보도자료나 고시·공고 사이트를 정기
   적으로 살펴본다

우리나라는 「국토의 이용에 관한 법률」에 따르는 '선 계획, 후 개발'의 나라다. 계획 없는 개발이 없다는 뜻이다. 그런데 이런 계획은 대개 10년 전에 큰 그림을 그리고, 그 후 자세한 그림을 그리게 되는데, 관심만 가진다면 개발 계획을 자세히 들여다볼 수 있다. 과거 기획부동산이 판치던 시절처럼 갑자기 개발되어 큰돈을 만질 수 있는 시대는 끝났다고 봐야 한다.

서울시청이나 구청 홈페이지에 들어가면 어느 곳을 어떻게 언제 개발할지를 자세히 설명해 준다. 서울시청에서 '2030서울기본계획'을 살펴보면 어느 지역의 땅값이 오를지 쉽게 판단할 수 있다. 돈이 좀 되는 재개발이나 재건축 같은 개발 정보는 서울시청의 '클린업 시스템'에 들어가면 훤히 알 수 있다. 토지 투자를 할 때도 군청 홈페이지를 살펴보

면 개발 계획이 있는지 없는지를 알 수 있다. 개발 계획이 없는 토지는 가격이 오를 가능성이 없기 때문에 구입해서는 곤란하다.

개발 정보는 거의 모두 노출되기 때문에 조금만 관심만 가지면 알 수 있는데도 살펴볼 생각은 하지 않고 누가 어디를 사면 돈 된다, 여기가 개발된다고 하면 믿고 샀다가 낭패를 본다.

부동산 공부는 사실 그렇게 어려운 것은 아니다. 조금만 관심을 기울이고 시간을 들이면 어느 정도 안목은 생기게 된다. 가장 어려운 것은 안목이 생겨도 좋은 물건을 찾기가 쉽지 않다는 것이다. 하지만 안목을 쌓고 꾸준히 찾다보면 분명 좋은 물건은 나타난다. 그때 확 잡으면 되는 것이다.

당신에게는 이미 좋은 물건이 여러 번 찾아왔는지도 모른다. 다만 그 물건을 판단할 수 있는 안목이 없었기 때문에 놓친 것은 아닌지 반성해야 한다. 기회는 누구에게나 온다. 다만 그게 기회인지 아닌지 알아보지를 못하는 것이다. 하늘은 스스로 돕는 자를 돕는다.

서울시청 고시·공고 사이트

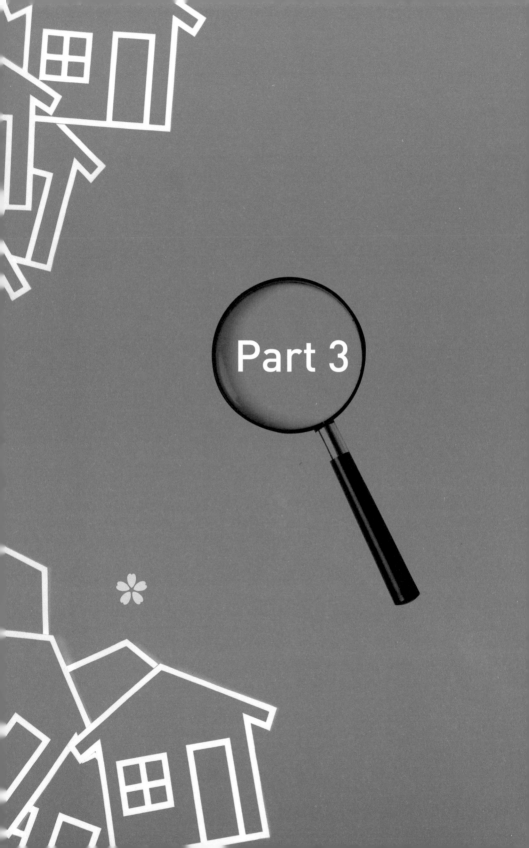

Part 3

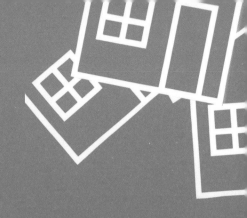

# '돈 되는' 땅은
## 어디 있나

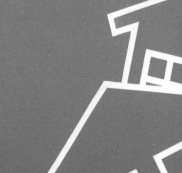

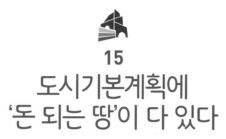

# 15
# 도시기본계획에
# '돈 되는 땅'이 다 있다

부동산에 관심 있는 사람들이라면 누구나 어떤 지역의 땅이나 집값이 많이 오르는가를 가장 궁금해 할 것이다. 부동산 투자의 기본 출발이 '입지 선택'에 있기 때문이다. 좋은 입지를 선점하면 높은 부가가치를 얻을 수 있다. 어떤 아파트나 건물이 잘 지어졌느냐보다는 어떤 지역, 어떤 위치에 있느냐에 따라 미래가치가 결정되는 것이다.

좋은 입지, '돈 되는 땅'은 지금 가격이 중요한 게 아니라 앞으로 더 많이 오를 가능성이 있는 땅이다. 사람들은 어떤 땅이나 집을 사기 전에 이곳이 과거에 비해 가격이 많이 올랐다고 하면 잘 안 사려고 든다. 너무 많이 올랐기 때문에 앞으로도 또 오를 것인지 의문을 갖기 때문이다. 그러면서 싼 땅을 찾아다닌다. '싼 게 비지떡'이란 말이 있듯이 싼 땅은 앞으로도 '싼 땅'이 될 확률이 높다.

필자는 2006년 용산 도시환경정비사업 내 대지지분을 평당 6,000만 원이라고 해 '너무 비싸' 사지 않았던 적이 있다. 하지만 이곳의 지분 값은 그 후 1년 만에 평당 1억 원으로 올랐고, 지금은 그보다 훨씬 더 많이 올랐다. 어떤 이는 한남뉴타운 5구역의 대지지분 값이 2011년에 평당 5,000만 원이라 하니까 뒤도 돌아보지 않고 샀었다. 지금 그 구역의 대지지분 값은 평당 1억 원이 넘지만 매물 구하기도 어렵다.

한남뉴타운 땅이 과거에 비해 많이 오른 것은 사실이다. 그러나 앞으로도 더 많이 오른다면 이 땅은 '돈 되는 땅'이다. 하지만 앞으로 많이 오르지 않는다면 이 땅은 '돈이 되지 않는 땅'이다. 서울에서 땅값이 가장 비싸고 유동인구가 많은 명동 땅이라도 앞으로 가격이 많이 오를 것 같지 않다면 매수하지 말아야 한다.

미국 서부지역의 대표적 부동산 재벌인 월터 쇼렌스타인은 "좋은 부동산은 웃돈을 주고라도 사야 한다"는 지론을 갖고 있다. 그는 부동산 투자의 핵심을 "비싸게 사서 더 비싸게 파는 것"이라고 역설한다. 그는 좋은 부동산은 절대 싸지 않다고 강조하면서 "비싼 부동산을 찾되 그것을 좀 더 싸게 살 수 있는 방법을 모색하는 것이 현명하다"고 충언한다.

서울의 땅값은 과거에 비해 많이 올랐다. 특히 최근 2, 3년 사이 가파르게 상승했다. 그래서 기회를 놓친 사람들이 망연자실하기도 하고 지금이라도 매수해야 하나 고민하고 있다. 하지만 지금 아무리 가격이 비싸다고 해도 가격이 더 많이 오를 땅은 분명 존재한다.

유동인구가 늘어나고 개발이 되어 환경이 좋아지는 곳의 땅값은 오르는 것이 진실이다. 특히나 많은 인구가 밀집되어 사는 거대 서울의 경우 땅을 새로 만들어내면 모를까 그렇지 않다면 어떤 지역의 땅값은 앞으로도 계속 오를 수밖에 없다. 그렇다면 그렇게 많이 오를 땅을 찾는 것이 바로 부자로 가는 지름길이다. 그런 땅이 어디일까.

그 해답은 서울시가 '도시기본계획'이라는 곳에 소상히 밝혀내고 있다. 거대 서울을 개인이나 기업이 개발할 수는 없다. 국민의 세금으로 정부나 지방자치단체가 미리 계획을 세워 천천히 살기 좋은 곳으로 개발하는 것이므로 우리는 그 계획을 살펴보고 '돈 되는 땅'이 어딘지 알아내 투자하면 되는 것이다.

도시기본계획은 누구나 서울시청 홈페이지에 들어가면 볼 수 있고 다운받을 수 있다. 누구나 정보를 접할 수 있다고 하면 그게 과연 '돈 되는 정보'일까 고개를 갸웃거리는 사람도 있을 수 있다. 하지만 아직도 대다수 사람들이 도시기본계획이 뭔지조차 모른다. 또한 알고 있다 해도 그 계획을 잘 살펴 어떤 지역이 앞으로 발전할 수 있을지 알아차리지 못하는 사람도 부지기수다.


## 2030년까지 서울시에서 땅값이 가장 많이 오를 지역은?

서울시는 2030년까지 서울을 '3 도심', '7 광역중심', '12 지역중심', '53 지구중심'으로 개발시키겠다고 천명한다. 이 계획이 다 수행되지 않을 수는 있겠지만, 이 계획에 나와 있지 않은 지역의 개발은 있을 수 없다. 도심이란 글로벌 경쟁력을 갖춘 상업지역으로 가장 땅값이 비싼 곳, 광역중심은 부도심에서 도심으로 성장시키려는 권역생활권으로 그 다음

| 2020 서울도시기본계획 | 2030 서울플랜 |
|---|---|
| [1 도심] 도심 | [3 도심] 한양도성, 영등포·여의도, 강남 |
| [5 부도심] 용산, 청량리·왕십리, 상암·수색, 영등포, 영동 | [7 광역중심] 용산, 청량리·왕십리, 창동·상계, 상암·수색, 마곡, 가산·대림, 잠실 |
| [11 지역중심]<br>·동북권 : 망우, 미아, 상계<br>·서북권 : 신촌, 공덕, 연신내<br>·서남권 : 목동, 대림, 사당·남현<br>·동남권 : 잠실, 천호·길동<br><br>※전략육성중심지 : 망우, 상계, 연신내<br>※전략육성지 :마곡, 문정 | [12 지역중심]<br>·동북권 : 망우, 미아, 성수<br>·서북권 : 신촌, 마포·공덕, 연신내·불광<br>·서남권 : 목동, 봉천, 사당·이수<br>·동남권 : 수서·문정, 천호·길동<br>·도심권 : 동대문 |
| [53 지구중심] **동북권 17개소** : 수락, 월계, 방학, 쌍문, 수유, 삼양, 석관, 묵동, 동선, 종암, 전농, 면목, 중곡, 장한평, 금호, 군자, 구의 **동남권 9개소** : 고덕, 암사, 오금, 가락, 개포, 도곡, 매헌, 반포, 방배 **도심권 1개소** : 한남 **서북권 6개소** : 아현, 홍제, 합정, 응암, 신사, 남가좌 **서남권 20개소** : 공항, 화곡, 강서, 등촌, 까치산, 신정네거리, 오류, 개봉, 당산, 구로, 신풍, 독산, 시흥, 신대방, 난곡, 신림, 노량진, 상도, 흑석, 미림 ||

으로 땅값이 비싼 곳이라고 이해하면 된다.

지역중심은 부도심으로 생활편의 시설이 몰려 있는 곳이며 지구중심은 동네상권의 중심지역이라고 생각하면 된다. 어쨌든 정도의 차이는 있지만 땅값은 서울시에서 평균 이상으로 비싼 곳들이다.

'3 도심'은 한양도성과 영등포·여의도, 강남이다. 모두 상업지역들이 넓게 분포되어 있는 곳이다. 네이버 지도에서 서울시를 찾아 지적편집도를 클릭하면 지역별로 색깔이 표시되는데, 분홍빛으로 된 곳이 상업지역이고 이 분홍빛이 가장 큰 곳이 이 3 도심이다. '7 광역중심'은 용산을 비롯해서 청량리·왕십리, 창동·상계, 상암·수색, 마곡, 가산·대림, 잠실 등이다. 눈치 빠른 분들은 알아챘겠지만 이 지역들은 이미 한창

개발이 진행 중으로 놀라운 변신을 앞두고 있다. 청량리나 상암, 마곡, 가산 등은 얼마 전까지만 해도 서울의 오지였으나 지금은 첨단빌딩과 아파트가 들어서 고급 부도심으로 탈바꿈하고 있다. 이 지역들은 '2020 도시기본계획' 때부터 개발 계획이 잡혀 있어 계획에 따라 개발이 진행된 곳이다.

'12 지역중심'은 동대문, 망우, 미아, 성수, 신촌, 마포·공덕, 연신내·불광, 목동, 봉천, 사당·이수, 수서·문정, 천호·길동 등이다. 부도심으로 상업, 문화, 교통의 중심지로 성장할 수 있도록 각종 기반시설을 구축하고 확충하는 지역이다. 이미 개발이 진행된 곳도 있고 앞으로 개발이 진행될 곳도 있다.

'돈 되는 땅'이란 이 지역들 중에서 가장 개발이 덜 된 곳이다. 개발이 많이 진행된 곳은 이미 땅값이 많이 올랐을 것이고, 진행될 개발이 얼마 안 남았기 때문에 오름폭도 작을 것이다. 하지만 개발이 가장 덜 된 곳은 진행될 개발이 많이 남아 있기 때문에 땅값이 오를 여지도 그만큼 많이 남아 있다고 볼 수 있다.

그런 땅이 어딘가. 일단 영등포를 꼽을 수 있다. 영등포시장을 중심으로 하는 영등포 지역은 서울에서 가장 개발이 되지 않아 낙후된 동네로 꼽힌다. 그런 영등포를 광역중심이나 지역중심이 아니라 '도심'으로 만들겠다는 계획인 것이다. 종로나 을지로, 여의도, 강남처럼 최첨단 고급빌딩이 들어선 국제금융의 중심지로 만들겠다고 하니 앞으로 땅값이 얼마나 오르게 될지는 굳이 설명할 필요가 없을 것이다. 게다가 영등포는 준공업지역이라 용적률이 250~400%로 일반주거지역보다 훨씬 높다.

용산도 아직 개발이 시작되지 않았다. 미군 기지가 이전하고 용산민족공원이 들어서고 용산기지창에 국제업무지구가 들어올 것이므로 이 지역 일대도 앞으로 땅값이 더 오를 여지가 풍부하다.

건대입구의 대학 잠재력과 성수 준공업지역을 연계하여 창조적 지식기반 산업집적지로 전환하겠다는 성수도 엄청난 잠재력을 보유하고 있다. 이미 뚝섬 쪽은 초호화 주상복합이 들어서고 있고, 성수동 준공업지역은 카페거리로 탈바꿈하고 있지만 아직 개발은 반환점도 돌지 못했다.

동대문 일대, 연신내와 불광동 일대, 목동, 봉천, 천호·길동, 사당·이수도 개발이 가시화되는데 비해 아직 저평가된 지역들이 많다. 철거해서 근린생활시설이나 다중주택, 다가구주택 등을 지을 수 있는 40평~80평짜리 땅도 아직은 남아 있고, 새로 분양하는 오피스텔이나 다세대주택, 아파트 등도 관심을 가질 만하다.

자금 여유가 없거나 좀 더 장기적인 안목으로 투자하려면 '53 지구중심'에서 개발 가능성이 높은 곳 위주로 지역을 선정해도 된다. 땅값이 아직은 서울 평균 이하로 싼 곳이 많기 때문이다.

# 16
# 지하철이나 전철을 따라가면
# 돈을 주울 수 있다

땅값이 오르는 지역은 유동인구가 늘어나는 지역이다. 유동인구가 늘어나려면 교통이 편해야 하는데 서울의 경우에는 지하철 이용이 편해야 하고 수도권은 지하철이나 전철이 다니고 그렇지 않으면 도로라도 잘 뚫려 있어야 한다. 지하철이 촘촘히 다니는 서울에서는 싱글역세권뿐 아니라 더블역세권, 트리플역세권 지역도 많다.

서울의 2호선 라인의 땅값이 비싸고 임대료가 높은 것은 교통이 편해서다. 교통이 불편해 외면 받던 춘천은 경춘고속도로 개통 이후 땅값이 크게 올랐다. 서울에서 가깝지만 왕래가 불편했던 원주는 복선전철 (KTX) 개통 효과를 이미 오래 전부터 누려왔다.

서울과 수도권의 광역교통계획은 이미 '서울 2030플랜'에 나와 있다. 서울시는 상위계획인 국가철도망계획과 정합성을 고려하고, 동시에 중심지체계를 반영한 토지이용과 교통계획이 통합적으로 연계 수립될 수 있도록 추진하고 있다. 서울시는 한양도성과 강남, 여의도·영등포의 3개 도심과 7개의 광역중심지(용산, 청량리·왕십리, 창동·상계, 상암·수색, 마곡, 가산·대림, 잠실)를 연결하는 광역급행철도망을 구축할 계획이다.

이와 함께 신분당선 연장 및 서남권 광역급행철도(인천~가산~삼성) 신설, 동북권 광역급행철도 연장(KTX 평택~수서~의정부) 등도 경기도와 인천시 등과 협의를 통해 추진해 나갈 계획이다.

현재 계획이 확정되어 공사가 진행 중이거나 공사가 예정돼 있는 곳들을 살펴보자. 계획이 발표되면 어느 정도 지가가 오르지만 공사가 진행되면서도 오르고 개통 직전, 개통 직후에도 지가가 오르게 되므로 투자 타이밍만 잘 잡으면 상당한 개발 이익을 누릴 수 있다.


① 지하철 4호선 연장

오이도에서 당고개역까지 운행되고 있는 지하철 4호선은 당고개에서 연장되어 별내북부~풍양~오남~진접(역 이름은 가칭, 총 4개 역 신설) 운행되는데 2020년에 개통 예정이다. 오남지구와 진접지구는 서울에서 멀지 않음에도 교통이 불편해 외면 받아온 곳이다. 그러나 4호선 연장선이 개통되면 버스로 1시간 걸리던 진접~당고개가 14분 만에 주파가 가능해지고, 진접~서울역까지는 49분이면 갈 수 있다.

문재인 정부가 2017년 12월 3일 발표한 주거복지 로드맵에서 공개된 수도권 8개 신규 공공택지 후보지에 진접2지구도 포함돼 있다. 진접2지구는 남양주시 진접읍 내각리와 연평리 일대 129만2,000㎡ 부지로 이번에 발표된 신규 택지 가운데 면적이 가장 넓은데, 인근에 풍양역(가칭)이 개통될 예정이다.

별내신도시는 2022년에 개통 예정인 8호선 연장선도 공사 중이어서 트리플역세권 신도시로 거듭나게 된다. 그렇게 되면 서울역까지 40분, 잠실까지는 20분이면 도착할 수 있어 서울 근교에서는 강남북 접근성이 가장 좋은 신도시가 될 전망이다.

4호선 연장 혜택은 창동도 받게 된다. 창동에 위치한 차량기지는 진접지구로 옮겨지게 되고, 인근 도봉면허시험장 이전 터와 함께 그 자리에 복합문화공간과 복합환승센터 등을 지어 창동·상계 신경제중심지로 발전시킨다는 것이 서울시의 계획이다. 창동·상계는 '2030 서울플랜'에서 '7 광역중심'의 하나로 선정된 곳으로 앞으로 상당한 개발이 진행될 지역이다.


② 지하철 8호선 연장

모란역에서 암사역까지 운행되는 8호선은 암사~선사~구리~도매시장~동구릉~진건~별내(역 이름은 가칭, 총 6개 신설)까지 연장되는데 2022년 개통을 목표로 공사가 한창이다. 별내는 물론이고 구리도 8호선 연장 혜택을 톡톡히 보게 된다. 특히 공사가 한창인 다산신도시는 진건지구에 가칭 다산역이 개설되어 서울 접근성이 좋아지게 된다.

다산신도시는 경기도시공사가 시행하는 공공주택 사업지구로 475만㎡에 3만1,000여 가구 8만여 명이 수용된다. 9조3,000여 억 원을 투입해 2018년 6월 준공 예정이다. 진건지구에 1만8,218호(단독주택 117호, 공동주택 1만7,134호, 주상복합 967호), 지금지구에 1만3,674호(단독 298호, 공동주택 1만3,376호)가 건설된다.

진건지구는 다산역 신설로 강남 접근성이 돋보이고, 지금지구는 도농역이 버스로 두 정거장 떨어진 곳이나 승용차로의 서울 접근성이 좋고 남양주 행정타운에서 가깝다. 다산신도시는 여러모로 별내신도시와 비교되는데, 별내신도시가 면적은 좀 더 크지만(509㎡) 인구는 좀 더 작아(2만5,615가구, 6만9,000여 명) 녹지가 더 많고 쾌적하다. 다산신도시의 앞으로의 가격은 별내신도시의 80~90% 수준에서 형성될 것으로 예상된다.

### ③ 지하철 9호선 연장

2009년 7월 24일 개화역~신논현역 구간이 1단계로 개통되었고, 2015년 3월 28일 언주~종합운동장 구간까지 2단계 확장 개통이 완료되었다. 9호선 개통으로 염창역과 등촌동, 가양동, 마곡지구의 도심 접근성이 크게 개선되었고, 신논현역과 언주역 일대의 지가가 엄청나게 올랐다. 현재는 종합운동장과 강동구 보훈병원을 잇는(삼전사거리, 삼전, 석촌, 방이사거리, 올림픽공원, 오륜, 보훈병원 등 7개 정거장 신설) 3단계 구간 공사가 진행 중인데 2018년 10월 개통 예정이다. 이 개통 효과로 삼전동, 석촌역 일대를 비롯해서 방이동, 둔촌동 집값이 크게 올랐다. 석촌역과 올림픽공원역은 환승역이 된다.

4단계 연장 공사는 계획이 아직 확정은 되지 않았는데 빠르면 2019년에 공사 착공 예정이다. 4단계는 보훈병원에서 생태공원 사거리, 한영

외고 앞 사거리, 고덕역, 고덕강일 1지구까지 3.8km를 연결하는데, 고덕역이 환승역이 된다. 9호선은 이후 미사지구를 거쳐 남양주 양정까지 이어지게 될 전망이다.

④ 지하철 5호선 연장

상일동에서 검단산까지 이어지는 지하철 5호선 연장 공사는 현재 한창 진행 중으로 1단계인 상일동~풍산역 4.75km 구간(강일역, 미사역, 풍산역 신설)은 2018년 하반기 개통 예정이며, 덕풍역, 하남시청역, 검단산역까지는 2020년 개통될 전망이다.

강일지구와 미사지구는 이 개통 기대감으로 가격이 많이 올랐지만 더 오를 여지도 충분하다. 교통이 불편했던 하남시도 지하철 5호선이 개통되면 강남과 도심 접근성이 좋아지게 돼 출퇴근 수요자가 대폭 늘어날 수 있다.

5호선 반대편 종점은 방화역인데 김포시까지 연장하려는 움직임이 활발하다. 시간은 좀 걸리겠지만 연장 가능성은 충분하다.

⑤ 지하철 6호선 연장

응암에서 봉화산까지 가는 6호선은 한 정거장 더 가는 신내역까지 연장되는데, 2018년 여름 개통 예정이다. 신내역은 경춘선과 환승역이 되며 신내지구 일대의 교통 여건이 크게 개선된다. 신내역에서 구리 도농역까지 6호선을 연장하는 계획도 추진 중이며, 신내역에서 청량리역을 잇는 면목선 경전철도 계획 수립이 막바지 단계에 접어들고 있다. 그렇게 되면 신내지구와 구리 갈매지구 등의 지가는 상승할 수밖에 없다.

### ⑥ 지하철 신분당선 연장

강남역에서 광교(경기대)역까지 개통된 신분당선은 남으로는 수원 호매실까지, 북쪽으로는 용산까지 연장된다. 2024년 개통을 목표로 하고 있는 강남역~용산역 구간은 공사가 시작되었다. 신논현역, 논현역, 신사역을 거쳐서 한남뉴타운을 지나 용산으로 연결된다.

광교역에서 수원 호매실까지 공사는 예정보다 착공이 지연되었지만 곧 공사가 시작될 것으로 전망된다. 경기도청역, 수원월드컵경기장역, 동수원역, 화서역(1호선 환승), 서수원터미널역, 호매실역이 신설된다. 연장선이 완공되면 수원에서 강남과 용산까지의 접근성이 좋아지게 돼 수원 집값 상승에 큰 영향을 미치게 된다.

신분당선이 용산까지 개통되면 그 다음으로는 용산에서 광화문을 거쳐서 삼송까지 연장하는 계획을 서울시가 추진하고 있어 실현 가능성이 높다. 이미 땅값이 많이 오른 삼송이지만 앞으로도 꾸준히 오를 지역이다.

### ⑦ 신안산선 복선전철

경기도 안산에서 시흥, 대림, 영등포, 여의도를 거쳐 서울역까지 이어지는 신안산선은 2018년 착공하여 2023년에 1단계인 안산~여의도 구간(43.6Km) 개통을 목표로 하고 있다. 이 구간이 완공되면 가장 큰 수혜를 볼 지역은 시흥사거리에서 독산사거리까지다. 유동인구가 많은 편에 비해 아직 땅값이 저렴한 편이라 투자 가치가 높은 편이다. 주변에 시흥재정비촉진지구가 한창 개발 중이어서 후광 효과도 있고, 이미 개발이 완료된 가산디지털단지 인근이라 전월세 수요도 풍부하다. 다만 신안산선 복선전철 사업 착공이 아직 확정된 것은 아니어서 투자시기를 저울질할 필요가 있다.

⑧ 김포도시철도 2018년 개통

김포 한강신도시, 김포 구시가지를 지나 서울 김포공항으로 연결되는 김포도시철도는 2018년 개통 예정으로 한창 공사 중이다. 그동안 입지 환경은 좋았지만 서울로의 대중교통이 불편했던 김포 한강신도시와 검단신도시, 풍무지구, 고촌지구의 서울 접근성이 크게 개선된다. 10개 역사가 신설되고(양촌역~구래역~마산역~장기역~운양역~걸포북변역~김포시청역~풍무역~고촌역~김포공항역), 모든 구간이 지하화되어 있어 관심을 모은다. 김포공항역은 쿼드러플역세권이 된다. 마곡지구 바로 옆의 방화동 일대도 주목할 만하다.

⑨ 지하철 7호선 연장

인천 부평구 부평구청역까지 운행됐던 서울 지하철 7호선이 인천 서구 석남동까지 2개역 신설과 함께 연장되는데 2020년 개통 예정이다. 인천2호선이 지나가는 석남역은 환승역이 된다. 인천시는 이 7호선을 청라국제도시까지 연장할 계획을 갖고 있다.

장암역이 종점인 반대편은 경기 양주 옥정지구까지 연장된다. 사업이 1년가량 지연돼 2018년 하반기에나 착공이 가능할 전망이고 개통은 2025년 정도 예정된다. 7호선이 연장되면 의정부 민락지구와 옥정지구의 서울 접근성이 크게 개선된다. 옥정 지구에서 7호선을 타면 환승 없이 강남까지 50분이면 도착이 가능하다.

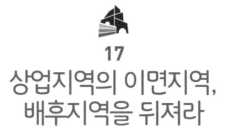

# 17
# 상업지역의 이면지역,
# 배후지역을 뒤져라

네이버 홈페이지에서 지도를 찾아 들어가면 오른쪽 위에 '지적편집
도'가 있다. 이것을 클릭하여 서울 전역을 펼치면 핑크빛의 규모가 비
교적 큰 지역 세 군데를 확인할 수 있다. 종로와 을지로 일대 도심과 강
남, 그리고 여의도다. 이 핑크빛 지역은 땅값이 가장 비싸다는 상업지
역이다.

상업지역의 땅값이 가장 비싼 이유는 유동인구가 많고 용적률이 높
기 때문이다. 유동인구가 많은 것은 지하철 등 교통 시설이 잘 돼 있고
백화점이나 고층빌딩 등 인구집중 유발시설이 몰려 있기 때문이다. 이
런 지역은 용적률을 높여줘 같은 땅이라도 건물 면적을 많이 만들 수
있도록 해준다. 서울의 경우 상업지역의 용적률이 600%~1,000%인 반
면 일반주거지역의 용적률은 150%~250%다. 준공업지역과 준주거지역

의 용적률은 400%이다.

명동이나 종로, 강남이나 여의도 땅이 비싼 것은 바로 상업지역이기 때문이다. 강남의 아파트가 아무리 비싸다고 한들 상업지역에 있는 건물 값을 따라갈 수 없다. 땅값에서 많은 차이가 나기 때문이다.

자금이 많은 사람들은 거의 무조건 상업지역에 있는 건물이나 땅을 산다. 아주 특별한 경우가 아니라면 계속 가격이 오르기 때문이다. 대기업들이 상업지역의 빌딩에 투자하는 데는 다 그만한 이유가 있다. 상업지역을 새로 만들기는 매우 힘들기 때문에 희소가치는 시간이 지날수록 높아질 수밖에 없다. 공업지역이나 주거지역을 상업지역으로 바꾸는 것은 여자가 남자 되는 것보다 더 힘들다고 봐야 한다.

하지만 상업지역 투자는 돈이 너무 많이 든다. 강남이나 을지로 땅은 평당 1억~2억 원을 줘도 매물을 찾기 어렵다. 대지 50평짜리 건물 중 100억 이하짜리는 사막에서 바늘 찾기처럼 보이지 않는다. 오피스텔이나 오피스 한 채를 사려고 해도 가격이 너무 비싸 일반인들이 엄두를 내기는 쉽지 않다.

'그림의 떡'이라고 상업지역을 쳐다보기만 하거나 '돈이 돈을 번다'고 자학하며 땅 사기를 포기할 필요는 없다. 다른 방법을 찾아 투자하면 되기 때문이다. 차선책으로 상업지역에 가까운 배후지역이나 이면지역을 찾는 것이다. 상업지역 땅은 아주 비쌀 뿐만 아니라 매물도 없기 때문에 상권은 점차 배후지역이나 이면지역으로 확대된다. 상권이 확대되는 길목을 선점하고 있으면 지가 상승에 대한 이익을 볼 수 있다.

강남역 일대의 땅값이 크게 오르자 그 이면지역의 골목길로 상권이 확대되면서 지가가 상승한 것도 한 예다. 신논현역 개통으로 이 일대 사거리와 논현역으로 이어지는 대로변 상권이 뒤편 골목길로 계속 확대되고 있는 것도 이런 맥락으로 이해할 수 있다. 홍대입구역의 상권이 확대되면서 동교동과 연남동 철로변 길이 카페거리로 변하면서 5년 전 2,000만 원도 되지 않았던 땅값이 지금은 1억 원을 호가하고 있다.

또한 상업지역의 주택은 많지도 않을 뿐만 아니라 있다고 해도 너무 비싸기 때문에 상업지역에서 가까운 곳의 주택에 투자하는 것도 한 방법이다. 상업지역 가까운 곳이라 임대료도 비싸고 복잡하긴 하지만 출퇴근이 가까운 곳을 선호하는 사람들은 늘어나면 늘어났지 줄어들지 않는다. 이것을 '직주근접(職住近接)'의 효과라고 한다. 강남의 집값이 계속 비싼 이유 중의 하나는 강남에 직장이 엄청나게 몰려 있기 때문이다.

## 상권이 확산되는 길목을 찾아 선점하라

그렇다면 투자할 만한 상업지역의 배후지역이나 이면지역은 어디인가. 일단 영등포를 들 수 있다. 이미 역설했듯이 영등포는 '2030 서울플랜'에서 3대 도심의 하나로 개발될 곳이기 때문에 지가 상승 여력이 아직 많이 남아 있다. 그런데 이 외에도 영등포는 거대한 상업지역인 여의도와 가장 가까운 곳에 위치해 있지만 아직 낙후돼 있다. 여의도의 후광 효과를 직접적으로 받아먹을 곳이 바로 영등포다. 여의도와 가까운 신길동과 노량진도 주목할 필요가 있다. 이 두 지역을 서울시가 재정비촉진지구로 지정해 개발해주는 것은 바로 상업지역과 가까운 곳이기 때문이기도 하다.

서울에서 가장 큰 상업지역은 종로와 을지로 일대다. '직주근접'이 가능한 곳 중 광화문 일대는 지가 상승이 이미 많이 이루어진 곳이므로 개발이 아직 덜 이루어졌지만 이루어질 가능성이 매우 높은 지역을 선택해야 한다. 필자는 창신동과 숭인동, 신당동, 광희동, 쌍림동, 원남동 등을 주목한다. 한양 도심에 아주 가까운 곳이나 이 지역들은 아직도 어수선하고 낡은 집들이 몰려 있다. 도심 한복판 땅값이 비싼 지역에 이런 건물들이 방치돼 있다는 것이 이해가 되는가. 언젠가는 다 개발될 곳이다. 부동산 최유효이용의 법칙에 의해 이곳은 상업지역에 버금가는 곳으로 탈바꿈할 수밖에 없다.

국립의료원 맞은 편 광희동 대로변은 이미 발 빠른 시행사들이 오피스 빌딩들을 짓고 있다. 그 뒤편 골목을 들어가면 도심 한복판에 이렇게 허름한 건물들이 몰려 있는 곳이 있을까 어안이 벙벙하다. 한쪽은 러시안 골목이라 하여 러시아 가게들이 있고, 또 다른 한 쪽은 허름한 공장들이 많다. 이래 뵈도 이 지역은 동대문운동장 트리플역세권이다. 이곳을 둘러보며 '돈 냄새'를 맡지 못한다면 코가 잘못된 것임이 틀림없다.

도심 상업지역 안에 있지만 낡은 건물들이 득시글거렸던 종로 3가 익선동과 돈의동은 얼마 전부터 운치 있는 카페와 레스토랑 골목으로 바뀌고 있다. 이곳이 인사동과 북촌 못지않은 명소가 되는 것은 시간문제다. 종로5가역 부근의 효제동, 인의동, 연지동, 원남동 등도 앞으로 상당한 개발이 기대되는 곳으로 지가 상승 여력이 큰 곳들이다.

강남 상업지역의 후광을 받을 지역으로는 논현동과 반포동을 꼽을 수 있다. 대로변은 고층빌딩이 즐비하지만 이면도로로 들어가면 아직도 낡은 건물과 허름한 주택들이 즐비하다. 강남대로변의 신논현역과 논현역은 신분당선 연장선(강남역~용산역, 2024년 개통 예정)이 개통되면 더블역세권으로 변한다.

서울역 상권이 확대되는 길목에 있는 동자동과 후암동도 주목할 만하다. 쪽방촌이 자리잡고 있는 동자동은 이대로 개발하지 않기엔 너무나 아까운 노른자위 땅이다. 재개발 예정지역인 후암동 일대는 개발 진행은 지지부진하지만 언젠가는 반드시 개발될 땅이다.

용산 상업지역이 확대되면 원효로를 비롯해 청파동, 효창동, 신계동, 문배동까지 영향을 미쳐 이 일대도 지금보다 훨씬 나은 환경으로 변할 것이 틀림없다.

## 18
# 준공업지역과 준주거지역은
# 보물이 감춰진 곳이다

　2014년 봄, 집장사를 하는 후배와 뚝섬역 인근에 빌라를 짓기 괜찮은 땅 280여 평을 물색했다. 땅 주인과 평당 2,300만 원 정도로 교섭이 진행 중이었는데 갑자기 교섭이 결렬된 뒤 누군가에게 평당 2,800만 원 정도에 팔렸다는 소식을 들었다. 우리는 이렇게 비싸게 사는 사람이 나타나니 이 동네 땅값이 올라간다며 투덜거리며 다른 곳을 물색해야 했다.

　나중에 알고 보니 그 땅은 이름만 대면 아는 유명 탤런트 K씨가 80억 원에 매입했다. 그때는 우리가 비난했지만 지금은 그 탤런트의 땅 보는 감각에 '리스펙트'를 보낸다. 그때 시세보다 비싸게 구입했던 그 땅은 지금 거의 두 배 가까이 뛰었다. 땅을 살 때 얼마나 올랐는지는 무시하고 앞으로 얼마나 오를 것인지만 판단하라는 진리를 새삼 절감하는 사례다.

　최근 2, 3년 사이 천정부지로 뛰었던 성수동 땅값은 지금도 뛰고 있고 앞으로도 계속 오를 것임이 분명하다. 원빈을 비롯해서 유명연예인과 명사들이 땅을 속속 사들였고 지금도 대기자가 수십 명씩 이른다. 한강이 보이고 서울숲 공원이 있어 좋은 환경을 자랑하는 데다 '12 지역 중심'의 하나로 교통도 편리하고 각종 개발이 진행되고 있기 때문이다.

　하지만 성수동 땅값이 뛰는 가장 근본적인 이유는 이곳이 준공업지역이기 때문이다. 준공업지역은 일반주거지역보다 용적률이 높다. 공동주택은 250%, 근린생활시설은 400%로 같은 대지 면적이라도 일반주거지역보다 연면적을 높여 지을 수 있다. 또한 공업단지가 조성돼 있어서 서울 도심치고는 개발이 덜 돼 있어 앞으로 상당한 개발이 예상돼 지가상승 여력이 풍부하다.

　서울이 작았던 시절에는 이곳에 공업단지가 조성돼 있는 것이 편했지만 서울이 확대되고 교통이 복잡해진 지금은 이곳 단지에 공장이 있으면 불편한 점이 많게 되었다. 따라서 많은 공장들이 비싼 땅을 팔아 차익을 챙겨 수도권 인근 교통이 편리한 곳으로 옮겨가고 있다. 공장들이 떠난 자리에는 카페나 최신식 건물들이 들어서면서 성수동 거리는 하루가 다르게 현대식 거리로 변하고 있다.

　서울숲 공원 인근에는 45층 주상복합아파트인 갤러리아 포레와 47층인 서울숲트리마제가 위용을 뽐내고 있다. 2021년 입주 예정인 49층 아크로서울포레스트와 부영건설이 짓는 49층 높이의 주상복합 2개 동(340세대)와 49층 5성급 호텔 1개 동(총 1,087실)이 예정돼 있어 신흥 부촌으로 급성장하고 있다.

　숙원사업이던 삼표레미콘공장이 이전하면 이곳에는 대규모 공원이 조성된다. '이승엽빌딩'이 있는 삼거리 안쪽은 새로운 가로수길이 조성되면서 신흥 카페촌이 형성되고 있다. 길 건너편 준주거지역은 특별계획구역으로 지정됐다가 풀린 뒤 지역주택조합을 추진 중인데 반발하는 주민도 많아 귀추가 주목된다. 인근 장미아파트와 동아아파트도 머지않아 재건축될 예정이고 한강변 성수전략정비구역(제2종일반주거지역) 역시 50층짜리 아파트를 짓는 재개발 사업이 진행되고 있다. 오세훈 서울시장 시절 유일하게 지구단위계획이 확정된 성수전략정비구역은 서울에서 최고 높이 50층 아파트를 지을 수 있는 유일한 곳으로 많은 투자자들의 관심을 끌고 있다.


## 40~50평 정도 되는 땅을 노려라

　성수동 땅값은 평당 3,000만 원에서 6,000만 원 정도를 호가하고 있다. 집장사를 하는 업자들은 60~80평 정도의 땅을 선호한다. 그래야 다세대주택이나 도시형생활주택을 지었을 때 법정주차장을 확보하고도 수익성을 맞출 수 있기 때문이다. 일반인들이 서울 땅을 이 잡듯 뒤지고 다니는 집장사와 경쟁해 이 정도 규모의 땅을 구입하기는 어려우므로 대지가 40~50평 정도 되는 단독주택이나 근린생활시설, 다가주택을 노리는 것이 현명하다. 다중주택은 연면적을 100평 이상 지을 수 없기 때문에 50평 이상의 땅을 구입하면 손해가 된다.

다중주택은 대지 30평 이하는 너무 작아서 쓸모가 적다. 건평 18평에서 계단 4.5평을 빼면 투룸 1개나 원룸 2개밖에 짓지 못하기 때문이다. 대지가 50평이면 반지하, 1, 2, 3층에 각층마다 방 3개씩 건축할 수 있다. 반지하를 기피해 심의를 요구하는 지자체도 있으므로 지자체별로 땅 구입하기 전에 확인해야 한다.

다중주택은 「건축법」 시행령에서 규정한 단독주택 중 다음의 요건을 갖춘 주택을 말한다.

- 학생 또는 직장인 등 여러 사람이 장기간 거주할 수 있는 구조로 되어 있을 것
- 독립된 주거의 형태가 아닐 것
- 연면적이 330㎡ 이하이고 층수가 3층 이하일 것

다중주택이 월세를 받으려는 일반인들에게 유리한 것은 다가구주택이나 다세대주택에 비해 법정주차대수가 적고 지하를 지을 수 있기 때문이다. 다가구나 다세대주택은 세대당 1대(전용면적 60㎡ 이하는 0.8대, 30㎡ 이하는 0.5대)를 만들어야 하나, 다중주택은 시설면적 50㎡ 초과 150㎡ 이하는 1대, 시설면적 150㎡ 초과는 1대에 150㎡를 초과하는 100㎡당 1대를 더한 대수를 지으면 되기 때문이다. 예를 들어, 제2종일반주거지역(용적률 200%)에서 대지 50평으로 원룸형 다가구주택을 지으면 총 7대의 주차장이 필요하지만 다중주택은 3대 분량만 지으면 된다는 얘기다.

제2종일반주거지역에서 다중주택 등을 건축할 때는 용적률이 200%

이나 준공업지역이나 준주거지역에서는 용적률이 250%가 되기 때문에 땅값이 조금 더 비싸다고 해도 월세 수입 면에서 유리하다. 준공업지역에서 주택을 지으려면 근린생활시설이나 주택을 구입해야 한다. 공장부지를 구입하면 근린생활시설만 지을 수 있다. 근린생활시설은 용적률을 400% 적용받는다. 북도로에 인접한 땅은 일조권에 의한 사선제한을 받지 않기 때문에 남도로에 인접한 땅에 비해 손해 보는 건축 면적이 없게 된다.

다중주택이나 다가구주택을 지으려면 초기투자비용이 최소 5억 원 이상은 있어야 하므로 자금이 부족한 투자자들은 오피스텔이나 다세대주택 등을 구입해 월세를 받는 방법을 고려해볼 수 있다.

성수동 못지않게 요즘 투자자들에게 관심의 대상으로 떠오른 영등포도 준공업지역과 준주거지역으로 이루어져 있다. 영등포재정비촉진지구로 지정된 영등포시장 부근은 재개발 사업이 진행 중이다. 가장 진도가 빠른 1-4구역은 대림 아크로타워스퀘어(1,221세대)가 완공됐고, 1-3구역은 한화 꿈에그린 아파트 2개 동과 오피스텔 1개 동이 분양 완료되어 공사가 진행 중이다. 그 외 1-13구역, 1-11구역, 1-2구역, 1-14구역이 있는데 이 중 1-13구역(두산건설 642세대) 진행이 가장 빨라 사업시행 인가를 앞두고 있다.

투자자들이 관심을 가질 지역은 영등포시장역에서 영등포구청역, 양평역으로 이어지는 대로 이면지역들이다. 다중주택이나 다가구주택을 지을 수 있는 땅도 아직은 남아 있고, 오피스텔이나 다세대주택 등도 분양하고 있다. 당산역 부근은 개발이 거의 완료된 곳이라 지가가 많이 올랐지만 당산동 3, 4, 5가를 비롯해 양평동과 문래동 지역은 지가 상승 여력이 아직 많이 남아 있다.

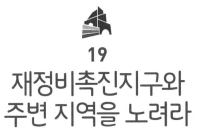

**19**

# 재정비촉진지구와
# 주변 지역을 노려라

재정비촉진지구는 낡은 주거환경을 개선하고 기반시설을 확충하기 위한 도시재생 사업의 하나로 난개발을 방지하기 위해 종합적인 개발 계획을 수립해서 실시하는 개발 지역을 말한다. 과거 지자체별로 시행되던 뉴타운 사업을 국가 차원에서 실시하기 위해 2006년 「도시재정비 촉진을 위한 특별법」을 제정해서 규제를 완화해 개발을 촉진하고 재정적인 지원도 가능하게 했다.

재정비촉진지구는 주거지형과 중심지형 두 종류가 있는데, 주거지형은 50만㎡ 이상으로 아파트 단지를 건설하고, 중심지형은 20만㎡ 이상으로 역세권 부도심을 개발하는 것으로 주로 주상복합아파트와 오피스텔 등을 짓게 된다. 서울에는 현재 33개의 재정비촉진지구가 있는데 이중 천호·성내, 구의·자양, 돈의문, 상봉, 전농·답십리, 미아중심, 세운,

홍제, 영등포, 가리봉, 청량리, 합정 등이 중심지형이고, 은평, 길음, 상계, 수색·증산, 방화, 신정, 신길, 노량진, 가재울, 아현, 흑석, 이문·휘경, 미아, 북아현, 장위, 중화, 거여·마천, 시흥, 한남, 신림 등이 주거지형이다.

재정비촉진지구에서는 재개발사업과 재건축사업, 도시환경정비사업 등이 대규모로 이루어지기 때문에 지가 상승 여력이 높다. 역세권부 도심을 개발하는 도시환경정비사업으로 진행된 합정재정비촉진지구는 합정역 주변에 주상복합아파트와 오피스텔, 오피스빌딩 등이 신축되어 역세권 환경이 크게 개선되면서 이 일대 지가가 크게 올랐다. 서울의 대표적인 달동네 중 하나였던 아현재정비촉진지구도 최신 아파트 단지가 들어서면서 지가 상승은 물론이고 도시 환경 자체가 몰라보게 달라졌다.

재정비촉진지구의 지가는 통상적으로 조합설립 인가 전에 크게 오르며 그 후 사업 진행에 따라서 사업시행 인가─관리처분계획 인가─철거─공사─입주 순으로 단계별로 지가가 상승한다. 따라서 재정비촉진지구 내 부동산을 매입할 때는 사업 진행 단계와 속도를 꼼꼼하게 따져서 적정한 가격에 살 수 있도록 해야 한다.

재정비촉진지구 내 부동산은 향후 공사가 완료되면 일정 수준 이상의 시세 차익이 보장되기 때문에 예상 권리가액에 프리미엄이 어느 정도 붙어 있다. 조합설립 인가 전에는 프리미엄이 적지만 공사 완료 때까지 시일이 많이 걸린다는 점에서 기간 리스크가 크다. 사업시행이 인가된 구역은 순탄하게 공사가 진행될 확률이 높기 때문에 안전하긴 하지만 프리미엄이 많이 붙어 있을 공산이 커서 매입비용이 부담이 된다.

## 이주 수요로 인한 지가 상승이 보장되는 주변 지역

자금 여유가 별로 없어 재정비촉진지구 내 부동산을 매입하는 것이 부담스럽다면 주변 지역을 노리는 것도 효율적인 투자 방법이다. 재정비촉진지구 개발에 따른 후광효과가 큰데다 향후 이주 수요로 인한 지가 상승도 보장되기 때문이다.

재개발이나 재건축 사업에서 관리처분계획 인가가 나게 되면 주민들은 조합으로부터 이주비를 받아 공사 기간 동안 임시로 살 집을 찾아 이사하게 된다. 그런데 대부분의 주민들이 비교적 가까운 곳으로 이사하는 경향이 강하다. 어차피 살던 곳으로 다시 돌아와야 하므로 생활환경을 급작스럽게 바꿀 필요가 없기 때문이다.

단기간에 몰리게 되는 이주 수요는 재개발이나 재건축 구역 주변 집값이나 전세금을 밀어 올리게 된다. 철거로 인한 이주 기간은 통상 1년인데 이 1년 사이에 수요에 비해 공급이 많아지기 때문이다. 개포주공 아파트 재건축 사업으로 인해 주변 개포4동과 양재2동의 지가가 크게 상승한 것도 한 예가 된다. 왕십리 뉴타운 공사 기간 동안 주변 신당동과 마장동 등지의 주택 값도 가파른 상승을 기록한 바 있다.

재개발이나 재건축 공사 기간은 대략 3~4년이 걸리게 된다. 공사 기간이 끝나면 새로 지은 아파트로 이사 갈 사람이 많기 때문에 전세금이나 집값이 떨어질 것으로 걱정하는 사람도 있는데 그리 염려할 일은 아니다. 서울 도심의 전세금은 전세 물량 자체가 부족하기 때문에 오르면 올랐지 떨어지는 일은 별로 없다.

게다가 이사 온 사람 모두가 새로 지은 아파트로 되돌아가는 것은 아니다. 이사 온 사람 중에는 정비구역에서 전월세로 살다 온 사람도 많고, 자금이 부족해 새 아파트를 전월세를 주고 이곳에 계속 머무르는 사람도 많기 때문이다.

눈여겨볼 지역은 구의·자양재정비촉진지구 주변 지역과 청량리재정비촉진지구 주변 지역인 전농동 일대, 가재울재정비촉진지구 옆 남가좌동, 수색증산재정비촉진지구 주변 북가좌동 일대 등이다.

구의·자양재정비촉진지구는 일반인 소유의 주택이 별로 없고 지자체와 정부 소유의 땅이 대부분이어서 진행 속도가 빠를 가능성이 높고 완공되면 역세권 부도심으로서 상권이 확대될 지역이다. 따라서 인근 구의동이나 자양동의 환경이 좋아지면서 집값이 상승 곡선을 탈 수 있다. 청량리는 이미 역세권 부도심으로서 오피스텔과 주상복합아파트 등이 들어선 최첨단 상권으로 공사가 한창이다. 인근 용두동과 제기동은 지가가 이미 크게 상승한 지역이라 아직 저평가된 전농동 일대 투자가 유력해 보인다.

가재울재정비촉진지구는 한 두 개 구역을 제외하고는 모두 고층아파트 단지로 탈바꿈해 신흥 주거단지로 각광받고 있다. 이 지역 33평 아파트는 이미 7억 원에 육박하고 있다. 연희동에서 명지대 사거리로 올라가는 남가좌동 일대는 대단위아파트 단지 주민들을 대상으로 하는 골목상권과 연세대와 이화여대, 홍익대 등의 학생들을 대상으로 하는 원룸이나 투룸 상권이 점차 활성화될 곳으로 예상된다.

수색증산재정비촉진지구는 이제야 개발 사업이 본격적으로 시작된 곳이다. 따라서 길 건너편 북가좌동 일대는 개발이 진행됨에 따라 후광 효과는 물론이고 이주로 인한 수요까지 겹쳐지면서 지가가 꾸준히 상승할 곳으로 판단되는 지역이다.

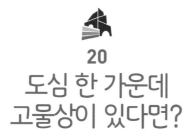

**20**

# 도심 한 가운데
# 고물상이 있다면?

　서울에서 땅값이 가장 비싼 곳은 명동이다. 명동에서도 네이처 리퍼블릭이란 화장품판매점이 있는 부지가 가장 비싸다. 이 땅은 14년 연속 공시지가 1위에 올랐는데, ㎡당 8,600만 원이니까 1평 기준으로는 2억 8,380만 원이다. 부지 전체(169.3㎡) 가격은 145억5,980만 원이다. 2017년(140억6,900만 원)보다 4억9,080만 원이 올랐다.

　하지만 이건 공시지가일 뿐 실거래가는 아니다. 이 땅의 실거래가는 아직 알 수가 없다. 14년간 거래된 적이 없기 때문이다. 가장 최근에 명동에서 거래된 땅 중 가장 비싼 가격은 3.3㎡당 10억2,696만 원이다. 서울 중구 명동2가 33-7의 옛 랜드로바 빌딩을 2017년 6월 말 하나은행 신탁이 매입하면서 대지 101.5㎡에 315억3,150만 원을 지불했기 때문이다. 그런데 이 땅의 공시지가는 3.3㎡당 2억5,355원으로, 네이처 리퍼블릭 매장이 있는 땅보다는 싸다. 그러니까 네이처 리퍼블릭 매장이 만일 거래된다면 1평당 11억 원은 넘을 것이 분명하다.

명동 다음으로는 강남과 용산, 종로, 을지로 등의 땅값이 비싸다. 아무리 적게 잡아도 이런 지역의 땅들은 대로변인 경우에는 최소 5억 원 이상, 이면도로에 있다고 해도 2, 3억 원 이상은 호가할 것이 분명하다. 땅값은 유동인구가 얼마나 많은가, 용적률이 얼마나 높은가에 따라 결정된다고 할 수 있다. 명동이나 강남은 사람이 많이 오가기로 둘째가라면 서러운 곳이다. 이런 곳은 용적률을 높여서 건물을 높게 지을 수 있게 해준다. 용적률이 높고 유동인구가 많은 곳은 주로 상업지역이다.

시골에서 아무리 천하명당이라고 해도 유동인구가 적으면 땅값이 비쌀 수가 없다. 명당에 대한 터 값은 어느 정도 쳐주겠지만 서울 도심의 땅에 비할 바가 아니다. 이런 시골 땅에는 용적률을 높게 정해줄 필요가 없다. 건물을 높게 올리기보다는 한적한 별장을 짓는 게 더 낫기 때문이다.

땅값이 비싸다고 해서 건물도 반드시 호화롭고 비싼 것만은 아니다. 제2롯데월드처럼 초고층빌딩이 들어선 땅이 있는가 하면 금세 쓰러질 것 같은 건물이 있는 경우도 많다. 하지만 허름한 건물이 있다고 해서 땅값에 영향을 주는 것은 아니다. 허름한 건물을 헐고 새 건물을 짓게 되면 건물비까지 합쳐져 땅값은 더 오르기 때문이다.

서울 강남의 최첨단 빌딩을 지을 때 건축비를 아무리 높게 잡더라도 한 평에 1,000만 원 이상을 잡기는 힘들다. 잘 지은 주택이 평당 600만 ~700만 원일 뿐이다. 그러나 서울 강남의 대로변 땅 값은 한 평에 몇 억 씩 간다. 그러니 건물이 아무리 낡고 쓰러져간다 해도 땅이 좋은 위치에 있다면 그 값은 어디 도망가지 않는다.


## 건물보다는 땅의 위치가 중요

이런 이치를 안다면 이제 땅을 보러 다녀 보자. 명동이나 강남에 고물상이 버젓이 존재한다면 투자가치가 있을까 없을까. 그 주변에 새로 지은 고급빌딩이 있는 땅보다 고물상이 있는 땅이 훨씬 투자가치가 높다. 고급빌딩이 있는 땅은 빌딩 값까지 포함해서 가격도 비쌀 뿐더러 더 이상 개발을 할 수 없지만 고물상이 있는 땅은 개발을 할 경우 땅값을 크게 상승시켜 개발이익을 엄청나게 챙길 수 있기 때문이다.

서울 요지에는 아직도 고물상들이 상당히 많이 있다. 일반인들은 일견 지저분해 보이는 일을 하는 고물상 주인을 우습게보기도 하고 동네에 그런 곳이 있다며 코를 막고 그냥 지나치기도 한다. 그러나 고물상 주인은 지가 상승의 원리를 오래 전부터 꿰뚫고 있는 투자의 고수일 가능성이 매우 높다. 그간 팔라는 숱한 유혹을 뿌리치며 묵묵히 힘든 일에 종사해온 이유는 지가가 언젠간 크게 상승해서 한몫 단단히 잡을 수 있다는 확신 때문이었으리라.

성수동에 사무실이 있는 필자는 다닐 때마다 만나게 되는 고물상을 애정 어린 시선으로 바라본다. 어쩌다 강남으로 외출해서 고물상을 만나게 되면 이 땅은 얼마나 갈까, 여기다 뭘 지으면 좋을까 생각에 빠지기도 한다. 유명연예인 K씨가 80억 원에 산 성수동의 280평짜리 땅이

고물상이라는 사실을 아는가.

필자도 어릴 때 방배동의 단독주택에 살았지만 독자 여러분 대다수도 과거에는 단독주택에서 살았을 것이다. 그때는 단독주택의 값어치를 모르고 팔아치웠지만 만일 팔지 않고 그냥 가지고 있다면 엄청난 부자가 돼 있을 것이다. 지금 서울의 단독주택 값은 아파트들은 쳐다보지도 못할 정도로 비싸다. 아파트는 땅이 없지만 단독주택들은 땅을 가지고 있기 때문이다.

오래된 단독주택 건물 값은 거의 똥값이라고 할 수 있다. 철거비용까지 생각하면 거저 줘도 가져가지 않을 것이다. 그러니 땅값이 거의 모든 거라고 할 수 있다. 강남 단독주택의 땅값은 3,000만 원을 넘은 지가 꽤 오래되었다. 망원동이나 서교동 단독주택 땅값도 3,000만 원에 육박한다. 50평짜리 단독주택이면 15억 원이나 한다. 이걸 사서 건축비용 5억 원을 들여 다가구주택을 지으면 15+5=20억 원이 아니라 25억 원 정도로 둔갑한다. 임대를 놓으면 평생 마르지 않는 샘이 된다.

고물상 원리는 서울 도심의 허름한 동네에도 적용된다. 창신동과 숭인동은 서울 도심에 있지만 아직도 낡은 건물들이 득시글거리고 어수선한 환경을 자랑한다. 이런 곳의 건물은 언젠가는 철거될 것이다. 서울 도심에 있기 때문에 최신 건물로 바뀐다면 엄청난 부가가치를 창출할 것이 틀림없다.

트리플역세권인 동대문운동장역 부근 역시 서울 도심 한가운데 있는 비싼 땅이나 허름한 건물들이 몰려 있는 지역이다. 이렇게 비싼 땅에 고물상이 있다는 것은 부동산 최유효이용 법칙에 위배된다. 언젠간 개발되어 최신 건물들이 즐비한 지역으로 탈바꿈할 곳이다. 바로 이것이 개발이고 지가 상승의 패턴이다.

필자가 미래가치가 높다고 주장하는 영등포 역시 개발이 진행될 수밖에 없는 곳이다. 여의도와 가까운 서울 도심의 땅을 이렇게 지저분하게 놀리면 이것은 공간 낭비다. 서울도시기본계획 2030 플랜에서 영등포를 3도심 중 하나로 개발하겠다고 공언한 것도 이 땅이 아직 자기의 모습을 찾지 못했다고 판단했기 때문이다.

## 21
# 집값은 몰라도
# 땅값은 절대 떨어지지 않는다

부동산 투자를 하지 않는 사람 중에는 돈이 없어서 못한다는 사람도 있지만 집값이 떨어질 게 뻔하기 때문에 하지 않는다는 사람도 많다. 2014년부터 아파트 값이 많이 올랐어도 그들은 많이 올랐기 때문에 앞으로는 떨어질 일만 남았다고 말한다. 하지만 부동산 투자를 하지 않고 있는 지금 그들의 선택이 옳았다고 말할 수 있는가.

문재인 정부 들어서서 부동산 과열 현상을 잡기 위해 각종 규제 정책을 펼치면서 주택 값이 떨어질 거라고 우려하는 사람들도 많다. 상투를 잡은 게 아닌지, 지금이라도 더 떨어지기 전에 팔아야 하는 건 아닌지 걱정의 목소리가 높다. 투자를 하지 않다가 뒤늦게라도 투자에 나서려는 사람들 중에는 앞으로의 불확실한 주택 경기 때문에 주저하고 있는 경우도 많다.

투자를 하지 않고 있거나 투자를 망설이거나 그들 모두는 부동산 투자의 원리를 잘못 알고 있다. 부동산 투자로 돈을 벌려면 절대로 집을 사면 안 되고 땅을 사야 한다. 그런데도 모두 부동산 하면 주택, 주택 하면 아파트만 생각하기 때문에 잘못된 투자의 길로 접어든 것이다.

서울에서 땅은 유한하다. 인구 천만이 몰려 사는 서울의 땅은 부족하기 짝이 없다. 수요에 비해 공급이 적기 때문에 땅값은 오를 수밖에 없다. 서울 땅이 모자라다고 해서 땅을 새로 만들 수는 없다. 인천이라면 바다를 막아 매립지를 만들 수 있지만 서울은 더 이상 땅을 만들 공간이 없다.

하지만 집은 다르다. 집은 땅 위 공간에 짓는 것이기 때문에 땅 면적보다 훨씬 많이 지을 수 있다. 제2종일반주거지역은 용적률이 200%에 불과하지만 중심상업지역은 1,000%가 넘는다. 집을 지을 땅이 부족하다면 용적률을 높이거나 층수를 올리면 집을 더 많이 지을 수 있다. 우리나라 서울은 인구 천만 명이 넘는 대도시이지만 다른 나라에 비해 초고층 빌딩이 적은 편이다. 중국 상하이나 북경을 가면 초고층 빌딩이 즐비하다.

서울에 집 지을 땅이 부족하니까 정부는 서울 주변 수도권에 택지개발지구를 만들어 주택을 공급하고 있다. 심지어는 그린벨트를 해제하면서까지 아파트를 짓고 있다. 문재인 정부도 수도권에 새로운 택지개발지구를 지정해 아파트를 공급하겠다고 한다. 땅은 부족하지만 집은 공급 과잉이 되고 있는 것이다.

## 아파트는 허공 위에 지은 집으로 땅이 없다

부동산 투자로 돈을 벌려면 무조건 땅을 사야 한다. 아파트는 다른 사람과 공동으로 땅을 소유한 것이므로 엄밀히 말하면 건물을 사는 것이지 땅을 사는 것은 아니다. 아파트의 대지 지분은 건물과 분리해서 사고 팔 수 없다. 자기 땅도 없는 허공 위에 지어놓은 집이 언제까지 가치가 지속될 것인지는 심히 의심스럽다.

그렇다고 시골 땅을 사서는 가치가 유한하다. 시골 땅은 아직까지는 그렇게 모자라지도 않고 앞으로도 수요에 비해 공급이 적다고 보기 어렵기 때문이다. 대도시의 땅, 서울에서도 도심에 있는 땅을 사야 미래 가치가 높다. 수요에 비해 공급이 절대 부족하고, 개발로 인해 상권이 확대되면서 더욱 더 지가가 상승하기 때문이다.

가장 좋은 땅은 다중주택을 지을 수 있는 40~50평짜리 대지를 갖고 있는 단독주택이나 다가구주택, 근린생활시설을 사는 것이다. 다중주택 하나만 마련해놓으면 평생 월급을 받아 편안하게 생활할 수 있고, 사후에는 자식에게 물려줄 수도 있다. 돈이 더 많은 사람은 50~80평짜리 대지를 사면 제법 규모가 큰 다가구주택이나 다세대주택을 건축할 수 있다.

하지만 대지 40~50평을 사려면 일반 서민들은 꿈도 꾸지 못하는 돈을 가져야 한다. 서울의 좀 괜찮은 동네 땅값은 3,000만 원을 넘은 지 오래 됐고, 도심에서 벗어난 서울 외곽 땅도 평당 1,500만 원을 넘고 있다. 대출을 받는다 해도 최소 3, 4억은 있어야 한다. 남가좌동만 해도 60평짜리 땅이 12억 원을 호가한다.

돈이 좀 부족한 사람들은 재개발이나 재건축 구역 내 부동산을 매입할 수 있다. 강남재건축은 10억 원이 훨씬 넘지만 강북의 재개발 구역 중에는 대출을 끼면 1억 원 내외로 구입할 수 있는 허름한 빌라들이 있다. 재개발이나 재건축 구역 내 빌라를 사는 것은 땅을 구입하는 것이므로 승산이 있다. 서울 도심의 땅, 아파트를 지을 수 있는 땅은 항상 모자라기 때문에 무조건 오를 수밖에 없다.

대지 지분 10평, 건물 20평의 3억 원짜리 빌라가 있다고 하자. 건물 20평의 감정평가금액은 2,000만 원도 되지 않는다. 나머지 2억8,000만 원은 땅값에 프리미엄을 합친 금액이다. 따라서 정비구역 내 빌라를 구입하는 것은 건물을 사는 게 아니고 땅을 사는 것이다. 조합원들이 땅을 출자해서 그 땅 위에 새 아파트를 짓는 게 정비사업이다. 재개발, 재건축 지분 투자는 개발 이익을 예상해서 선점하는 것이기 때문에 허공에 지어놓은 아파트를 사는 것보다는 훨씬 더 수준 높은 투자라 할 수 있다.

그런데 재개발, 재건축 지분 투자는 새 아파트를 짓기 훨씬 오래 전에 투자해야 이익을 극대화할 수 있다는 점에서 리스크가 크다. 사업시행이나 관리처분계획 인가가 난 후 투자하면 안전하지만 내가 먹을 이익은 그리 크지 않다. 이익을 많이 먹으려면 조합설립 인가 전이나 인가 후 투자해야 하는데 주민들의 반발이나 사업성 악화로 사업이 중도에 중단되거나 지연될 수도 있어 쉽지 않은 투자가 된다. 따라서 사업진행 속도와 리스크를 사전에 잘 체크하는 게 성공의 관건이 된다.

땅을 사는 게 여의치 않아 부득이 건물이라도 사야겠다면 임대수입을 올릴 수 있는 부동산을 매입해야 한다. 실거주를 위한 아파트는 월세 수입을 올리기 힘들지만 도심 역세권에 위치한 다세대주택이나 빌라, 오피스텔, 점포 등은 고정적인 월세 수입을 올릴 수 있다는 점에서 안전하다. 부동산 시장이 좋지 않으면 수도권의 공급 과잉된 아파트들의 집값부터 떨어지지만 도심의 월세가 나오는 부동산은 시장 상황에 크게 구애받지 않는다. 월세가 정해져 있는 부동산의 가격은 거품이 끼어 있을 여지가 없지만 실거주를 위한 아파트의 가격은 언제 꺼질지 모르는 거품이 끼어 있다는 점에서 좀 불안하다.

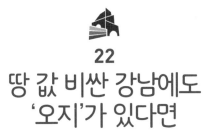

# 22
# 땅 값 비싼 강남에도
# '오지'가 있다면

많은 사람들이 강남에 투자하고 싶어 하지만 너무 비싸 엄두가 나질 않는다고 한다. 게다가 너무 많이 올라서 지금 사면 상투를 잡는 것 같아 불안해서 망설인다고도 한다. 서울에서 땅값이 가장 비싼 곳이 명동과 강남이니 그런 말이 나오는 것도 무리는 아니다.

그러나 강남에도 오지가 있다면 믿겠는가. 강남에도 가난한 사람들이 사는 동네가 있고 땅값이 강남 평균에 한참 미치지 못하는 지역이 있다. 최첨단 빌딩이 즐비한 강남에 이런 오지가 있다는 것은 아직 개발의 손길이 미치지 못했기 때문이다. 따라서 앞으로 개발될 여지가 풍부해 지가 상승의 가능성이 크다고 할 수 있다.

대표적인 곳이 논현1동과 양재2동이다. 논현1동은 강남에서 가장 땅값이 비싸다는 강남역에서 불과 3km 떨어진 곳이지만 강남에서 오지라 불릴 정도로 허름한 동네다. 논현1동은 신논현역에서 강남대로를 따라 신사역까지의 지역을 말하지만 필자가 말하는 강남의 오지 논현1동은 신논현역에서 논현역까지의 지역만을 일컫는다. 이 지역에서는 강남에서 흔히 볼 수 있는 초호화 빌딩도 없고 이면도로 안쪽으로 들어가면 재래시장도 있고 온통 허름한 빌라와 작은 건물들 천지다. 이 지역에는 그 흔한 아파트 단지 하나 없다. 영동시장이라 불리는 재래시장 인근 이면도로는 직장인들이 퇴근 후 즐겨 찾아와 하루의 시름을 달래는 먹자골목이 형성돼 있다.

논현1동은 강남에서는 가장 땅값도 싸고 임대료도 싼 곳이지만(그렇다고 강북보다 싸지는 않다) 교통이 매우 편리하다. 9호선 신논현역과 언주역이 자리해 있고, 7호선 학동역과 논현역이 있다. 논현1동은 네모반듯한 지역인데 서울에서는 유일하게 지역 전체가 지하철역 4곳으로 둘러싸여 있다. 어느 쪽으로 가든 10여분만 걸어가면 지하철역에 도달할 수 있는 지역이다.

이 일대는 교통이 편리하다 보니 강남에 직장이 있는 전월세 세입자들이 매우 선호한다. 10여 년 전만 해도 보증금 1,000만 원에 40만~50만 원 하던 원룸이 요즘은 80만~90만 원을 줘도 구하기가 쉽지 않다. 매매가도 10년 간 거의 두 배 이상 올라서 원룸 한 채 값이 2억 원을 넘은 지 오래다. 그런데도 신축 빌라 지을 땅이 별로 남지 않아서 구입하기도 점점 어려워지고 있다.

논현1동의 전월세 값과 매매가는 앞으로도 상승할 여력이 많다. 2024년 완공 예정인 신분당선이 완공되면 강남역 다음 정거장인 신논현역과 논현역은 더블 역세권이 되어 유동인구는 더욱 늘어나게 된다. 게다가 강남 주민들 사이에선 신분당선 완공과 즈음해서 강남역에서 논현역까지 구간에 지하상가가 생긴다는 얘기가 나돌고 있다. 신분당선이 완공되면 유동인구가 대폭 늘어날 것이 분명하므로 지하상가 공사는 아주 근거가 없는 얘기는 아니다.

이 지역 지가가 계속 상승할 또 다른 이유는 수요에 비해 공급이 절대적으로 부족하기 때문이다. 강남에서는 비교적 임대료가 싼 지역이라 찾는 수요자는 많은데 신축빌라 공급은 몇 년 전부터 거의 이루어지지 않고 있다. 지을 만한 땅이 별로 남지 않은데다 그나마 지을 수 있는 땅도 땅 소유자가 팔지 않고 있기 때문이다. 갖고 있으면 계속 오르는데 굳이 팔 필요가 없는 것이다.

2017년 말에 뉴힐탑 호텔 뒤편에 투룸 신축빌라가 분양된 적이 있는데 아주 좋은 위치가 아님에도 불구하고 두 달 만에 완판 됐다. 매매가는 3억4,000만 원이어서 전세 끼고 구입하면 6,000만 원의 투자금만 있으면 되었다. 사실 이런 물건은 소식을 접하면 일단 사고 봐야 하는데, 어떤 이는 이 물건을 만나고도 뭐가 좋은 건지 몰라 고민하다 놓치고 말았다. 이런 사람을 보면 정말 안타깝다.

## 논현1동과 양재2동은 꾸준한 지가 상승이 예견되는 곳

양재시민의숲 지하철역 역세권인 양재2동과 개포4동도 강남에서는 아직도 땅값이며 전월세 값이 저렴한 편이다. 하지만 이 지역도 인근 개포주공아파트의 재건축 이주가 시작되고 우면동에 삼성 R&D 캠퍼스가 완공되면서 큰 폭으로 올랐다. 불과 6, 7년 전만 해도 이 지역 투룸 신축빌라 시세는 2억 원 내외였지만 지금은 3억 원이 넘었고 그마저도 공급이 거의 이루어지지 않고 있다.

양재2동 역시 아파트 단지는 없고 거의 모두 빌라와 다세대주택 등으로 이루어져 있다. 그런데 지역 내에 초·중·고교가 다 있고 양재근린공원도 위치해 있어 논현1동에 비해서는 주거환경이 좀 더 쾌적하다. 주변에 농협하나로마트와 코스트코 등도 이용할 수 있어 논현1동에 비해서는 3~4인 가족의 비중이 높은 편이다.

이 지역 역시 아직은 지가 상승 여력이 풍부하다. 개포주공 최대 단지인 개포1단지의 이주가 2018년 4월부터 시작되어 이주수요로 인해 전월세 가격이 크게 오를 확률이 높다. 이주가 끝나고 난 다음에도 이 지역의 지가는 꾸준한 오름세를 보일 수밖에 없다. 강남 출퇴근 수요자는 꾸준히 증가하는 데 비해 이 지역의 주택 공급은 항상 부족할 수밖에 없기 때문이다.

자금에 여유가 있는 사람들은 논현1동과 양재2동의 꼬마빌딩을 노려본다. 앞으로도 상권이 확대될 것으로 예상되므로 지가 상승폭이 클 전망이다. 리모델링이나 재건축이 가능한 꼬마빌딩은 프리미엄을 더 주고서라도 구입하는 것이 현명하다.

자금이 부족한 사람들은 다세대주택이나 오피스텔 구입을 고려해볼만하다. 다른 지역에 비해 안정적인 월세 수입이 가능한 곳이기 때문이다. 또한 지난 10여 년 간의 추세를 감안할 때 꾸준한 임대료 상승이 예측된다.

## 23
## 시골 땅은 무조건
## '계획관리지역'을 사라

　상담을 하다보면 가끔씩 시골 땅을 하나 사두었는데 오르지도 않고 해서 팔려고 내놓아 보니 잘 팔리지도 않는다며 어찌 했으면 좋겠느냐고 물어보는 사람들이 의외로 많다. 땅이란 시간이 지나면 물가상승률에 따라서라도 조금은 오르는 것이 보통인데 도통 오르지 않는다면 문제가 아닐 수 없다.

　지번을 달라고 해서 좀 알아보면 개발이 잘 안 되는 땅을 산 경우가 대부분이다. 시골 땅 중에서 개발이 용이한 땅은 계획관리지역이다. 쉽게 말해 음식점이나 숙박시설을 지을 수 있는 땅이란 뜻이다. 계획관리지역은 보전관리지역이나 생산관리지역에 비해 개발하기 쉽도록 분류해 놓은 땅으로서 건폐율과 용적률도 보전관리나 생산관리에 비해 높다.

|  | 건폐율 | 용적률 |
|---|---|---|
| 계획관리지역 | 40% 이하 | 50~100% |
| 생산관리지역 | 20% 이하 | 50~80% |
| 보전관리지역 | 20% 이하 | 50~80% |

계획관리지역이라고 해도 지자체별로 숙박시설이나 음식점을 짓지 못하게 해 놓은 곳도 있으므로 반드시 사전에 확인을 해보아야 한다. 하지만 생산관리지역이나 보전관리지역은 숙박시설이나 음식점 등을 아예 짓지 못한다. 생산관리지역은 농림지역과 마찬가지로 농사를 지으라고 분류해 놓은 땅이며, 보전관리지역은 자연환경보전지역에 준해서 자연을 보호하라고 구분지은 땅이다. 물론 이런 지역에도 단독주택이나 별장 등을 지을 수는 있지만 개발이 제한돼 있기 때문에 지가 상승 폭은 작을 수밖에 없다.

농지나 임야 등을 구입할 때 계획관리지역에 속해 있느냐의 여부 못지않게 중요한 게 용도지구와 용도구역이다. 이는 건축물을 세부적으로 제한하기 위해 분류해 놓은 것으로서 용도지역보다 사실 더 중요하다. 농지를 나중에 전용해서 건축물을 지을 계획이라면 농업진흥구역이나 농업보호구역은 피해야 한다. 즉 농업진흥지역 외 농지를 구입해야 향후 개발할 수 있다.

농업진흥구역은 절대농지로서 전용이 매우 힘들고, 농업보호구역은 한계농지로서 전용이 농업진흥구역에 비해서는 덜 힘들지만 그래도 농업진흥지역 외 농지에 비해서는 개발하기가 곤란하다. 같은 농지라도 농업진흥구역 내 농지가 훨씬 싸기 때문에 '싼 맛'에 덥썩 사는 사람들이 있는데 향후 지가 상승은 요원하다는 점에서 땅 투자에 적합한 땅은 아니다.

임야를 구입할 때도 보전산지나 산지전용제한지역은 피해야 한다. 이런 지역은 산림을 보호하거나 임야를 보존하기 위해서 분류해 놓은 곳이기 때문에 육림은 가능하나 개발하여 건축물을 짓는 것은 엄밀히 제한하기 때문에 지가 상승 폭은 작을 수밖에 없다. 향후 개발 가능성으로 인한 지가 상승을 기대하려면 계획관리지역 내 준보전산지를 구입해야 한다.


## 전원주택 부지는 입지적 요인 잘 따져봐야

전원주택 및 펜션은 전원생활뿐 아니라 고정적인 임대수입이 창출된다는 점에서 매력적이다. 그러나 최근 들어 '나 홀로' 전원주택 및 펜션의 가치가 하향 곡선을 긋고 있는데다 새로운 형태의 펜션 투자들이 등장하고 있어 투자 여부를 결정짓기 전에 정확한 정보 수집 및 분석이 필요하다.

첫째, 일정 규모 이상의 전원주택이나 펜션이 들어서는 단지가 형성돼 있는 곳이 좋다. 유명관광지가 인근에 있는 경우를 제외하면 대부분의 '나 홀로' 펜션들은 수익성이 크게 떨어지고 있다. 더 큰 문제는 매물로 내놓아도 팔리지를 않아 환금성이 거의 없다는 점이다.

둘째, 교통이나 환경, 주변 관광지 등 입지적 요인을 잘 따져봐야 한다. 한때는 경기도 일대 펜션이 인기를 끌었던 적이 있다. 그러나 경기 일원이 당일 관광지가 되고 주5일 근무제가 확산되면서 경기도 펜션 수요가 줄어들고 있다. 최근에는 교통이나 주변 환경이 날이 갈수록 좋아지고 있는 강원도 펜션 수요가 꾸준히 증가하고 있다. 평창올림픽을 전후해서 강릉까지 KTX가 개통해서 청량리에서 2시간이면 주파가 가능해진 세상이다.

셋째, 대단위 리조트단지에서 가까운 펜션은 피하는 것이 좋다. 리조트 단지 내 콘도나 호텔 등에 투숙객의 상당수를 빼앗길 가능성이 크기 때문이다. 자동차로 20, 30분 거리에 리조트단지나 유명 관광지가 몰려 있는 곳이 상대적으로 유리하며, 한 계절만 반짝하는 리조트보다는 사계절 종합 휴양지나 웰빙 관련 리조트가 있는 곳이 지속적인 고객 창출에 유리하다.

넷째, 병원 등 마을에서 너무 멀리 떨어져 있지 말아야 하며, 연 숙박 가동률이 최소한 30% 이상이 되는가를 잘 따져봐야 한다.

'선 시공 후 분양' 상품은 안정적이지만 초기 부담 비용이 크다는 단점이 있다. 요즘 인기 있는 강원도 평창이나 둔내 인근의 펜션 분양가는 평당 1,000만 원이 훌쩍 넘는다. 이에 따라 최근에는 콘도미니엄 이용권처럼 일정 기간 별장으로 사용하면서 수익을 돌려받는 연수익보장형 지분 투자 상품도 출시돼 있다. 분양 상품은 시행사 및 시공사의 능력 평가가 무엇보다 중요하다. 시행사가 부도나면 원금을 돌려받을 방법이 없기 때문이다.

펜션 부지를 매입하는 것은 초기 비용 부담이 적고 취향대로 건축할 수 있는 이점이 있다. 건축비는 평당 350만 원에서 500만 원 사이에서 가능하며, 토지 감정가의 50% 이내에서 대출도 가능하다. 토지에 대해 잘 모르는 분들은 토목공사와 인허가가 완료된 펜션 단지 내 부지를 구입하는 것이 편리하다.

부지 매입 시에는 진입로가 잘 갖추어진 단지인지, 분할이 정확히 돼 있고 기반시설이 잘 갖추어져 있는지를 살펴야 한다. 그리고 무엇보다 중요한 것은 서울과의 접근성, 고속도로 진입이 원활한 곳에 위치해 있는지의 여부, 주변 관광여건 등을 꼼꼼히 분석해봐야 한다.

전원주택이나 펜션용 부지로는 임야보다는 농지가 더 적합하다. 임야는 값이 싸고 농지보다 활용도가 많지만 필지당 면적이 커서 전원주택이나 펜션을 짓기에 적당한 1,000㎡~3,300㎡ 내외의 경치 좋은 완만한 임야를 찾기는 사실상 힘들기 때문이다. 또한 적당한 크기의 임야라고 해도 마을이나 도로에서 많이 떨어져 있고 경사가 심해 개발비용이 많이 들게 된다. 따라서 밭이나 전용기간이 25년 다 된 목장용지가 적당하다. 전원주택은 사실 330㎡의 크기만으로도 지을 수 있다. 그러나 330㎡ 이상의 텃밭이 딸려있지 않으면 가치가 반감되기 때문에 토지를 구입할 때 1,000㎡ 정도를 구입하는 것이 좋다.

특히 농지는 현지인(매도인) 외에는 소유권 이전 다음 연도부터 전용 허가가 나온다는 사실에 유의해야 한다. 따라서 당해 연도에 집을 지으려면 소유권을 이전하기 전에 매도인과 합의하여 토지이용승낙서를 받아서 전용허가를 받은 뒤 이전하면 된다. 지주의 토지이용승낙서만 있어도 전용허가는 가능하며, 통상 매매대금의 60~70% 정도 지불하면 토지이용승낙서를 받을 수 있다. 팔당호 특별대책지역 중에는 농지전용 시 6월 이상 현지 거주요건이 추가되는 곳도 있으므로 토지 구입 전 전용가능 여부에 대해 면밀히 검토해야 한다.

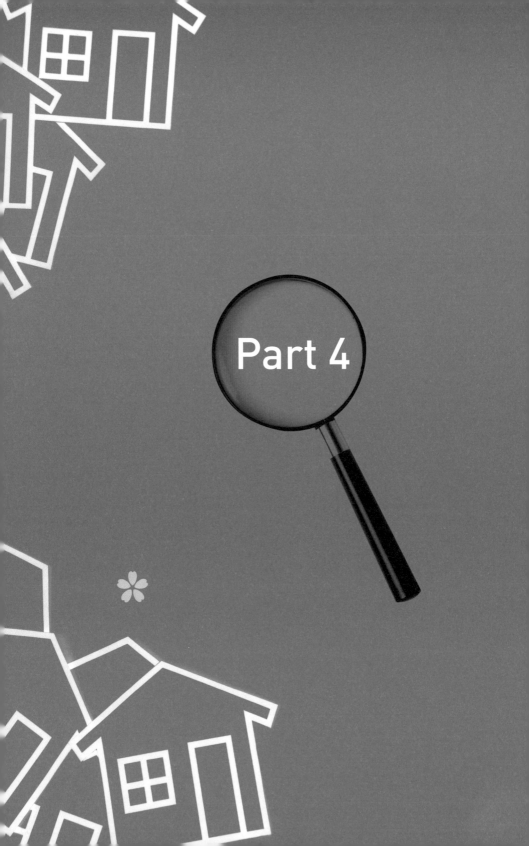

Part 4

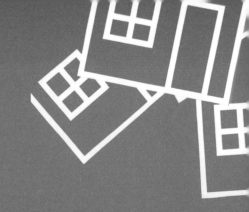

# '돈 버는' 집은 똘똘한
# 아파트 한 채로 시작

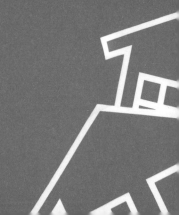

## 24
## 아파트는 무조건
## 그 지역 '블루칩'을 사라

한국에서는 내 집 마련을 하는 것이 최선의 재테크다. 간혹 비싼 전셋집에 살면서 돈을 모아 집을 산다는 사람들이 있다. 하지만 이는 매우 위험한 생각이다. 아직은 주택 값 상승이 돈을 모으는 것보다 더 빠른 현실이다. 대출금을 많이 끼고 사는 것은 자제해야 할 일이나 비싼 전셋집에 사는 분들은 불편하더라도 작은 내 집부터 마련하거나 청약통장을 활용해 아파트를 서둘러 분양받는 것이 현명하다.

더블역세권이면서 개발 가능성이 높은 영등포를 주도하는 당산동의 2018년 4월 초 현재 아파트 매매 평균가격은 3.3㎡ 당 2,049만 원이다(KB 시세). 이 지역 '블루칩'은 오랫동안 삼성래미안 아파트였으나 2014년 계룡리슈빌 아파트가 입주한 이래로 중대형은 삼성래미안이, 소형은 계룡리슈빌이 주도하는 형국이 되었다. 현재 이 지역 소형 블루칩인 계룡리슈빌의 20평형은 4억7,750만 원으로 3.3㎡ 당 2,400여 만 원이나 한다. 삼성래미안 109㎡의 시세는 8억2,000만 원으로 3.3㎡ 당 2,480여 만 원이다. 서초동의 방배래미안1차 105㎡의 값이 8억9,000만 원이므로 강남의 웬만한 아파트와 맞먹는 수준이다.

당산동이 강남과 견줄 대상이 되지 못함에도 삼성래미안의 집값이 강남 수준에 근접한 것은 순전히 이 아파트의 가치 때문이다. 삼성래미안(1,391가구)은 입주(2004년 1월)와 동시에 지역 주택시장에서 지존의 자리에 올랐고, 시장 침체에도 불구하고 수요가 꾸준해 가격이 어지간해서는 떨어지는 법이 없다. 당산동에서는 계룡리슈빌 외에 현대5차 아파트도 블루칩 대열에 낄 만하다.

강남맨션을 재건축한 삼성래미안은 전 동이 필로티 구조이며 지상에 장애인 주차장 몇 곳을 제외하고 전체가 지하주차장에 주차하도록 돼 있다. 사람과 차의 진입로를 달리했고, 조경이 우수해 대단위 단지임에도 잘 정돈돼 있다는 느낌을 받는다. 단지 내에 울창한 나무들이 자리한 공원을 비롯해 분수대와 정자시설 등 주민휴식시설이 곳곳에 설치돼 있고, 게이트볼장, 테니스장, 농구장, 경로당 등 주민편의시설도 다양하다. 블루칩 아파트의 요건인 교육, 교통, 편의시설도 잘 갖추어져 있다.

아파트에도 주식처럼 블루칩이 있다. 뛰어난 입지와 교육환경, 수준 높은 주민커뮤니티, 최첨단 주거시설 등을 두루 갖춘 게 공통적인 특징이다. 또한 거의 모두 500세대 이상 대단지이며 평지의 '잘 생긴 땅'에 지어져 있다. 그래서 집값이 오를 때 가장 먼저 오르고 상승폭도 제일

크다. 집값 하락기에도 가격이 쉽게 떨어지지 않는다. 그래서 평소 매물도 귀한 편이고 공급에 비해 수요가 높아 지역의 '대표브랜드'로서의 위상을 정립하고 있다.

과거에는 주택을 여러 채 보유하고 있는 것이 부동산 재테크의 유력한 방법으로 각광받았지만 몇 년 전부터 똘똘한 집 한 채, 즉 블루칩 아파트 보유 여부가 재테크의 핵심으로 부상하고 있다. 차별화된 고급아파트 단지가 출현해 그 지역의 랜드마크로 인정받는 시대가 된 탓도 크지만 보유세 및 양도세 부담의 증가와 주택 경기 불투명으로 '사두기만 하면 오른다'는 주택 불패신화가 퇴색되고 있기 때문이다.

한 지역의 블루칩 아파트는 오를 때 많이 오르고 떨어질 때 잘 떨어지지 않는다는 점에서 안전하다. 또한 수요에 비해 공급이 적기 때문에 환금성이 높다. 삼성래미안 109㎡는 최근 5년 간 집값 상승률이 45.16%였다. 2013년 2월 일반평균가격이 6억2,000만 원이었으나 2018년 4월 초 현재 9억 원으로 올랐다. 이 아파트의 집값 상승률은 당산동의 평균 상승률을 훨씬 웃도는 수치다.

## 블루칩 아파트는 다른 아파트와 다른 뭔가가 있다

블루칩 아파트로는 강남구 삼성동 아이파크를 비롯해서 대치동 동부센트레빌, 도곡동 도곡렉슬과 타워팰리스, 광진구 자양동 더샵 스타시티, 구로구 신도림동 대림e−편한세상4차, 도봉구 창동 북한산 아이파크, 동작구 상도동 포스코더샵, 마포구 공덕동 삼성래미안3, 4차, 상암동 월드컵파크단지, 용산구 시티파크1, 2단지, 은평구 북한산 현대홈타운, 분당신도시 정자동 파크뷰, 용인시 동천래미안, 수지 삼성래미안6차, 성복 CJ성복나무엔 등이 꼽힌다. 이 아파트들은 최첨단 설계와 고급 내장재, 친환경주거환경과 다양한 편의시설로 전통적인 강호를 제치고 새롭게 블루칩 아파트로 급부상한 신흥 주거단지들이다.

그러나 용산구 이촌동의 한강맨션과 압구정동 현대와 한양아파트를 비롯해 반포동 반포1단지, 송파구 잠실동 아시아선수촌아파트와 잠실주공5단지, 오륜동 올림픽선수촌아파트, 광진구 광장동 워커힐, 노원구 중계동 대림·벽산아파트, 동작구 흑석동 명수대현대, 영등포구 여의도동의 공작, 광장, 미성, 삼부, 시범, 서울아파트 등은 오래된 아파트임에도 여전히 블루칩 단지로서 명성을 잃지 않고 있다. 이 아파트들이 향후 재건축된다면 블루칩 아파트로서의 위용은 더욱 빛을 발휘할 것이다.

2007년 3월 서울 광진구 자양동 스타시티(1,177가구)의 입주가 시작되기 전부터 부동산을 잘 아는 사람들은 지역 내 대표 단지가 바뀌는 신호탄으로 받아들였다. 스타시티는 주변 집값까지 끌어올리면서 능동로 일대를 강북권 신흥 주거지로 발돋움하게 한 주역이 됐다. 이 아파트 매매가는 광진구 일대 아파트들보다 3.3㎡당 평균 70% 이상 비싸다.

지하철 5호선과 6호선의 환승역인 공덕역에서 걸어서 3분 걸리는 마포구 공덕동 삼성래미안3차도 2004년 8월 입주 이후 주변 집값 상승을 선도하면서 대표브랜드가 됐다. 이 단지는 이후 14년 간 다른 새 아파트들의 거센 도전을 받았지만 단 한 번도 블루칩 자리에서 내려온 적이 없다. 이 단지 105㎡는 2018년 4월 초 KB시세로 9억5,000만 원(3.3㎡당 2,985만 원)으로 공덕동 전체 아파트 평균 매매가(3.3㎡당 2,597만 원)와 비교가 되지 않는다. 2005년 11월 대로변 건너편에 입주한 삼성래미안4차 역시 같은 블루칩 아파트로 3차보다 약간 낮은 시세를 형성하면서 1, 2위를 다투고 있다.

블루칩 아파트는 그 지역을 선도하기 때문에 중개업소에 문의하면 단박에 알 수 있다. 초등학교에 입학하면 키 순서로 줄을 세우듯이 어떤 지역, 어떤 동네에 가면 아파트 단지들이 서열 순으로 정렬돼 있다. 시장에서 수요와 공급의 법칙에 의해 정해져 있는 순서이기 때문에 정확하고 합리적이다. 따라서 어떤 지역의 아파트를 살 때는 가급적 블루칩 아파트를 선택하는 것이 내 집 마련 재테크의 첫걸음이다.

블루칩 아파트의 흠이라면 비싸다는 점이다. 때문에 좋은 것을 알면서도 구입하기 어려운 사람들이 많다. 또한 부동산 경기가 좋을 때는 대기수요가 많아 웃돈을 주고 구입하려고 해도 매물이 없는 경우가 허다하다. 따라서 블루칩 아파트를 구입하고 싶으면 부동산 경기가 침체기에 접어들었을 때를 기다리는 것이 현명하다.

부동산 경기는 항상 좋을 수도 없고 항상 나쁠 수도 없다. 오르막이 있으면 내리막이 있고 내리막이 있으면 반드시 올라간다. 2014년부터 올랐던 부동산 경기는 어느 순간 내려갈 수도 있는 것이다.

## 25
# 아파트에도 등급이 있고, 지역마다 서열이 있다

똑똑한 아파트 한 채로 재테크를 하려면 반드시 블루칩 아파트를 사야 한다. 블루칩 아파트는 그 지역 아파트를 선도하는 랜드마크이자 대장주로서 경기가 좋을 때는 가장 빨리 오르고 경기가 좋지 않을 때는 가장 늦게 내린다.

길음뉴타운이 완성된 서울 성북구 길음동의 아파트 단지는 총 12개다. 이 중 3.3㎡당 시세 넘버원은 2,026만 원으로 2006년 입주한 길음뉴타운 6단지 래미안이다. 이어서 9단지, 8단지, 1차 순으로 이어져 영광의 꼴등은 신안파크로서 3.3㎡당 1,079만 원이다. 길음동의 3.3㎡당 평균 시세가 1,683만 원이니 6단지는 평균보다 20.38%보다 비싸고 신안파크는 56% 싸다. 신안파크는 6단지 래미안에 비해 거의 두 배 싸다.

6단지 래미안 외에 9단지 래미안이 1,897만 원, 8단지 래미안이 1,864

만 원, 래미안 1차가 1,848만 원 등 6개 단지가 길음동 평균 매매가보다 높고 4단지를 비롯한 6개 단지가 길음동 평균 매매가보다 낮다.

전국 어느 지역을 가든지 아파트 단지에는 등급이 정해져 있다. 이는 수요와 공급에 따른 시장법칙에 의해 형성된 것이기 때문에 시비의 소지가 되지 못한다. 학교에서도 공부를 잘해야 서울대를 가듯이 뭔가 수요자들에게 어필하는 것이 있기 때문에 등급이 정해진 것이다. 따라서 내 집이라도 살면서 재테크를 하려면 가급적 지역 내 등급이 높은 아파트를 구입하는 것이 현명하다.

같은 아파트 단지라고 해도 동마다 가격이 다르고 층마다 가격이 틀리다. 예를 들어 1,000세대가 입주해 있는 아파트 단지에 싫든 좋든 1위부터 1,000위까지 계급이 정해져 있고 이에 따른 가격도 다르다. 강남의 수십 억짜리 아파트 단지의 경우에는 동과 층, 방향에 따라 적게는 몇천만 원이지만 많게는 5, 6억 원까지도 차이가 난다고 한다. 강남에서 가장 비싼 아파트인 현대아파트는 한강이 조망되는 곳과 조망되지 않는 곳의 차이가 수억 원을 호가한다.

따라서 이왕 아파트를 구입할 바엔 지역의 블루칩만 따질 게 아니라 단지 내의 서열도 까다롭게 살펴볼 필요가 있다. 서열이 높은 아파트를 구입하면 향후 매도할 때 상당한 이익을 챙길 수 있기 때문이다. 단지 내 우량주는 시간이 지날수록 가치가 높아져 살 때보다 프리미엄이 더 높게 형성될 가능성이 매우 높다.

단지 내 서열을 살피려면 중개업소의 설명만으로는 부족하다. 단지 안을 주도면밀하게 살피는 것은 물론이고 동네 주민들의 의견도 청취

할 필요가 있다. 자기 아파트는 거기 사는 주민들이 가장 잘 알기 때문이다. 아파트 단지 내 슈퍼마켓이나 약국 등도 정보가 취합되는 곳이므로 알짜배기 정보를 알아낼 수 있다.

### 공부는 꼴등해도 아파트는 1등을 하라

지역 간 서열도 아파트 재테크에서는 매우 중요하다. 아무리 지역 내 블루칩 아파트라고 해도 터가 더 좋은 지역의 아파트를 능가할 수는 없기 때문이다. 아파트에서 가장 중요한 것은 입지이기 때문에 가장 먼저 해야 할 일은 좋은 지역을 선택하는 일이다. 강북구에서 가장 좋은 아파트를 소유하고 있다고 해도 강남구 대치동에서 서열이 떨어지는 아파트를 이길 수는 없다. 서울에서 아파트 재테크를 하기 위해서는 먼저 서울 지역 간 서열을 알아두는 것이 중요하다.

2018년 4월 초 현재 전국 아파트 평균 매매가는 KB시세로 1,069만 원이다. 서울은 2,284만 원으로 전국 평균 시세보다 두 배 이상 비싸다. 다음이 제주도로 1,185만 원이며 그 뒤를 경기도 1,079만 원, 세종시 1,072만 원, 부산 947만 원, 인천 894만 원, 대구 888만 원, 울산 808만 원, 대전 710만 원, 경상남도 676만 원, 광주 667만 원, 충청남도 584만 원, 충청북도 554만 원, 강원도 544만 원, 경상북도 521만 원, 전라남도 508만 원, 전라북도 508만 원이 잇고 있다.

서울에서 1위는 당연히 강남구가 차지하고 있다. 강남구 아파트 평균 매매가는 4,884만 원으로 서울 평균 매매가인 2,284만 원보다 두 배 이상 비싸다. 그 뒤를 서초구 3,930만 원, 송파구 3,366만 원, 용산구 3,043만 원, 성동구 2,498만 원, 강동구 2,436만 원, 양천구 2,360만 원, 마포구 2,314만 원, 광진구 2,297만 원으로 서울 평균 매매가보다 높게 형성돼 있다. 사람들이 왜 '강남불패'를 부르짖는지 그 이유는 이 수치를 보면 잘 알 수 있다.

서울 평균 매매가 이하로 형성되어 있는 지역은 중구 2,168만 원, 종로구 2,149만 원, 영등포구 2,076만 원, 동작구 2,043만 원, 강서구 1,776만 원, 서대문구 1,756만 원, 동대문구 1,650만 원, 성북구 1,498만 원, 관악구 1,465만 원, 은평구 1,459만 원, 노원구 1,419만 원, 구로구 1,406만 원, 강북구 1,297만 원, 금천구 1,264만 원, 중랑구 1,261만 원, 도봉구 1,234만 원 순이다. 도봉구는 거의 항상 서울에서 아파트 값이 가장 싼 동네의 자리를 지켜오고 있다.

그럼 강남구에서는 어떤 동네가 랭킹 1위일까? 예상을 뒤엎고 압구정동을 제치고 개포동이 3.3㎡당 7,554만 원으로 강남에서 아파트 값이 가장 비싼 동네로 등극했다. 그 이유는 최근 지분 값이 폭등한 재건축 아파트 때문이다. 개포동의 개포주공 4단지는 2018년 4월 초 현재 3.3㎡당 1억1,107만 원을 찍었다. 놀라운 가격이다. 개포동을 이어서 압구정동이 6,035만 원, 대치동이 4,923만 원을 기록했다. 그 뒤를 삼성동, 청담동, 일원동, 역삼동, 도곡동, 수서동, 논현동, 신사동, 자곡동, 세곡동이 줄을 서 있다. 강남구에 이어서 서울 2위를 차지한 서초구의 지역 서열은 반포동이 1위이고 그 뒤를 잠원동, 서초동, 신원동, 방배동, 양재동, 우면동이 잇고 있다.

서울에서 가장 아파트 값이 싸다는 도봉구도 지역 서열은 존재한다. 창동이 1위이고 쌍문동 도봉동 방학동 순이다. 도봉구에서 가장 비싼 아파트는 창동의 주공상계19단지로 평균 매매가격이 1,560만 원이다. 쌍문동 1위 아파트는 1,399만 원의 코오롱하늘채와 삼성래미안인데, 쌍문동 1위나 창동에서는 18위에 해당한다. 도봉동 1위 아파트 래미안도봉(1,392만 원)도 창동에 오면 19위 정도 된다. 방학동의 랭킹 1위인 대상타운현대는 1,432만 원으로 창동에서는 11위인 창동현대4차와 평균 매매가격이 같다.

똘똘한 집 한 채로 재테크를 하려면 적절한 시기에 갈아타기를 잘해야 한다. 같은 동네의 블루칩 아파트로 옮기고 그 다음으로는 같은 구에서 가장 아파트 값이 비싼 동네로 옮기는 것을 고려한다. 어느 시기가 되면 내가 살고 있는 구보다 더 아파트 값이 비싼 구로 옮기고 그러다 용산이나 서초, 강남구로 옮겨가는 전략을 세울 필요가 있다.

## 26
## 아파트로 돈 벌려면
## 시기적절하게 갈아타라

　우리나라의 부동산 재테크 중 가장 일반적인 방법은 살던 집을 팔고 좀 더 나은 지역과 큰 평수로 갈아타는 것이다. 이 방법이 효과적인 이유는 일정 요건을 갖추면 1주택자에게 양도세 비과세를 해주는 제도 덕분이다. 1주택자가 2년 보유만 하면(※청약조정대상 지역 40곳은 2년 거주가 포함돼야 함) 양도가액이 9억 원 이하일 때 양도세가 전액 비과세된다. 부동산실거래신고제도가 정착되고 양도세가 실거래가로 과세되는 상황에서 양도세 비과세는 대단한 혜택인 셈이다.

　※청약조정대상 지역
　서울 전역(25개구)/경기도 7개 시(과천, 성남, 하남, 고양, 광명, 남양주, 동탄2신도시)/부산 7개 구(남구, 해운대구, 수영구, 연제구, 동래구, 부산진

구, 기장군)/세종시

만일 5억 원 하는 주택을 비과세로 팔지 않고 취득 후 2년이 지나 세금을 내고 팔면 양도세는 얼마나 될까. 이 주택을 3억 원에 취득해 양도차익이 2억 원이라면 4,000여 만 원의 세금을 부담해야 한다. 세금 부담이 날로 커지는 현실임을 감안할 때 양도세 비과세만큼 최고의 재테크는 없는 셈이다. 따라서 주택을 갈아타려는 사람들은 비과세 시점이 되는 날을 기준으로 새 주택 구입 전략을 세우는 것이 바람직하다.

보유하던 주택이 재개발 및 재건축 사업으로 헐린 후 조합원으로서 분양받은 아파트가 완공되어 팔더라도 '종전주택의 보유기간+공사기간+완공된 후 보유기간'을 통산하여 비과세 요건을 갖추게 되면 양도세가 비과세된다. 재개발 및 재건축 조합원입주권(이하 입주권이라 함)을 양도해도 다음의 요건을 갖추게 되면 비과세를 받을 수 있다.

종전주택이 관리처분계획인가일과 철거일 중 빠른 날 현재 1세대 1주택 비과세 요건을 충족하고, 양도일 현재 다른 주택이 없는 경우이거나 양도일 현재 당해 입주권 외에 1주택을 소유하고 있더라도 1주택을 취득한 날부터 3년 이내에 조합원 입주권을 양도하는 경우다.

1가구 1주택자로서 2년 거주와 2년 보유의 비과세 요건을 갖추지 못했더라도 다음의 경우 양도세를 내지 않을 수 있다.

– 취학, 1년 이상 질병의 치료 및 요양, 근무상 형편으로 1년 이상 살던 주택을 팔고 세대원 모두가 다른 시·군 지역으로 이사를 할 때.

여기서 취학이란 고등학교 이상을 말하며, 초등학교와 중학교 입학 및 편입은 인정되지 않는다. 또한 근무상 형편이란 직장을 옮기거나 발령을 말하며 사업으로 지방으로 이전하는 것은 허용되지 않는다. 다른 시·군으로 이사하는 경우에도 출퇴근하기가 용이하지 않을 정도로 상당한 거리가 떨어진 경우에만 인정된다.

- 해외로 이민을 갈 때나 1년 이상 계속하여 국외 거주를 필요로 하는 취학 또는 근무상의 형편으로 세대 전원이 출국하는 경우로서 출국 후 2년 이내에 양도해야 한다.
- 공공용지로 협의매수되거나 수용되는 때. 단 사업인정 고시일 전 취득한 경우에만 해당된다.
- 민간건설임대주택 또는 공공건설임대주택을 분양받아 당해 주택의 임차일로부터 양도일까지의 거주기간이(세대 전원) 5년 이상인 경우 등이다.

## 집을 하나 더 샀어도 3년 내에 종전 집을 팔면 비과세

1세대 2주택자도 양도세를 비과세 받는 방법이 있다. 집 한 채를 소유한 사람이 새 집을 하나 더 취득해 일시적 2주택에 해당됐을 때, 종전의 주택을 취득한 날로부터 1년 이상이 지난 후 새 주택을 취득하고 그 새 주택을 취득한 날부터 3년 이내에 종전의 주택을 양도하는 경우에는 이를 1세대 1주택으로 보아 비과세를 적용한다. 단 이 경우 보유하던 종전 주택이 청약조정대상지역에 있다면 2년 거주가 포함돼야 비과세를 받는다.

재개발 및 재건축 사업에 참여한 조합원이 사업시행인가일 이후 취득한 대체주택을 양도해도 일시적 2주택으로 비과세를 적용 받을 수 있다. 다만 이 경우에는 대체주택에서 1년 이상 거주해야 하고, 재개발 및 재건축 주택이 완공된 후 2년 이내에 세대 전원이 이사해서 1년 이상 거주해야 하고, 재개발 및 재건축 주택의 완공 전 또는 완공 후 2년 이내에 대체주택을 양도해야 하는 단서조항이 붙는다.

다른 주택을 취득하는 경우에는 별도 세대원으로부터 증여, 상속으로 취득하는 경우도 포함된다. 집을 한 채 상속받아 2채를 소유하게 됐어도 비과세 요건을 갖춘 일반주택을 먼저 팔면 양도세가 비과세된다. 그러나 상속주택을 먼저 팔면 양도세를 내야 한다.

60세 이상의 직계존속(배우자의 직계존속 포함)을 부양하기 위해 세대를 합쳐 2주택이 됐어도 합친 날부터 5년 이내에 먼저 양도하는 주택(비과세 요건을 갖춘 경우에 한함)도 양도세가 과세되지 않는다. 또한 각각 1주택을 소유한 남녀가 결혼하여 2주택이 되어도 혼인신고한 날부터 5년 이내에 먼저 양도하는 주택에 대해서도 양도세 비과세 혜택을 주고 있다.

2년에 한 번씩 양도세 비과세되는 시점을 이용해 갈아타기 전략을 잘 구사한다면 20년 동안 6번~10번의 이사를 통해 주택자산을 최소한 5배에서 10배까지 불리는 것이 가능하다. 부모님으로부터 물려받은 유산 없이 40, 50대에 40, 50평형에 거주하는 사람 중 대부분이 이사를 통해 재산을 불린 경우다.

간혹 "한 자리에서 오래 눌러 있어도 좋은 자리라면 집값이 많이 오르지 않겠느냐"고 반문할 수도 있다. 그러나 20, 30대 내 집 마련을 하는 사람들 대부분이 서울 변두리나 수도권 외곽에서 시작한다는 점을 감안하면 한 자리에 오래 눌러 앉아 있어서는 좋은 결실을 맺기 어렵다. 왕십리처럼 좋은 입지의 109㎡형 아파트에 오래 산 사람이 삼성동 아이파크로 갈아탈 확률보다는 월세 단칸방에서 시작하더라도 갈아타는 전략을 자주 구사한 사람이 훨씬 유리하다.

갈아타려는 전략을 세운 사람은 다음에 옮길 곳을 찾기 위해 끊임없이 정보를 수집하고 연구하다 자연스럽게 부동산 시장이나 입지에 대해 눈을 뜨게 된다. 반면 갈아탈 전략에 관심이 없는 사람은 엉덩이만 무거워지고 내 지역과 다른 지역과의 가격 차이가 벌어지면서 갈아탈 여력조차 상실하게 된다.

부동산 재테크에 민감한 부부들은 자주 이사 가기 위해 가구나 인테리어에 별 신경을 쓰지 않는다. 집을 잘 꾸미고 살수록 이사 갈 마음이 사라질 수도 있기 때문이다. 20, 30대에는 집이 좁아도 희망이 있기 때문에 부둥켜안고 자도 불편하지 않다. 그러나 50세가 넘어서도 전용면적 60㎡형 이하에 살면 부부 간에 서로 짜증날 뿐만 아니라 큰 평수에서 안락하게 사는 친지로부터 측은한 눈길을 받게 된다.

## 27
# 잘 키운 딸 하나,
# 열 아들 부럽지 않다

부동산을 많이 보유할수록 부를 이루기 쉬운 시대가 있었다. 부동산에 투자하면 무조건 돈이 되었기 때문이다. 하지만 앞으로는 쓸데없이 많이 보유한다고 해서 부를 이룰 수 있는 시대가 아니다. 고스톱에서 '많이 먹었다고 이기는 것이 아니라 똑똑한 놈 세 장만 있으면 3점 난다'는 진리는 부동산에서도 그대로 적용된다. 미래의 블루칩 아파트 한 채와 매달 현찰이 쏟아지는 수익형 부동산 한 채 등 똑똑한 부동산 두 채만 있으면 여러분들이 원하는 부동산 부자가 될 수 있다는 사실을 명심해야 한다.

주택은 투자 대상이기 전에 소중한 내 가족이 희망과 행복을 가꿔나가는 거주공간이다. 삶의 공간을 사재기한다면 누군가는 그 때문에 고통 받게 된다. 아무리 아름다운 정원이라도 품 안에 있지 않으면 가치가 덜하다. 거주할 수도 없는 집을 여러 개 보유하느니 똘똘하고 아름다운 집 한 채를 거주하면서 가꿔나가는 것이 사회를 밝게 할 뿐만 아니라 투자 가치 면에서도 유리하다.

과거에는 대출과 전세를 끼고 아파트를 하나 더 구입하는 것이 재산 증식 면에서 유리했던 것이 사실이다. 대출 이자를 내고서도 상당한 이익을 얻을 수 있을 정도로 아파트 가격이 올라줬기 때문이다. 그러나 앞으로는 대출 이자는 늘어나고 아파트 가격 상승폭은 줄어들어 무리하게 대출을 받아 구입했다가는 이자 갚기도 힘든 상황이 전개될 수도 있다.

40대 혹은 50대에 접어들었을 때 사위나 며느리가 인사와도 '쪽팔리지 않을' 정도의 집 한 채를 장만했다면 이때부터는 매달 현찰이 꼬박꼬박 나오는 수익형 부동산을 장만하도록 해야 한다. 정년이 앞당겨지고 수명이 연장되어 노후재테크가 무엇보다 중요한 사회적 공통의 관심사가 됐기 때문이다. 또한 물가는 오르는데 소득은 줄어드는 경기의 불확실성이 가중됨에 따라 부수입원 창출이 더욱 절실한 과제로 떠오르고 있기 때문이다. 따라서 공실이 없고 임대료가 높은 수익형 부동산의 가치는 더욱 높아져 가격 역시 상당한 폭으로 오를 가능성이 높다.

블루칩 아파트들은 좋은 지역, 즉 미래가치가 높은 지역에 위치하고 브랜드 가치와 단지 내 여건이 우수한 아파트들을 말한다. 그 지역의 챔피언 자리에 군림하면서 가격을 주도해나가는 랜드마크로서 불황일 때에도 가격이 잘 떨어지지 않고 호황기일 때는 가장 큰 폭으로 상승한다. 때문에 불황일 때라도 매물이 잘 나오지 않아 구입하기가 쉽지 않다.

'똑똑한 집 한 채로 갈아타라'는 말은 이제 캠페인이 아니라 투자원칙이 되었다. 열 아들 뼈 빠지게 길러봐야 취직도 안 되고 속 썩일 바엔 잘 키운 딸 하나가 열 아들 부럽지 않은 법이다. 대출이나 전세 끼고 열 채 사 놓으면 뭐 하는가. 블루칩 아파트가 아니면 대출 이자는 오르는데 집값은 오르지 않아 시세 차익이 생각보다 많지 않은데다 손절매하려고 해도 잘 팔리지 않아 애물단지가 되기 십상이다. 게다가 문재인 정부는 다주택자들에 대해 보유세 인상을 천명하고 있어 어느 시점에 가면 서울 도심을 제외한 아파트 값들이 폭락할 가능성도 크다.

## 10년 후 당신의 집 한 채는 11억이거나 5억 이거나

상담을 하다보면 의외로 집을 여러 채 보유하고 있는 사람들을 많이 만난다. 아파트가 20채가 넘는 사람도 수두룩하다. 집이 이렇게 많으면 누가 봐도 부자라 행복할 텐데 필자를 찾아와 상담한 이유는 무엇일까. 아파트는 많은데 쓸 만한 게 별로 없어서 처치 곤란하기 때문이다. 이런 아파트들은 부동산 경기가 좋을 때도 잘 팔리지 않기 때문에 경기가 나빠지기 시작하면 더욱 문제가 된다.

20채가 넘더라도 모두 월세를 받는 부동산이라면 현금흐름이 좋기 때문에 윤택한 삶을 살 수 있다. 그러나 거의 모두 전세 끼고 구입한 물건이라서 시세 차익 외에는 기대할 게 없다. 자금 여유가 별로 없다 보니 싼 물건만 사서 모아 거의 전부 다 수도권이나 서울 변두리 소재 부동산이다. 전세금도 많이 오르지 않는데다 경기가 좋지 않을 때는 깡통

전세도 걱정된다.

다주택자에 대한 보유세 인상이 결정되기 전에 빨리 처분해야 하는데 처분이 쉽지 않아 울상이다. 이렇게 되기까지 처분했거나 사서 모으지 말았어야 하는데 안타깝기 그지없다. 이렇게 싸구려 아파트를 전세 끼고 모으는 사람들은 부동산이 폭등할 거라는 맹목적인 믿음을 가지고 있다. 이를 부추기는 엉터리 전문가 탓도 있지만 본인의 탐욕이 가장 큰 과오다.

잘 아는 선배 P씨를 결혼식장에서 만났다. 70세가 되었지만 혈색이 아주 좋고 명랑했다. 오래 전에 상처를 해서 혼자 지낸다는 소식을 들었었는데 다행이었다. 그는 똘똘한 집 한 채 전략을 잘 구사해서 2016년 말에 대치동 은마아파트를 11억5,000만 원에 팔았다. 20년 이상 보유한 집이었다. 그는 이 집을 팔아서 3억 원으로 남양주시 퇴계원에 아파트를 하나 사고 남은 돈으로 여생을 즐기며 살고 있다고 한다. 아직도 매주 두 번 정도 골프를 친다는 그는 어디가 아플까봐 걱정이다.

반면 지인 K씨는 얼마 전 돈암동의 아파트를 5억 원에 매도했다. 15년 전에 구입해 거주해왔지만 그간 얼마 오르지 않아 재산이 얼마 되지 않았다. 연금이 얼마 되지 않아 이 집을 팔아 3억 원 정도로 전세로 옮기고 남은 돈 2억 원으로 생활비에 보태야 해서 걱정이 이만저만이 아니다. 아직 자녀 둘이 결혼을 하지 않아 결혼비용을 보탤 생각을 하면 아찔하다. 얼마라도 벌려고 이리저리 일자리를 알아보고 있지만 150만 원 벌 수 있는 자리도 쉽게 찾을 수 없다.

직장에 다니며 적은 월급으로 아파트 대출 이자를 갚으며 사는 대부분의 직장인들은 내 집 한 채가 재테크의 전부다. 은퇴한 이후에 내 집 한 채는 P씨처럼 11억5,000만 원일 수도 있고 K씨처럼 5억 원일 수도 있다. 순간의 선택이 평생을 좌우하는 것이다. 엉덩이가 무거워 한곳에 정착하기 시작하면 당신의 미래는 어두워진다. 지금이라도 내 아파트가 속한 동네가 서울에서 서열이 몇 위인지, 내 아파트는 그 지역에서 서열 몇 위인지를 당장 살펴보라. 서열이 좋지 않으면 지금부터라도 갈아타기 전략을 구사해야 한다. 아직 늦지 않았다.

아직도 부동산 급등을 기대하며 똘똘하지 않은 자식들을 여럿 거느린 사람들도 결단해야 한다. 공부에 취미가 없는 자식을 서울대 보낸다고 삼수 사수 시켜봐야 서울대 갈 수 있겠는가. 오히려 심신만 고단해지고 나이만 먹을 것이다. 똘똘한 집 한 채로 환골탈태하라. 잘 키운 딸하나는 백 명의 아들보다 나은 법이다.

## 28
# 앞으로 아파트 트렌드는 '커뮤니티'와 '친환경'이다

집을 살 때 한강에서 멀리 떨어지지 않은 곳만 고집하는 사람들이 있다. 한강 조망권 프리미엄 때문에 절대 집값이 떨어지지 않는다고 믿기 때문이다. 서울처럼 주거 환경이 좋지 않은 곳에서는 한강처럼 탁 트인 전망이 보장된 곳의 집값은 그렇지 않은 지역보다 높을 수밖에 없다. 이 때문에 한강 조망권이 보장된 아파트는 지역과 브랜드와 상관없이 영원한 블루칩일 수밖에 없다.

한강 조망권을 돈으로 환산하면 얼마나 될까. 2011년에 입주한 성수동 갤러리아 포레의 최고 분양가는 3.3㎡당 4,535만 원이었다. 아무리 한강 조망권이 보장돼 있는 금액이긴 해도 너무나 비싼 금액이라 당시에는 코웃음 치는 사람들이 많았다. 하지만 갤러리아 포레는 분양이 완료된 뒤 연예인들이 많이 사는 주상복합아파트로 명성을 떨치고 있다.

7년이 지난 지금 3.3㎡당 평균 매매가는 4,689만 원으로 올랐고, 331.45 ㎡의 평균 매매가격은 47억7,100만 원이다. 성수동의 3.3㎡당 평균 매매가가 2,571만 원인 걸 보면 이 아파트가 얼마나 비싼지 알 수 있다.

2015년에 분양한 서울숲 트리마제 아파트의 3.3㎡당 분양가는 최고 3,800만 원을 기록했다. 갤러리아 포레보다는 낮은 금액이지만 아파트로서는 파격적인 금액이어서 많은 사람들을 놀라게 했다. 역시 한강과 서울숲 공원이 조망되는 조망권이 높은 금액을 기록한 이유가 됐다. 선풍적인 인기를 끌며 분양 완료된 트리마제의 현재 3.3㎡당 평균 매매가는 4,349만 원으로 분양 당시보다 14.4%나 올랐다. 이 아파트의 전용면적 84.82㎡(37평형) 아파트의 값은 16억5,000만 원이나 한다.

한강조망권이 보장된 성수전략정비구역과 한남뉴타운의 10평 미만 대지 지분 값이 3.3㎡당 1억 원이 넘어선 것도 따지고 보면 한강이 보이는 천혜의 환경 때문이다. 명당자리로 소문 난 남산 밑에 자리한 데다 한강 조망이 가장 좋다는 한남뉴타운 5구역의 물건은 대기자가 줄을 지어 기다리고 있지만 매물이 나오지 않은 지 오래다.

2007년 분양된 암사동의 한 아파트 106㎡ 분양가는 한강이 보이지 않는 층은 5억6,200만 원인 반면, 보이는 층은 7억4,200만 원이었다. 같은 동이라도 한강 조망권의 프리미엄을 1억8,000만 원으로 책정한 것이다. 가격이 비싸더라도 한강 조망권이 보장된 매물은 늘 선호의 대상이며 이 때문에 가격 상승력도 더 높다. 따라서 해를 거듭할수록 한강 조망권의 프리미엄은 분양 당시보다 더 상승하는 것이 일반적인 현상이다.

최근 한강이 바라다 보이는 자양동의 한 아파트를 구입한 지인은

"구입 당시에는 몇 억씩이나 더 주고 사서 손해 보는 느낌이 있었으나 낮에는 탁 트인 전망에 가슴이 시원해지고 밤이면 환상적인 야경을 바라보며 아내와 커피 마시는 흥취에 구입하길 잘했다고 생각한다"고 말했다.

## 공원이나 호수, 골프장 조망권도 돈이다

용산 민족공원 등 공원이 잘 보이거나 골프장이 바라다 보이는 조망, 산 조망이 가능한 곳도 한강 못지않은 프리미엄이 보장된다. 용산의 시티파크와 파크타워가 분양 당시부터 엄청난 프리미엄이 붙었던 것은 한강 외에 용산 민족공원의 조망이 가능했기 때문이었다. 오륜동 올림픽선수기자촌 아파트 단지는 인근의 올림픽공원 덕분에 그 인기가 식을 줄 모른다. 주택을 구입하려는 사람들은 앞으로도 남산녹지축을 비롯해 녹지공원 조성이 계획돼 있기 때문에 녹지공원 조성 주변지역에 관심을 가져야 할 것이다.

은평뉴타운이 준공 전부터 은평구의 블루칩 아파트로 각광받은 것은 뒤로는 북한산이, 앞으로는 인왕산이 보이는 천혜의 입지 때문이다. 북한산 자락이 한눈에 펼쳐지는 명당 아파트는 2, 3억 원의 웃돈을 준다 해도 구하기 어려운 것이 현실이다. 중구 신당동 남산타운이 총 5,150가구의 대형단지이면서도 블루칩으로 인정받는 이유 중에는 남산 조망이 가능하기 때문이다. 또한 단지 내에 남산의 축소판이랄 수 있는 쌈지공원이 조성돼 있기도 하다.

호수공원 조망이 가능한 경기 일산 주엽동 강선마을 19단지 우성아파트의 경우 전용면적 125㎡(약 37평)는 7억 원대에 가격이 형성돼 있다. 반면 공원 조망이 불가능한 다른 단지들은 5억 원 가량이다. 대표적인 골프장 조망권 아파트인 경기 용인 보정동의 '죽현마을 LG자이'는 인근에서도 가장 비싸다. 골프장 조망권을 가지고 있기 때문이다. 전용면적 160㎡(약 48평)의 매매가는 8억9,000만 원이다. 하지만 골프장 조망권이 안 되는 인근 대림2차 164㎡(약 49평)는 6억 원이다. 3억 원 정도 차이가 난다.

친환경 못지않게 중요한 요인으로 떠오르는 것이 '커뮤니티'다. 우리 아파트에 누가 사느냐가 중요한 요인이 되고 있는 것이다. 연예인이 많이 살고 있는 이촌동 한강맨션, 성수동 갤러리아 포레, 자양동 더샵스타시티, 압구정동 현대아파트는 커뮤니티가 좋다고 소문나면서 이사 오고 싶어 하는 사람들이 줄을 서 있다. 특히 사회 저명인사들이 많이 살고 있는 곳으로 알려진 삼성동 아이파크와 도곡동 타워팰리스, 용산 파크타워, 한강로 시티파크는 여기에 살고 있다는 것만으로도 사회적 지위가 높아진다는 인식 속에 그 가치가 날로 상승하고 있다.

최근에 분양하는 아파트들은 이런 추세를 반영하듯 피트니트센터를 비롯한 수영장, 모임 카페 등 커뮤니티 시설을 앞 다투어 짓고 있다. 과거에는 브랜드와 단지 규모가 아파트를 선택하는 주요 요인이었지만 최근 들어서는 커뮤니티를 중요시 하는 주민들이 늘어나고 있는 것이다.

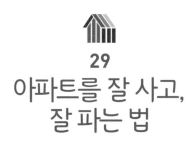

# 29
# 아파트를 잘 사고,
# 잘 파는 법

많은 사람들이 가장 궁금해 하는 것 중의 하나는 '내가 집을 사면 내리고, 내가 집을 팔면 오르는' 도대체 알 수 없는 일일 것이다. 잘 아는 지인은 "도깨비에 홀린 것 같다"고 푸념하는가 하면, 필자에게 상담을 받은 사람들은 "신기하게도 빗나가서 부자가 될 수 있는 여러 기회를 놓쳤다"고 한숨을 쉬기도 한다.

2017년은 부동산 시장이 호황을 이루면서 전국의 거의 모든 아파트 가격이 폭등하기 시작했다. 정부의 규제 정책이 계속 나왔지만 아파트 시장은 아랑곳하지 않고 가격이 올랐고 많은 사람들이 더 늦기 전에 아파트에 투자하려고 동분서주했다. 이 시기 필자에게도 많은 사람들의 문의가 빗발쳤는데 대부분 "지금 집을 사도 되나요?"였다. 하지만 필자의 대답은 한결 같았다.

"지금은 집을 팔 때다."

정부의 규제 정책에도 불구하고 집값은 상승하고 있지만 이 상승은 언제 꺾일지 모른다. 정부의 강도 높은 규제 정책이 앞으로도 예상돼 있는 상황에서 모험을 할 필요는 없다. 저금리로 인해 부동산 상승은 예상되지만 정부의 규제가 만만치 않기 때문에 상승이 지속되더라도 언젠가는 부동산 경기가 소강상태에 빠질 것이라는 게 필자의 판단이다.

꾸준히 월세가 나오는 '돈 나오는 부동산'은 팔 필요가 없지만 돈 나오지 않는 부동산은 언젠간 처분해서 현금흐름을 좋게 할 필요가 있다. 대출을 많이 받아 산 아파트, 자신의 수입에 비해 과도하게 비싼 아파트, 하우스푸어의 아파트, 전세 끼고 사 놓은 아파트 등은 반드시 처분해서 빚을 줄이거나 여유 돈을 다른 곳에 투자하는 것이 현명하다. 부동산 시장이 침체되었을 때는 이런 부동산을 팔기가 어려우나 시장이 호황이기 때문에 처분하라고 권유한 것이었다.

하지만 많은 사람들이 필자의 대답에 의문을 표시했다. 부동산 시장이 계속 좋아지고 있는데 팔라니 이 무슨 뚱딴지같은 소리인가? 그들은 이해가 가지 않는다며 머리를 흔들었다. 시장이 침체돼 있을 때 그토록 집을 팔려고 해도 팔리지 않아 괴로워했던 P씨는 집을 팔려고 하다가 조금 더 좋아지면 판다고 보류하고 말았다.

부동산 시장이 좋아질 기미가 보이면 부동산을 구입하고 나빠질 조짐이 보이면 파는 게 정석이다. '무릎에 사서 어깨에 팔아라'라는 격언이 있지 않은가. 또는 '소문에 사서 뉴스 때 팔아라'라는 말도 있다. 이역시 남보다 먼저 움직여서 기회를 선점해야 한다는 소리다. 그러므로

"지금은 사야 하지 않나요?" 라고 묻는 것도 틀린 말은 아니다.

　그런데 부동산 시장이 좋아진다고 개미들이 느낄 때쯤은 이미 과열이 돼 있다고 봐야 한다. 부동산 시장은 다수의 대중이 움직이는 것이 아니라 5% 미만의 소수가 움직이는 것이 정설이다. 소위 큰손들이 시장을 흔들어야 살아나는 것이다. 우리가 호숫가에서 아무리 잔돌을 던져도 큰 파도가 일어나지 않는 것과 같다. 호수 한 가운데에 엄청나게 큰 바위를 던져야 그 파장이 호수 가장자리까지 가는 것과 같은 이치다.

　따라서 당신이 시장이 좋다고 느낄 때는 이미 늦은 것이다. 당신은 시장을 움직이는 소수가 아니라 다수이기 때문에 당신이 알 때는 모든 사람이 알고 있는 것이 되며, '상투를 잡거나', '폭탄돌리기'의 마지막 주자가 될 확률이 높다. 당신만 알고 있는 것처럼 보이지만 동네방네 소문이 다 났고, 부동산에 관심이 별로 없는 '뒷방늙은이'도 알고 있는 것이다.

　그러니 당신이 사야 하는 것 아닌가 하고 생각할 때는 사야 할 때가 아니라 팔아야 할 때인 것이다. 당신이 생각하는 것과 반대로 움직여라. 그것이 부자로 가는 지름길이 된다.

## 잘 사고 잘 팔려면 당신의 생각과 반대로 움직여라

　시장이 호황일 때는 매물이 귀해 물건 사기가 힘들다. 어쩌다 물건을 만난다 해도 계약하려고 하면 가격을 올리거나 물건을 팔지 않겠다고 한다. P씨는 2017년 말 강남재건축 가격이 폭등하자 은마아파트를 사려고 중개업소를 찾았다가 마침 매물을 하나 발견했다. 중개업소 사장은 가격이 오르면서 매물이 자취를 감추었는데 운 좋게 마침 하나 나왔다며 사기를 권했다. 일주일 만에 거의 1억 원이 올랐지만 P씨는 매입하기로 하고 계약을 하러 갔다.

그런데 가는 도중에 집 주인이 5,000만 원을 더 줘야 판다는 연락이 왔다며 중개업소 사장이 전화했다. P씨는 기분이 언짢았지만 그래도 사겠다고 말하고 중개업소로 갔다. 30분이 지나도 집 주인이 오지 않더니 다시 중개업소로 전화가 왔다. 아무래도 5,000만 원을 더 줘야겠다는 것이었다. 불과 1시간 사이에 1억 원을 올리는 집 주인의 심보가 기분 나빠 자리를 박차고 나가려고 했으나 중개업소 사장이 "그래도 사는 게 낫다"고 만류해 그러겠다고 하고 집 주인을 기다렸다. 하지만 결국 집 주인은 나타나지 않아 P씨는 허탈한 발걸음을 돌려야 했다.

2018년 2월 9일 재건축조합원 명의 변경이 금지된 여의도 시범아파트의 79.24㎡(24평형)는 2017년 12월 만 해도 10억 원 정도였다. 그러나 2018년 1월부터 가격이 오르기 시작했다. 강남재건축을 놓친 O씨는 여의도 재건축이라도 사야겠다고 싶어서 여의도 일대 중개업소를 뒤지고 다녔다. 그러나 매물은 나오지 않고 가격만 올랐다. 속이 탔던 O씨는 1월 말 시범아파트 매물이 나왔다는 연락을 받고 허겁지겁 중개업소로 달려갔다. 하지만 이 매물에는 O씨 말고도 여러 사람이 경쟁 중이었다. 그는 결국 시세보다 1억2,000만 원을 더 주고 이 아파트를 샀는데 잘 샀는지 모르겠다고 걱정이 이만저만이 아니다.

부동산 고수들이나 부자들은 부동산 경기가 과열됐을 때 절대 물건을 사지 않는다. 그들은 부동산 경기가 과열됐을 때는 물건을 팔아 '총알'을 만들어 놓은 뒤 부동산 경기가 침체되기를 기다린다. 경기가 침체되면 쓸 만한 물건들이 쏟아져 나와 편안한 마음으로 살 수 있다. 평소에는 만나기 힘든 블루칩 부동산도 이 시절에는 매도자에게 '대접 받아가면서' 살 수 있다. 호황기 때는 가격을 올리면서 매도자가 배짱을 부리지만, 불황기 때는 반대로 매수자가 배짱을 부리면서 가격을 내릴 수 있다. 그래서 부동산 부자는 '위기 때', 혹은 '침체기 때' 나온다는 얘기가 정설로 굳어진 것이다.

그런데 부동산 하수들이나 부화뇌동하는 투자자들은 침체기 때 좋은 부동산을 싸게 매입하려고 해도 '총알'이 없다. 호황기 때 부동산을 매입하는 데 총알을 다 낭비해버렸기 때문이다. 보유하고 있는 부동산을 팔아서 총알을 마련하려고 해도 불황기라 잘 팔리지도 않는다. 뒤늦게 후회해보지만 원님 지난 뒤 나팔 부는 격이 되고 마는 것이다.

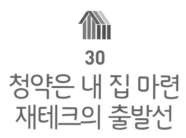

## 30
# 청약은 내 집 마련
# 재테크의 출발선

우리나라에서 청약 제도는 내 집 마련을 할 수 있는 절호의 기회이기도 하지만 재테크를 시작하는 출발선이기도 하다. 인기가 높은 지역의 아파트에 치열한 경쟁률을 뚫고 당첨되기만 하면 당장 몇 천만 원의 프리미엄이 붙는 것은 물론이고 입주 후 몇 년이 지나면 수억 원의 시세차익을 달성할 수 있기 때문이다. 또한 분양 계약금만 있으면 계약을 할 수 있고 중도금은 대출로 충당이 가능하기 때문에 자금 사정이 여의치 않더라도 내 집을 마련할 수 있다.

또한 앞으로는 주변 시세보다 20% 이상 싼 분양가상한제 분양이 대폭 늘어날 예정이어서 청약에 대한 관심이 새삼 급증하고 있다. 당첨만 되면 '대박'이랄 수 있는 강남 재건축 아파트 등 미래가치가 높은 아파트 분양이 기다리고 있는 점도 희소식이다. 내 집을 마련하려는 무주택자들이나 좀 더 큰 평수로 갈아타려는 1주택자들은 가급적 청약통장을 이용해 아파트를 분양받는 것이 기존 주택을 매입하는 것보다 유리하다. 특히 자금 사정이 여의치 않은 신혼부부들을 비롯해 소득이 낮은 서민들은 정부나 지자체가 분양하는 공공임대 및 국민임대를 받게 되면 주거 안정을 꾀할 수 있다.

그러나 아직도 청약에 대한 기초지식조차 없어 아까운 기회를 놓치는 사람들이 의외로 많다. 결혼을 계획 없이 하면 낭패 보듯 청약도 전략 없이는 성공할 수 없다. 아직 청약통장이 없는 사람들은 지금이라도 당장 만들어야 한다. 부동산 재테크의 시작은 청약통장에 가입하는 순간부터라 해도 과언이 아니다. 청약통장은 가입 기간이 길수록 유리하기 때문에 하루라도 빨리 가입하는 것이 좋다.

과거에는 청약예금과 청약부금, 청약저축 통장이 따로 있었지만 2009년부터는 이들을 통합해서 주택청약종합저축이라는 청약통장 하나로만 거래한다. 이 통장은 우리, 신한, 국민, 하나, 기업은행의 아무 지점에 신분증을 가지고 방문해서 만들 수 있다. 한 사람 당 하나씩만 만들 수 있다. 과거에 만든 청약부금과 청약예금도 그대로 사용할 수 있다. 다만 청약부금은 85㎡ 이하만 청약이 가능하다.

청약통장은 내 집 마련만 할 수 있는 게 아니라 다른 일반 통장에 비해 금리가 높고 소득공제 혜택도 있기 때문에 재테크 수단으로도 적격이다. 다만 소득공제 대상은 총 급여액이 7,000만 원 이하로 주택이 없는 등본상 세대주들만 해당된다. 보통 1년 적금, 2년 적금 등은 중도에 해지하면 원금은 돌려받지만 이자는 손해를 보는 경우가 많은데, 주택

청약종합저축은 정해진 이자도 모두 다 받을 수 있다.

그렇다면 주택 청약 1순위가 되려면 어떤 조건을 충족해야 할까? 1차적으로 지역별로 나뉜다.

- 수도권: 가입 후 1년 이상이고, 12회 이상 납입한 사람
- 지방: 가입 후 6개월 이상이고, 6회 이상 납입한 사람

그런데 여기에 조금 더 신경 써야 하는 것이 있는데, 주택청약 1순위가 되었어도 주택의 크기에 따라 통장 금액에 차이가 있다는 점이다.

| | 서울·부산 | 기타광역시 | 특별시·광역시 제외 시·군 |
|---|---|---|---|
| 전용면적 85㎡ 이하 | 300 | 250 | 200 |
| 102㎡ 이하 | 600 | 400 | 300 |
| 102㎡ 초과 135㎡ 이하 | 1,000 | 700 | 400 |
| 135㎡ 초과 | 1,500 | 1,000 | 500 |

(단위 : 만 원)

예를 들어 서울에 거주하면서 99㎡ 아파트에 청약하려면 청약예금이나 주택청약저축으로 600만 원이 잔고로 있어야 한다는 뜻이다.

## 1순위라도 가점제에 따라 경쟁해야

그런데 정부는 8.2대책으로 투기과열지구와 청약조정대상지역의 경우 1순위 자격 기준과 가점제 적용을 강화했다.

청약을 할 때 1순위가 경쟁을 하면 어떻게 순위를 정할까. 바로 이 순위를 정하는 것이 가점제다. 가점제는 무주택 기간과 부양가족 수, 가입 기간의 점수를 합쳐서 결정한다. 그러니까 무주택 기간이 길수록, 부양가족이 많을수록, 가입 기간이 길수록 유리하게 만든 게 이 가점제의 취지다. 가점제로 당첨된 사람은 2년 간 재당첨이 제한된다.

예를 들어 5년 3개월간 무주택(12점)으로 살고 있는 30대 4인 가구의 세대주(20점)가 청약통장 가입한 지 5년(7점)이 지났다면 가점은 총 39점(=12+20+7)이다. 그런데 이 점수로는 서울의 인기 소형 아파트를 분양 받기는 힘들다. 금융결제원에 따르면, 서대문구 '래미안 DMC 루센티아'의 당첨자 발표 결과 전용 59㎡의 평균 당첨점수는 60점(최저 55점, 최고 69점)으로 상당히 높은 수준이었기 때문이다.

| 청약 순위 | 청약통장 (입주자저축) | 순위별 조건 | |
|---|---|---|---|
| | | 청약통장 가입기간 | 납입금 |
| 1순위 | 주택청약 종합저축 | ●투기과열지구 및 청약조정대상지역 주택 – 가입 후 2년 경과 | 납입인정금액이 지역별 예치금액 이상 |
| | 청약예금 | | |
| | 청약부금 (85㎡ 이하만 청약 가능) | ●투기과열지구 및 청약조정대상지역 외 주택 – 수도권 지역 가입 후 1년 경과(다만, 필요한 경우 시도지사가 24개월까지 연장 가능) – 수도권 외 지역 가입 후 6개월 경과(다만, 필요한 경우 시도지사가 12개월까지 연장 가능) | 매월 약정납입일에 납입한 납입인정금액이 지역별 예치금액 이상 ※납입금 연체 등 발생 시 연체를 반영하여 순위 발생일이 순연됨 |
| 2순위(1순위 제한자 포함) | 1순위에 해당하지 않는 자(청약통장 없이 청약 가능) 투기과열지구 또는 청약조정대상 지역 외 주택은 청약통장 가입자만 청약 가능 | | |

※투기과열지구 29곳: 서울 전역(25개 구), 세종특별자치시, 경기도 과천, 경기도 성남시 분당구, 대구광역시 수성구

※청약조정대상지역 40곳: 서울 전역(25개 구)/경기도 7개 시(과천, 성남, 하남, 고양, 광명, 남양주, 동탄2신도시)/부산 7개 구(남구, 해운대구, 수영구, 연제구, 동래구, 부산진구, 기장군)/세종특별자치시

### 가점제 점수 항목

| 무주택 기간(전체 32점) | | 부양가족 수(전체 35점) | | 가입 기간(전체 17점) | |
|---|---|---|---|---|---|
| | | 0명 | 5 | 6월 미만 | 1 |
| 1년 미만 | 2 | 1 | 10 | 6월~1년 | 2 |
| 1년~2년 | 4 | 2 | 15 | 1년~2년 | 3 |
| 2년~3년 | 6 | 3 | 20 | 2년~3년 | 4 |
| 3년~4년 | 8 | 4 | 25 | 3년~4년 | 5 |
| 4년~5년 | 10 | 5 | 30 | 4년~5년 | 6 |
| 5년~6년 | 12 | 6명 이상 | 35 | 5년~6년 | 7 |
| 6년~7년 | 14 | | | 6년~7년 | 8 |
| 7년~8년 | 16 | | | 7년~8년 | 9 |
| 8년~9년 | 18 | | | 8년~9년 | 10 |
| 9년~10년 | 20 | | | 9년~10년 | 11 |
| 10년~11년 | 22 | | | 10년~11년 | 12 |
| 11년~12년 | 24 | | | 11년~12년 | 13 |
| 12년~13년 | 26 | | | 12년~13년 | 14 |
| 13년~14년 | 28 | | | 13년~14년 | 15 |
| 14년~15년 | 30 | | | 14년~15년 | 16 |
| 15년 이상 | 32 | | | 15년 이상 | 17 |

본인의 해당 무주택기간+부양가족 수+가입기간=청약점수

그렇다면 가점 점수가 낮은 사람들은 분양을 받을 수 없을까? 그렇지 않다. 모두 다 가점제가 적용되는 것은 아니다. 추첨제도 병행할 수 있기 때문이다. 따라서 운만 좋으면 당첨될 수 있는 여지가 있다.

수도권 공공택지의 85㎡ 이하 아파트는 100% 가점제로 분양이 결정되지만 85㎡ 초과 아파트는 50% 이상은 추첨제를 병행하기 때문에 가점이 낮은 사람도 얼마든지 당첨의 기회가 있다. 가점 경쟁에서 밀릴 확률이 큰 다주택자나 갈아타기 희망하는 1주택자들은 추첨제가 적용되는 중대형 아파트를 공략하는 것이 좋다. 다만 최근 1~2인 가구가 늘면서 소형 선호가 짙어지고 있는 만큼 다주택자가 투자용도로 중대형 아파트를 선택하는 것은 다소 무모한 선택일 수도 있다.

| 구분 | 85㎡ 이하 | 85㎡ 초과 |
|---|---|---|
| 수도권 공공택지 | 100% | 50% 이하에서 지자체장이 결정 |
| 투기과열지구 | 100% | 50% |
| 청약조정대상지역 | 75% | 30% |
| 기타 지역 | 40% 이하에서 지자체장이 결정 | 0% |

## 일정기간 경과했다고 모두 다 1순위는 아니다

가입 후 일정기간이 경과하고 일정 액수가 되면 누구나 1순위가 되지만 모두 다 1순위로 청약할 수 있는 것은 아니다. 청약하려는 아파트가 투기과열지구나 청약조정대상지역에 속해 있으면, 입주자모집공고일 현재 세대주가 아닌 사람, 분양받으려는 아파트의 최초입주자모집공고

일로부터 과거 5년간 다른 주택의 당첨자나 당첨자가 있는 세대에 속한 세대원, 2주택 이상을 소유한 세대에 속한 사람들은 1순위가 제한되므로 2순위로 청약해야 한다.

무주택 기간 산정방법도 잘 알아두어야 뒤탈이 없다. 입주자모집공고일 현재 세대주 및 세대원 전원이 주택이 없어야 무주택자가 된다. 60세 이상의 직계존속이 주택을 소유하고 있어도 무주택자로 인정된다. 무주택기간은 세대주(가입자) 연령이 만30세(30세 이전에 혼인한 경우, 혼인 신고한 날)가 되는 시점부터 계산해서 입주자모집공고일까지다. 이 기간 세대주(가입자)와 배우자가 주택을 보유했다면 그 기간은 제외한다.

부양가족은 동일한 주민등록등본에 등재된 직계 존·비속(배우자 직계존속 포함)이다. 직계존속(가입자의 부모·조부모 및 배우자 부모·조부모)은 가입자가 세대주로서 3년 이상 같은 주민등록표상에 등재돼 있어야 한다. 직계비속(자녀·손자녀)은 입주자모집공고일 현재 동일한 주민등록등본에 등재된 미혼자녀에 한정해 부양가족으로 인정된다. 미성년 여부는 관계가 없다.

배우자는 청약자와 세대가 분리돼 있어도 부양가족으로 인정된다. 그러나 자녀는 청약자나 배우자 중 둘 중의 한 사람과 동일한 주민등록등본에 등재돼 있어야 인정된다. 만일 자녀들이 입주자모집공고일 현재 청약자나 배우자 모두와 분리돼 있으면 부양가족 수에 포함되지 않는다.

가점제에서는 무주택자만 1순위가 된다. 1주택을 보유한 경우에는 2

순위로 청약해야 한다. 그러나 무주택 기간 점수가 0점이라 불리할 수밖에 없다. 2주택 이상 보유했다면 2순위 이하에서도 주택 보유량별로 5점씩 감점된다. 추첨제 공급대상 물량은 청약자가 1주택자라도 1순위 청약자격을 인정해 준다. 2주택 이상인 경우는 1순위 청약자격을 배제하고 2순위 이하부터 인정한다.

60세 이상 부모가 소유한 주택은 무주택으로 간주한다. 다만 60세 이상 직계존속이 2주택 이상을 소유한 경우는 1주택 초과 주택 당 5점씩 감점되므로 총 10점이 감점된다.

청약에 당첨되면 잔금 완료 전까지는 주택을 취득한 게 아니기 때문에 분양권 상태이다. 서울을 비롯해 세종시, 대전시, 경기도 하남, 광명과 부산 기장군 일대의 신도시는 2017년 11월부터 분양권 전매가 제한되었다. 택지 종류에 따라서 6개월에서 소유권이전 등기 시까지 전매가 제한되니 사전에 잘 알아봐야 한다. 분양 아파트의 취득일은 잔금 선납이면 사용검사필증교부일이나 사실상 사용일이며, 잔금 후납이면 잔금 청산일과 등기접수일 중 빠른 날이다.

**주택공급에 관한 규칙 제53조**

제53조(주택소유 여부 판정기준) 주택소유 여부를 판단할 때 주택의 공유지분을 소유하고 있는 것은 주택을 소유하고 있는 것으로 보되, 다음 각 호의 어느 하나에 해당하는 경우에는 주택을 소유하지 아니한 것으로 본다. 다만, 공공임대주택의 공급, 제46조, 「공공주택 특별법 시행규칙」 별표 6 제2호라목에 따른 특별공급의 경우 무주택세대구성원에 해당하는지 여부를 판단할 때에는 제6호를 적용하지 아니한다. 〈개정 2016.5.19., 2016.8.12., 2017.11.24.〉

1. 상속으로 주택의 공유지분을 취득한 사실이 판명되어 사업주체로부터 제52조제3항에 따라 부적격자로 통보받은 날부터 3개월 이내에 그 지분을 처분한 경우

2. 도시지역이 아닌 지역 또는 면의 행정구역(수도권은 제외한다)에 건축되어 있는 주택으로서 다음 각 목의 어느 하나에 해당하는 주택의 소유자가 해당 주택건설지역에 거주(상속으로 주택을 취득한 경우에는 피상속인이 거주한 것을 상속인이 거주한 것으로 본다)하다가 다른 주택건설지역으로 이주한 경우

  가. 사용승인 후 20년 이상 경과된 단독주택

  나. 85제곱미터 이하의 단독주택

  다. 소유자의 「가족관계의 등록 등에 관한 법률」에 따른 최초 등록기준지에 건축되어 있는 주택으로서 직계존속 또는 배우자로부터 상속 등에 의하여 이전받은 단독주택

3. 개인주택사업자가 분양을 목적으로 주택을 건설하여 이를 분양 완료하였거나 사업주체로부터 제52조제3항에 따른 부적격자로 통보받은 날부터 3개월 이내에 이를 처분한 경우

4. 세무서에 사업자로 등록한 개인사업자가 그 소속 근로자의 숙소로 사용하기 위하여 법 제5조제3항에 따라 주택을 건설하여 소유하고 있거나 사업주체가 정부시책의 일환으로 근로자에게 공급할 목적으로 사업계획 승인을 받아 건설한 주택을 공급받아 소유하고 있는 경우

5. 20제곱미터 이하의 주택을 소유하고 있는 경우. 다만, 2호 또는 2세대 이상의 주택을 소유한 자는 제외한다.

6. 60세 이상의 직계존속(배우자의 직계존속을 포함한다)이 주택을 소유하고 있는 경우

7. 건물등기부 또는 건축물대장등의 공부상 주택으로 등재되어 있으나 주택이 낡아 사람이 살지 아니하는 폐가이거나 주택이 멸실되었거나 주택이 아닌 다른 용도로 사용되고 있는 경우로서 사업주체로부터 제52조제3항에 따른 부적격자로 통보받은 날부터 3개월 이내에 이를 멸실시키거나 실제 사용하고 있는 용도로 공부를 정리한 경우

8. 무허가건물[종전의 「건축법」(법률 제7696호 건축법 일부개정법률로 개정되기 전의 것을 말한다) 제8조 및 제9조에 따라 건축허가 또는 건축신고 없이 건축한 건물을 말한다]을 소유하고 있는 경우. 이 경우 소유자는 해당 건물이 건축 당시의 법령에 따른 적법한 건물임을 증명하여야 한다.

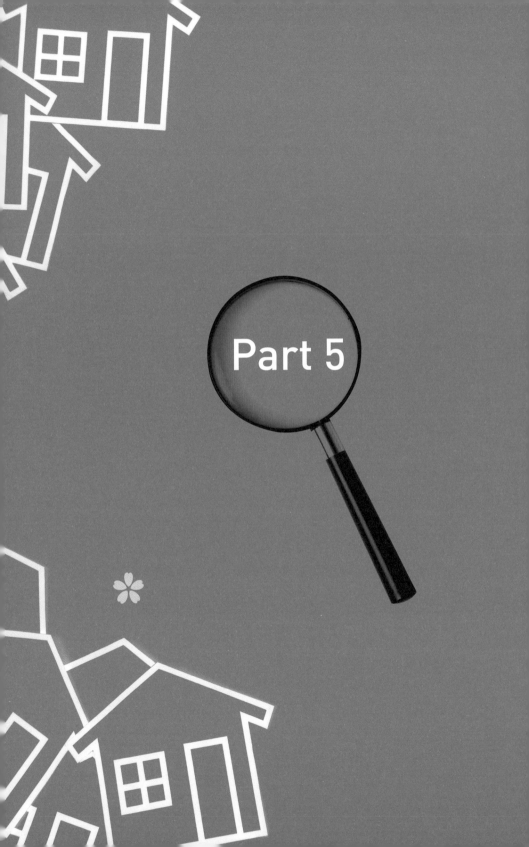

Part 5

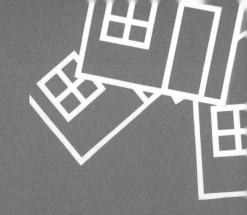

# 하수들도 쉽게 할 수 있는
# 재개발·재건축 투자

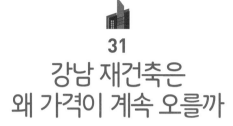

# 31
# 강남 재건축은
# 왜 가격이 계속 오를까

2016년 분양하면서 3.3㎡당 4,495만 원의 최고가를 기록했던 '래미안 블레스티지'는 지금 웃돈 몇 억 원을 주려고 해도 매물이 없다고 한다. 개포주공 2단지를 재건축한 1만4,000여 가구의 '래미안 블레스티지'는 전용면적 49㎡ 분양가격을 3.3㎡당 최고 4,495만 원으로 책정했지만 절찬리에 분양 완료됐다. 이는 같은 주택형으로 역대 최고가였던 '반포 래미안 아이파크'(4,164만 원, 서초한양아파트 재건축)보다 300만 원 이상 비싸다. 전용면적 49㎡ 아파트는 공급면적 기준으로 20평 정도인데 9억 원에 육박하는 셈이다.

고분양가 논란 속에 과연 청약이 제대로 될 것인지 화제를 모은 이 래미안 블래스티지는 그러나 2016년 3월 30일 평균 33.6대 1, 최고 78.1 대 1의 경쟁률로 1순위에서 마감됐다. 최고 경쟁률을 기록한 주택은 59

㎡A형이었다.

2017년 강남재건축 아파트 값이 폭등하자 문재인 정부는 각종 규제를 통해 투기세력을 억제해 시장을 진정시키려 했다. 투기과열지구 재건축조합원 지위 양도 금지를 비롯해서 재개발 입주권 전매 제한, 정비사업 재당첨 제한, 분양권 전매 제한, 조정대상지역 다주택자 양도세 중과, 대출 규제 강화 등을 시도했지만 시장은 진정될 기미를 보이지 않고 있다. 게다가 '폭탄'이라 불리는 초과이익금 환수 제도가 2018년부터 시행됐음에도 강남 재건축시장은 2018년 1월 가장 큰 폭으로 올랐다.

영등포구 여의도 시범아파트 24평형은 한 달 사이에 1억5,000만 원이 올랐는가 하면, 강남구 대치동 은마아파트는 호가만 2억 원 이상 올랐다. 그럼에도 매물은 없고 사려는 사람들로 넘쳐난다.

강남재건축 아파트의 분양가가 올라가고 청약 열풍이 일어나면 이를 주택 경기 부흥의 신호탄으로 생각하는 것이 일반적인 인식이다. 주택 경기가 좋아지게 되면 강남재건축이 가장 먼저 오르고 그 뒤를 강남 일반아파트, 수도권 아파트, 지방 아파트가 순차적으로 따르면서 전국적인 주택 활황이 이루어졌던 것이 사실이다. 부동산 경기가 침체에 빠지자 경기를 회복시키기 위해 이명박 정부는 가장 먼저 재건축 시장을 살리기 위해 노무현 정부 시절 만들었던 각종 재건축 규제를 철폐했다.

강남재건축을 부동산 시장의 바로미터라 하는 이유는 강남재건축이 우리나라 주택 시장을 선도하기 때문이다. 가장 먼저 오르기도 하지만 또 가장 먼저 떨어지는 것도 강남재건축이다. 이는 실수요자보다는 투기수요가 많기 때문인데, 정부도 이를 간파해서 주택 시장을 진정시키기 위해서는 가장 먼저 강남재건축을 겨냥한 정책을 펼친다. 그런 이유로 노무현 정부가 강남재건축을 규제했던 것이고 이를 문재인 정부도 뒤따르고 있다.

## 수요에 비해 공급이 절대 부족하기 때문이다

정부의 각종 대책에도 불구하고 강남재건축 아파트의 가격이 뛰는 이유는 무엇인가. 이는 아직도 강남의 아파트가 투자성이 높다고 보는 수요자가 엄청나게 많기 때문이다. 강남의 아파트를 찾는 수요자가 줄기는커녕 계속 늘어나는 이유는 크게 네 가지를 꼽을 수 있다.

첫째, 노무현 정부 시절 강남재건축을 각종 규제로 묶어놓는 바람에 강남에 새 아파트 공급이 최근 몇 년 동안 극히 적었다는 점이다. 이명박 정부 들어서면서부터 강남재건축 규제를 풀어 주고 주택 경기가 살아나면서 강남재건축이 진행됐지만 아직도 공급은 턱없이 부족하다. 무리해서라도 강남에 집을 얻으려는 사람들은 아직도 줄을 길게 서 있다.

둘째, 투자 대상 아파트가 점점 줄어들고 있다는 점이다. 저성장과 고령화사회가 시작되면 소득이 줄어들기 때문에 부동산 투자는 점점 어려워질 수밖에 없다. 주택 경기가 불확실한 상황 속에서는 수도권과 지방보다는 안전자산인 강남의 아파트가 더욱 각광받을 수밖에 없다.

선진국으로 접어들수록 베드타운의 인기는 시들어가고 수익형 부동산이 각광받게 되는데, 주택 경기가 침체되면 베드타운부터 값이 떨어지는 '저수지 물 빠지기' 현상이 일어나게 된다. 마지막까지 집값이 떨어지지 않는 곳이 강남이라는 확신 속에 수도권 아파트 분양은 침체돼도 강남 아파트 분양은 그 기세가 수그러들지 않는 것이다.

셋째, 아직도 아파트를 투자 대상으로 삼는 수요가 많다는 것이다. 아파트는 이미 실거주 시장으로 재편되었지만 아직도 과거 부동산 공화국 시절부터 지녀온 '아파트=돈'이라는 망상에서 벗어나지 못하는 것이다. 그런데 수도권이나 지방의 아파트는 불안하니까 강남재건축만 고집하는 투자자들이 많은 것이다.

마지막으로 가장 중요한 이유인데, 재건축 사업이 향후 상당한 개발 이익을 챙길 수 있다는 믿음을 갖고 있는 투자자들이 많다는 사실이다. 원래 개발 사업은 이익은 많은 대신 리스크가 크기 때문에 투자를 주저하는 사람들이 많다. 성공하면 대박이지만 실패하면 쪽박이기 때문에 결정을 내리기가 쉽지 않다.

하지만 강남 지역은 수요에 비해 공급이 절대적으로 적어 아파트 가격이 계속 오를 것이 분명하다고 믿기 때문에 재건축 사업이 실패할 것이라고 생각하는 사람이 매우 적다. 재건축 사업은 일반분양을 통해 남은 이익을 재건축 조합원들이 나눠 가지는 방식이기 때문에 일반분양가가 높을수록 조합원들의 이익이 커지게 된다. 강남아파트 가격이 한동안 정체된 적이 있긴 했지만 시간이 지나면 결국 회복되었고, 주택 경기가 호황으로 접어들면 큰 폭으로 올라서 '강남불패' 확신을 더욱 갖게 해주었다.

따라서 정부가 아무리 강력한 규제를 적용한다고 해도 강남재건축 아파트의 가격을 잡을 수는 없다는 것이 필자의 솔직한 의견이다. 강남 재건축 가격이 진정되려면 주택 시장의 침체가 상당 기간 지속되어야 가능하다. 그러나 시장 침체가 길어져 강남재건축 아파트의 가격이 떨어진다고 해도 소폭일 가능성이 크고 조만간 다시 회복될 공산이 크다.

자금 여유가 있다면 강남재건축 시장은 언제라도 구입하면 상당한 시세 차익을 실현시킬 수 있다. 조합설립 인가 후 사업시행인가, 관리 처분계획 인가 등을 거치면서 가격이 오르고 준공 시점이 되면 또다시 오르기 때문이다. 다만 사업장에 따라서 사업이 지연되는 경우가 많기 때문에 무리하게 대출을 끼고 구입하는 것은 바람직하지 않다. 많은 자금이 장기간 묶여도 상관없는 사람들만이 투자할 수 있다는 점에서 강남재건축 투자는 '그들만의 리그'라고 부르기도 한다.

**32**

# 재개발·재건축
# 투자 ABC

재건축과 재개발 투자는 서울 도심에 새 아파트를 얻을 수 있는 유일한 방법이기 때문에 늘 관심의 대상이 되어 왔다. 부동산 투자의 핵심이 좋은 입지에 있는 한 서울 도심에 새 아파트를 구할 수 있는 재건축과 재개발 투자가 인기 있는 것은 당연하다.

재건축이나 재개발 투자는 따져봐야 할 것이 많다는 점에서 투자하기 까다로운 대상이다. 현재의 낡은 주택의 가치에 투자하는 것이 아니라 앞으로 몇 년 후 새 아파트가 됐을 때의 미래가치에 투자하는 것이기 때문이다.

하지만 많은 사람들이 아직도 막연히 감에 의존하거나 향후 어느 정도 오를 것이란 기대감으로 재건축·재개발 투자를 결행하고 있다. 향후 발생할 개발 이익을 챙길 수 있다는 점에서 재건축·재개발이 투자 가치가 있는 상품인 것은 분명하지만 몇 가지 중요한 포인트를 따져보지 않고 투자하다간 큰 손해를 자초할 수도 있다. 재건축·재개발 투자에서 꼭 짚어봐야 할 점들을 살펴보자.

① 재개발·재건축의 차이점

먼저 재건축과 재개발 사업이 무엇인지 알아야 한다. 재개발과 재건축은 둘 다 건물이 노후·불량한 지역을 개량하는「도시 및 주거환경 정비법」(이하 도정법)상 정비사업이지만, 재개발은 기반시설이 불량한 지역을 대상으로 하며 재건축은 기반시설이 양호한 지역을 대상으로 한다. 이 때문에 기반시설이 적은 강북에는 재개발사업이 많고, 기반시설이 양호한 강남에는 재건축사업이 주를 이루는 것이다.

재개발과 재건축은 그 성격과 사업 방식이 전혀 다른 사업이다. 재개발은 공영성을 추구하기 위해 강제수용을 허용하고 있지만, 재건축은 매도청구권만 인정되어 조합 자율성이 더 강조된 사업이기 때문이다. 사업 방식에서 가장 큰 차이점은 노후·불량 요건이 다르다는 점이다. 재개발은 단독주택 밀집지역, 재건축은 아파트 지역에서 시행되기 때문이다. 그러나 2006년부터 단독주택 지역에서도 재건축이 시행됐다. 단독주택 재건축이 단독주택 재개발보다 요건이 완화돼 시행하기가 한결 수월하다. 또한 아파트 재건축은 안전진단을 통과해야 한다.

세입자 대책에서도 큰 차이를 보인다. 재개발사업이 추진되면 일정 조건을 충족하는 세입자에게는 임대주택과 주거이전(대책)비, 이사비 등이 주어진다. 정비구역 지정을 위한 공람공고일 3월 전부터 실거주와 전입신고를 필하고 이주로 인한 철거 시까지 계속(중간에 일시퇴거하면 자격 상실) 거주한 세입자는 주거이전비 대상이 되며, 무주택세대주는 임대주택을 공급받을 수 있는 권리도 주어진다. 이외에 소정의 이사비도 지급된다.

그러나 재건축구역의 세입자는 무주택 기간과 당해 재건축사업이 위치한 지역에 거주한 기간이 각각 1년 이상인 범위 안에서 오래된 순으로 임대주택만 공급받을 수 있다. 주거이전비와 이사비는 지급 대상이 아니다. 재개발사업은 수용권이 부여되기 때문에 공익사업으로 간주돼 「공익사업을 위한 토지 등의 취득 및 보상에 관한 법률 시행규칙」(제54조 제2항)의 보상 기준이 준용된다.

조합원 자격도 다르다는 점에 유의해야 한다. 이 때문에 분양자격도 차이가 있다. 재개발 사업의 조합원은 토지 또는 건축물 또는 지상권자이며, 재건축의 조합원은 토지 및 건축물 소유자이다. 다시 설명하면, 재개발에서는 토지만 소유했거나 건축물만 소유했거나 지상권만 소유해도 조합원이 될 수 있지만, 재건축에서는 반드시 토지와 건축물을 동시에 소유해야 조합원이 될 수 있다. 여기에 재건축 사업에서는 조합에 동의해야 조합원 자격이 주어지며(분양신청기간 만료일까지 동의하면 됨), 재개발은 조합에 동의하지 않아도 조합원 자격이 주어진다는 차이점이 있다.

② 초기투자비용은 가급적 적게

재개발 및 재건축 주택 투자는 미래에 완공될 아파트를 미리 사두는 것과 같다. 예를 들어 재개발이나 재건축이 될 것으로 전망되는 소형빌라나 단독주택, 아파트 등을 구입하면, 이 주택들이 향후 재개발될 때 조합원이 되어서 전용 60㎡나 85㎡, 혹은 이보다 더 큰 중대형 평수의 아파트가 생기는 것이다.

향후 관리처분계획을 수립할 때 조합원 분양가가 정해지게 되고, 이때 추가 분담해야 할 '추가부담금'(정식 법률용어로는 청산금)이 정해지므로(없거나 받을 수도 있음) 가급적 초기 투자비용을 적게 하는 것이 유리하다. 기회비용을 살릴 수 있는 데다 금융비용이 줄어들어 초기투입비용과 추가부담금을 합쳤을 때의 총투자금액이 적어지기 때문이다.

초기투입비용을 적게 하려면 비교적 재개발·재건축 사업 초기의 매물을 구입하거나 3.3㎡당 토지 값이 더 비싸더라도 가급적 면적이 작은 토지를 사야 한다. 전용 85㎡를 분양받을 수 있는 대지 지분이 20㎡부터 가능하다면 3.3㎡당 지분 값이 비싸더라도 33㎡를 사는 것보다는 20㎡를 사는 것이 유리하다는 얘기다. 재개발예정구역에서 다세대나 연립이 단독이나 다가구주택보다 선호도가 높고 가격이 높게 책정돼 있는 것은 초기투입비용을 줄일 수 있기 때문이다.

물론 재개발구역 내 주택은 대지의 위치, 상태, 조건 등에 따라 평가금액에서 많은 차이가 날 수 있지만 같은 조건일 때는 가격이 싼 매물을 구입하는 것이 더 큰 수익을 올릴 수 있다는 뜻이다. 서울시에는 1억 원 이하의 소액 투자 매물이 거의 남아 있지 않지만 수도권에는 전세나 대출을 끼면 5,000만 원에서 8,000만 원 정도의 현금만으로도 투자할 재개발 지분들이 많다.

③ 사업 진행 속도를 체크한다

재개발 및 재건축은 정비기본계획 설립—정비구역 지정(재건축은 안전진단을 통과해야 함)—추진위원회 설립—조합설립 인가—사업시행 인가—관리처분계획 인가—이주 및 철거—건축—완공—입주 등의 과정을 거친다. 과거에는 단계를 거칠 때마다 가격 상승이 이루어졌으나, 지금은 조합설립 인가 전에 가장 큰 폭의 상승을 보인다. 조합이 설립되면 사업이 원활히 진행될 수 있는 가능성이 50%를 넘는다고 믿기 때문이다. 재개발 투자를 염두에 둔 사람 중 자금 여유가 있다면 사업시행인가 이후 구입하는 것이 유리하다. 사업시행인가가 이루어지면 입주까지 3년이면 가능하고 조합원분양가와 추가부담금의 윤곽이 어느 정도 드러나기 때문이다.

하지만 투기과열지구의 재건축 지분은 조합설립 인가 후에는 근무상 형편이나 생업상 사정·취학으로 인한 이사 등 법에 정한 예외사항을 제외하고는 조합원 명의변경이 되지 않으므로(2003년 12월 31일 이전 조합설립 인가된 곳은 1회에 한해 명의변경 가능), 조합설립 인가 전 가파르게 상승한다. 따라서 조합설립 인가가 확실하다고 판단되면 서둘러 구입하는 것이 유리하다.

또한 투기과열지구에서 재개발 입주권은 2018년 1월 15일 이후 최초로 사업시행인가를 신청하는 구역부터 전매가 제한된다는 점에 유의해야 한다. 시행 전 사업시행인가 신청 단계까지 사업이 진행된 구역은 입주권 전매가 자유롭다. 재개발 구역에서 조합원이 소유한 주택이나 토지는 관리처분계획 인가가 나면 입주권으로 변한다.

재개발 지분 투자 시 유의사항 중 하나는 사업추진이 원활한 곳을 선택하는 문제다. 입지도 좋고 사업성도 뛰어난 정비구역이라도 사업추진이 늦어지면 사업소요비용이 증가해 투자수익은 줄어들 수밖에 없으며 장기간 자금이 묶이는 데서 오는 고통을 겪어야 할 수도 있다. 재개발 지분 투자에서 많은 사람들이 실패하는 결정적인 이유가 바로 사업추진이 늦어지는 곳을 택했기 때문이다.

### ④ 추가부담금을 파악해야 한다

추가부담금을 얼마나 내야 할지를 판단해야 하는 점도 대단히 중요하다. 아무리 싸게 산다고 하더라도 관리처분계획 인가 이후에 내야 할 부담금이 많다면 오히려 손해를 볼 수도 있기 때문이다. 재건축 주택은 사업시행인가 이후에 권리가액과 분양 가격이 산정되는데, 분양 가격에서 권리가액을 뺀 금액이 내가 부담해야 할 추가부담금이 된다.

권리가액을 많이 받으려면 내가 산 주택의 감정평가 금액이 높아야 하기도 하지만, 그보다 더 중요한 건 비례율이 높아야 한다. 비례율이 높으려면 일반분양가가 높아야 하고 일반분양 물량이 많아야 한다. 그래야 일반분양으로 팔고 남은 이익을 조합원에게 돌려줄 수 있다. 따라서 완공 세대 수에 비해 조합원 수가 적은 구역, 입지가 좋아 일반분양가가 높은 지역이 비례율이 높다.

완공 세대 수에 비해 조합원 수가 적더라도 조심해야 할 구역이 있다. 1+1 재건축을 신청하는 조합원이 많은 구역이다. 지금은 대지 지분이 많거나 권리가액이 많은 주택을 소유한 조합원(주로 대형 평형 소유자)들은 권리가액 내에서 소형 평형 두 채(한 채는 60㎡ 이하로 3년 간 전매 금지)를 분양받을 수 있다. 한 채는 본인이 거주하고 나머지 한 채는 임대주택으로 활용하라는 의미다. 따라서 구역 내에 대형 평형 소유자가 많다면 일반분양 물량이 예상보다 적을 수도 있다는 점에 유의해야 한다.

### ⑤ 분양자격을 잘 살펴야 낭패 보지 않는다

마지막으로는 분양자격이다. 원래는 단독주택이나 다가구주택인데 준공 이후 다세대주택으로 전환한 경우, 주택으로 사실상 사용되었더라도 공부상 주택이 아닌 경우 등에는 분양자격이 없는 경우가 있다. 재개발인 경우는 토지만 90㎡ 이상을 소유한 경우에는 분양자격이 있지만 재건축은 주택 및 부속 토지를 소유한 경우에만 분양자격이 주어진다.

아파트나 주택을 구입하는 경우는 특별한 사유가 없는 한 분양자격이 주어지므로 큰 문제는 되지 않으나 토지나 사실상의 주택, 근린생활시설이나 전환다세대주택의 경우에는 분양자격이 있을 수도 있고 없을 수도 있으므로 반드시 전문가들의 판단을 얻도록 해야 한다.

또한 서울 등 수도권 과밀억제권역 내에서 조합설립 인가가 된 구역의 재건축·재개발 주택을 구입할 때는 매수 전에 조합원 승계가 되는지의 여부를 반드시 조합에 문의해봐야 한다. 두 채 이상의 주택을 가진 자가 조합설립 이후 한 채의 주택을 매도하면 그 주택을 매수한 사람은 조합원 자격이 승계되지 않아서 현금청산을 해야 한다.

현장에서는 이 문제에 대해 아직도 의견이 분분해서 누구는 분양자 격이 있다고도 하고, 누구는 없다고도 하는 등 혼선을 빚고 있다. 하지만 2009년 8월 6일부터 개정된 「도시 및 주거환경 정비법」에 따라 이미 시행되고 있는 명확한 사실이며, 분쟁을 빚을 때마다 국토해양부에서 여러 차례 유권해석을 내린 바 있는 사항이다.

아무리 강남재건축을 필두로 한 서울 도심의 재개발·재건축구역의 주택들이 사업성이 좋고 미래가치가 좋다고 한들 잘못 사게 되면 큰 손해를 볼 수도 있다. 따라서 지금이라도 재선축 구역의 주택에 관심이 있는 분들은 수고스럽더라도 몇 가지 사항을 꼼꼼히 따져보거나 전문가의 자문을 얻은 뒤 투자에 임하는 것이 현명할 듯하다.

## 33
# 분양자격을 모르면
# '도로 아미타불'

    재개발(도시환경정비사업 포함) 및 재건축 지분 투자에서 가장 중요한 사항은 분양자격 여부와 수익분석이다. 특히 분양자격이 까다로운 재개발 지역에서는 아무리 좋은 물건을 싸게 매입했다 하더라도 향후 분양자격이 없는 것으로 판명되면 큰일 나므로 구입 시 조심해야 한다. 하지만 의외로 많은 사람들이 분양자격을 잘 몰라 투자를 망치는 경우가 있다.

    재건축에서는 토지와 건물을 동시에 소유하고 단독지분이어야 분양자격이 주어지므로 크게 문제가 될 것은 없다. 하지만 재개발에서는 토지만 소유하고 있거나 공유지분을 갖고 있어도 분양자격이 주어지는 경우가 있으므로 사례별로 분양자격에 대해 잘 알아둬야 재개발·재건축 투자에서 성공할 수 있다.

## 분양자격이 있는 경우

〈재개발〉

- 종전의 건축물 중 주택(주거용으로 사용하고 있는 특정무허가건축물 중 조합정관 등에서 정한 건축물을 포함한다)을 소유한 자
- 분양신청자가 소유하고 있는 종전토지의 총면적이 90㎡ 이상인 자
- 분양신청자가 소유하고 있는 권리가액이 분양용 최소규모 공동주택 1가구의 추산액 이상인 자. 다만, 분양신청자가 동일한 세대인 경우의 권리가액은 세대원 전원의 가액을 합산하여 산정할 수 있다. 권리가액이 3억5,000만 원인데 분양 아파트의 최소 분양금액이 3억4,000만 원이라면 분양자격이 있다는 뜻이다.

〈재건축〉

- 종전의 건축물 중 주택 및 그 부속 토지를 소유한 자. 주택에서 건물만 소유하고 있거나 땅만 소유하고 있으면 분양자격이 없다.
- 분양신청자가 소유하고 있는 권리가액이 분양용 최소규모 공동주택 1가구의 추산액 이상인 자. 다만, 분양신청자가 동일한 세대인 경우의 권리가액은 세대원 전원의 가액을 합산하여 산정할 수 있다.

## 별도의 분양자격이 없는 경우

다음에 해당되면 수인의 분양신청자를 1인의 분양대상자로 본다. 즉 별도의 분양자격이 없다는 뜻이다.

〈재개발〉

- 단독주택 또는 다가구주택이 권리산정 기준일 이후 다세대주택으로 전환된 경우, 다만 예외 규정이 있는데 이는 아래에서 상술한다.
- 분양신청 기간 만료일 현재 수인의 분양신청자가 하나의 세대인 경우. 이 경우 동일한 세대별 주민등록표 상에 등재되어 있지 아니한 배우자 및 미혼인 20세 미만의 직계비속은 1세대로 보며, 1세대로 구성된 수인의 토지등소유자가 조합설립인가 후 세대를 분리하여 동일한 세대에 속하지 아니하는 때에도 이혼 및 20세 이상 자녀의 분가를 제외하고는 1세대로 보고, 권리가액은 세대원 전원의 가액을 합산하여 산정한다.
- 하나의 주택 또는 한 필지의 토지를 수인이 공유하고 있는 경우. 다만, 재개발 사업에서 권리산정 기준일 이전부터 공유로 소유한 토지의 지분이 90㎡ 이상이거나 그 권리가액이 분양용 최소규모 공동주택 1가구의 추산액 이상이면(다만, 분양신청자가 동일한 세대인 경우의 권리가액은 세대원 전원의 가액을 합산하여 산정할 수 있다) 분양자격이 주어진다.
- 한 필지의 토지를 권리산정 기준일 이후 수 개의 필지로 분할한 경우

– 하나의 대지범위 안에 속하는 동일인 소유의 토지와 주택을 건축 물 준공 이후 토지와 주택으로 각각 분리하여 소유한 경우. 다만 권리산정 기준일 이전부터 소유한 토지의 면적이 90㎡ 이상이면 분 양자격이 주어진다.

– 권리산정기준일 후 나대지에 건축물을 새로이 건축하거나 기존 건 축물을 철거하고 다세대주택, 그 밖에 공동주택을 건축하여 토지 등 소유자가 증가되는 경우

※서울시의 재개발사업에서 권리산정기준일−2010년 7월 15일 이전 에 재개발 기본계획이 수립되어 있거나 지구단위계획이 결정·고시된 지역은 2003년 12월 30일.

2010년 7월 16일 이후 기본계획을 수립하거나 지구단위계획이 결정· 고시된 지역은 정비구역 지정 고시가 있은 날 또는 기본계획 수립 후 정비구역 지정·고시 전까지 서울 시장이 따로 정하는 날.

※서울시 이외의 지역에서의 권리산정 기준일은 각 시도 조례를 참 조한다.

〈재건축〉

– 단독주택 또는 다가구주택을 권리산정기준일 후 다세대주택으로 전환한 경우

– 분양신청 기간 만료일 현재 수인의 분양신청자가 하나의 세대인 경우. 이 경우 동일한 세대별 주민등록표 상에 등재되어 있지 아니

한 배우자 및 미혼인 20세 미만의 직계비속은 1세대로 보며, 1세대로 구성된 수인의 토지 등 소유자가 조합설립인가 후 세대를 분리하여 동일한 세대에 속하지 아니하는 때에도 이혼 및 20세 이상 자녀의 분가를 제외하고는 1세대로 보고, 권리가액은 세대원 전원의 가액을 합산하여 산정한다.

- 1주택과 그 부속토지를 수인이 소유하고 있는 경우
- 권리산정기준일 후 나대지에 건축물을 새로이 건축하거나 기존 건축물을 철거하고 다세대주택, 그 밖에 공동주택을 건축하여 토지 등 소유자가 증가되는 경우

※서울시의 재건축사업에서 권리산정기준일-2010년 7월 15일 이전에 재건축 기본계획이 수립되어 있거나 지구단위계획이 결정·고시된 지역은 2009년 4월 22일.

2010년 7월 16일 이후 기본계획을 수립하거나 지구단위계획이 결정·고시된 지역은 정비구역 지정 고시가 있는 날 또는 기본계획 수립 후 정비구역 지정·고시 전까지 서울 시장이 따로 정하는 날.

※서울시 이외의 지역에서의 권리산정 기준일은 각 시도 조례를 참조한다.

## 분양자격 상세 해설

〈토지만 소유한 경우〉

재건축에서는 분양자격이 없고, 재개발에서는 일정 요건 충족하면 있다.

서울은 토지를 90㎡ 이상 소유하고 있으면 지목에 상관없이 분양자격을 준다. 여기서 90㎡는 단독 소유뿐 아니라 공유지분도 되며, 몇 개 필지를 합친 것도 인정된다. 다만 서울시는 권리산정 기준일 전 분할되거나 공유지분으로 등기된 토지만 인정된다는 것에 주의한다. 즉 권리산정 기준일 전 단독소유였던 100㎡ 1필지의 토지가 두 사람의 공동소유로 등기됐다면 인정이 된다는 것이고, 이후 등기됐다면 인정이 되지 않는다는 것이다.

상속으로 취득한 토지라도 반드시 권리산정 기준일 전에 상속등기를 필해야 별도의 분양자격이 주어진다는 점을 명심하자. 상속등기를 하지 않더라도 소유권을 취득하지만 재개발 분양자격은 상속등기를 필해야 주어진다는 뜻이다.

〈전환다세대〉

단독이나 다가구를 준공 이후 다세대로 전환한 주택으로 준공 당시부터 다세대인 원다세대와 구분해 사용한다. 전환다세대는 분양자격이 통틀어 하나만 주어지므로 절대 구입해서는 안 된다. 다만 서울시는 권리산정 기준일 전에 전환한 전환다세대는 별도의 분양자격을 주고 있다.

다세대는 반드시 집합건축물대장을 떼어 '변동사항'란에서 변동일자와 변동내용 및 원인을 살펴봐야 한다. 원다세대는 '신규작성'이라 표기돼 있지만, 전환다세대는 '0년0월0일 집합으로 전환되어 신규작성'이라고 명시돼 있다.

〈단독주택 및 다가구주택〉

단독주택 및 다가구주택은 분양자격이 하나이나 서울시의 경우에는 예외 규정이 있다. 1997년 1월 15일 이전에 가구별로 지분 또는 구분소유등기를 필한 다가구주택과 1990년 4월 21일 다가구주택제도 도입 이전에 단독주택으로 건축허가를 받아 지분 또는 구분등기를 필한 사실상의 다가구주택은 최초 건축허가 받은 가구 수마다 별도의 분양자격이 주어진다. 최초 건축허가는 건축물대장에서 확인할 수 있으나 관할 관청에 최종 확인하는 것이 안전하다.

서울시의 단독주택 재건축에서는 2009년 4월 22일 이후 최초로 사업시행인가를 신청하는 분부터 분양자격이 주어진다. 만약 사업시행인가를 이미 얻은 조합이 이 규정에 따라 분양자격을 변경하기 위해 사업시행인가를 변경하려면 조합원 전원의 동의를 얻어야 한다.

〈근린생활시설이나 오피스텔, 상가 등〉

재개발 및 재건축 사업에서 상가 등 부대 복리시설 소유자는 상가 등 부대 복리시설의 분양자격이 주어진다. 그러나 권리가액이 분양용 최소규모 공동주택 1가구의 추산액 이상이면 공동주택을 분양받을 수도 있고, 공동주택을 분양받고도 남는 권리가액이 분양건축물의 최소분양 단위규모 추산액 이상이면 상가도 분양받을 수 있다. 다만 재건축 사업에서는 조합원 전원의 동의를 얻으면 상가 등 소유자에게도 공동주택 분양자격을 줄 수 있다고 규정해 자율성을 존중하고 있다는 점이 눈길을 끈다.

〈특정무허가건축물〉

특정무허가건축물은 소위 '뚜껑'이라 해서 대지 소유권은 없고 건축물만 보유한 경우가 많다. 분양자격 판단에 좀 복잡한 면은 있으나 초기투입비용이 적은 물건이어서 재개발 투자에 일가견이 있는 '선수'들이 즐겨 투자하는 물건이다. 대체적으로 국·공유지에 무단으로 집을 짓고 산 경우가 많아, 재개발사업이 추진되면 점유자가 토지를 정부나 지자체에 우선 매수청구할 수 있다. 저리로 분할납부가 가능하기 때문에 투자에 비해 권리가액이 많이 높아진다는 장점이 있다.

특정무허가건축물은 조합 정관에서 정한 것이어야 분양자격이 주어지는데, 대부분의 조합이 「공익사업을 위한 토지 등의 취득 및 보상에 관한 법률」의 규정에 의한 보상대상무허가건축물을 준용해서 여기에 해당되면 분양자격을 인정하고 있다. 그 외의 무허가 건축물은 '신발생무허가건축물'이라 해서 분양자격이 없다.

〈조합설립 인가가 난 정비구역에서 다주택자의 주택을 매수한 경우〉

조합설립 인가 후 둘 이상의 주택, 혹은 둘 이상의 토지를 소유한 조

합원으로부터 건축물의 소유권이나 지상권, 혹은 토지를 매수한 경우
에는 별도의 조합원 자격이 없으므로 현금 청산 대상이 된다(「도시 및 주
거환경 정비법」 제19조 3항).

〈관리처분계획 기준〉

- 종전 토지의 소유면적은 분양신청 기간 만료일 현재 소유 토지별
  지적공부(사업시행방식전환의 경우에는 환지예정지증명원)에 따른다.
  다만, 1필지의 토지를 수인이 공유로 소유하고 있는 경우에는 부동
  산등기부(사업시행방식전환의 경우에는 환지예정지증명원)의 지분비율
  을 기준으로 한다.
- 종전 건축물의 소유면적은 분양신청 기간 만료일 현재 소유 건축
  물별 건축물대장을 기준으로 하되, 법령에 위반하여 건축된 부분
  의 면적은 제외한다. 다만, 정관 등이 따로 정하는 경우에는 재산
  세과세대장 또는 측량성과를 기준으로 할 수 있다.
- 종전 토지 등의 소유권은 분양신청 기간 만료일 현재 부동산등기
  부(사업시행방식전환의 경우에는 환지예정지증명원)에 따르며, 소유권
  취득일은 부동산등기부상의 접수일자를 기준으로 한다. 다만, 특
  정무허가건축물(미사용승인건축물을 포함한다)인 경우에는 구청장
  또는 동장이 발행한 기존무허가건축물확인원이나 그밖에 소유자임
  을 입증하는 자료를 기준으로 한다.

분양자격에 대해 자신이 생기더라도 재개발·재건축 구역에서는 의외

로 권리분석이 복잡하고 까다로운 물건들이 많기 때문에 구입하기 전 반드시 분양자격을 정확히 파악해야 한다. 조합이 설립된 이후라면 매수하기 전에 조합에 분양자격 유무를 질의하면 되지만 문제는 조합이 설립되기 이전이다. 결국 중개업소나 재개발 지분 투자를 전문으로 하는 컨설팅업체에 의존하게 되는데, '견물생심'이란 말도 있듯 신뢰하기가 곤란하다. 따라서 매물과 상관이 없는 객관적인 위치의 전문가나 컨설턴트에 의뢰하거나 관할 행정청의 주거정비과, 국토해양부 주택정비과에 문의하는 것이 가장 믿을 만하다.

가장 확실한 방법은 거래 계약할 때 '지분 매입 시, 향후 분양자격 등에 문제가 발생하면 구 소유자 및 해당 부동산 중개업소는 원상회복에 소요되는 비용 일체를 부담한다'는 단서조항을 계약서에 명기하는 것이다.

## 34
# 재개발·재건축 투자의 성공 요건은
# '기간 리스크'와 권리가액

재개발·재건축 투자에서 성공하기 위한 가장 중요한 요소 중의 하나
는 수익분석이다. 아무리 싸게 샀다고 하더라도 사업시행인가 이후 내
야 할 추가부담금이 많다면 낭패이기 때문이다. 추가부담금이 적으려
면 먼저 사업진행 속도가 빨라야 한다. 사업진행 속도가 늦으면 기간
리스크가 커지면서 사업성이 나빠져 조합원들이 향후 내야 할 추가부
담금이 많아진다. 내가 투자하려고 하는 정비구역의 사업 속도를 체크
하는 방법에 대해 알아보자.

– 사업성이 좋은 곳이 사업추진이 빠르다. 정비사업은 조합이 조합
　원의 재산을 출자 받아 공동주택을 건설하는 사업이다. 사업성이
　좋으면 추가할 분담금이 적기 때문에 조합원들은 주변 시세에 비

해 아주 싼 값으로 공동주택을 분양받을 수 있다. 사업성을 판단하는 방법은 아래에서 상술한다.

- 새로 신축된 다세대나 빌라 등이 많은 지역은 피한다. 정비구역으로 지정된 곳임에도 신축 다세대나 빌라 등이 많다는 것은 그동안 '신축지분쪼개기'가 성행했다는 의미다. 이런 지역은 권리산정 기준일 이전보다 조합원 수가 많이 증가해 사업성이 크게 떨어진다.

- 전환다세대 주택이 많은 곳도 피한다. 전환다세대란 단독이나 다가구를 준공 이후 다세대로 전환한 주택으로 준공 당시부터 다세대인 원다세대와 구분해 사용한다. 전환다세대는 수인의 분양대상자를 1인으로 보지만 서울시는 재개발·재건축 사업에서 권리산정 기준일 이전에 전환한 전환다세대는 별도의 분양자격을 주고 있다. 따라서 전환다세대 주택이 많은 지역은 조합원 수가 많을 수 있기 때문에 가치가 줄어들 수밖에 없다.

- 추진위원회 외에 비상대책위원회(이하 비대위) 등이 있는 곳은 주민 간 갈등이 많을 확률이 높다. 추진위원회 승인은 조합원 자격이 있는 토지 등 소유자의 절반 이상 동의를 얻으면 가능하다. 추진위원회 승인이 떨어지면 또 다른 추진위원회는 설립할 수 없기 때문에 반대의 뜻을 가진 주민들은 비대위를 만들어 추진위원회를 감시하거나 사업 추진에 제동을 걸곤 한다.

- 주민들의 추진 열의가 뜨거운 지역을 선택한다. 아무리 입지가 좋고 사업성이 뛰어나도 주민 간 마찰이 많고 반대하는 사람이 많으면 사업이 추진될 수 없다. 추진위원회가 승인되면 정비구역 지

정을 신청해야 하는데, 토지 등 소유자의 3분의2의 동의가 있어야 한다. 또한 조합설립을 하려면 토지 등 소유자의 75%가 찬성해야 한다. 따라서 반드시 주민 여론을 수렴한 뒤 매입을 결정해야 안전하다.

사업추진 속도는 중개업소의 말만 그대로 믿어서는 곤란하다. 주민들의 분위기를 직접 살펴야 정확하다. 필자는 가장 먼저 동네 슈퍼마켓에 가서 음료수를 마시거나 라면을 시켜 먹는다. 가급적 오래 되고 동네의 중심지에 자리 잡고 있어 사랑방 역할을 하는 곳일수록 좋다. 주인아저씨나 아줌마한테 재개발에 관련해 물어보면 대부분 술술 대답이 나온다. 슈퍼마켓 외에 약국이나 식당, 호프집 주인아저씨도 확실한 취재 대상이다.

## 반드시 권리가액과 추가부담금을 산정한 후 투자

재개발 및 재건축 수익분석은 반드시 필요하다. 일반적인 주택 거래 시에는 구입가 대비 몇 %의 수익률을 올릴 수 있는가에 초점을 맞추어 적정 구입가와 미래가치만 살피면 되지만 재개발 및 재건축 지분을 구입할 때는 이와 다르다.

지분 투자는 향후 받게 될 공동주택에 선투자하는 형식이어서 권리가액과 추가부담금을 예상해 수익을 분석해야 한다. 다시 말해 지금 재개발예정구역의 주택을 구입한다고 해도 나중에 추가부담금을 더 내야 한다는 것을 고려해야 한다. 현재 구입하는 주택은 향후 조합원으로서 현물출자하는 물건이므로 감정평가에 의해 원가를 상정하므로 구입 시 부담했던 프리미엄은 인정되지 않는다.

예를 들어 대지 지분 25㎡의 빌라를 2억 원에 구입했다고 하자. 이것이 관리처분 단계에서 권리가액이 1억 원으로 평가됐다면 추가로 부담했던 1억 원은 프리미엄이 된다. 그런데 내가 배정받게 된 평형의 조합원분양가가 3억 원으로 확정된다면 추가부담금은 2억 원이 된다. 내 권리가액은 1억 원이기 때문이다. 따라서 권리가액과 추가부담금을 미리 예상해야 수익분석을 할 수 있고, 지분을 적정가격에 살 수 있는 안목이 생기는 것이다.

- 프리미엄=재개발 및 재건축 지분 구입 비용−권리가액

프리미엄이 일반분양가와 조합원분양가의 차이를 넘어서면 곤란하다. 일반분양가와 조합원분양가의 차이는 20~30% 수준이다.

- 권리가액=종전 자산의 평가액×비례율

종전 자산의 평가액=조합원이 소유한 토지나 주택을 2 이상의 감정평가기관이 사업시행인가일을 기준으로 평가한 금액을 말한다.

- 비례율=(총수입−총사업소요비용)/종전 자산의 총평가액

비례율은 투자 대비 수익률로서 재개발(단독주택 재건축) 사업으로 벌어들이는 수익률을 말한다. 수익률은 100%를 기준으로 많을수록 수익이 좋아지는 것으로서 조합의 주인은 조합원이기 때문에 이 수익률을

종전 자산의 평가액에 곱한 금액을 권리가액으로 삼는 것이다. 권리가액과 조합원분양가의 차이가 추가부담금이 되기 때문에 조합원은 비례율이 높을수록 유리하게 된다.

이 비례율은 관리처분계획인가 시점에 정확히 산정되며 사전에 이를 추정하기는 매우 어렵다. 여러 가지 변수와 많은 항목의 비용을 일일이 예상할 수는 없기 때문이다. 또한 비례율이 높이 나왔다고 해도 관리처분계획을 수립할 때는 거의 대부분의 조합이 비례율을 100% 내외로 맞추게 된다. 100%를 초과하는 수치만큼 세금으로 내야 하기 때문에 조합원의 이익으로 돌아갈 수 있도록 종전 자산의 평가액을 높이든지 조합원분양가를 낮추든지 하는 방법으로 조절하는 것이다.

따라서 재개발 지분 투자를 고려할 때는 비례율을 구하려고 애쓰지 말고 비례율이 높게 산정될 수 있는 지역을 고르면 된다. 그런 다음 권리가액과 추가부담금을 산정해 투자수익을 분석하면 된다.

비례율이 높게 나오려면 공식에서 보듯 분모의 평가액이 적거나 분자의 총수입이 많으면 된다. 평가액이 적게 나오려면 조합원 수가 적어야 한다. 총수입이 많으려면 건립세대 수가 많아야 하며, 용적률이 높아야 하며, 분양가가 비싸야 한다. 조합원 수에 비해 건립세대 수가 많은 지역, 용적률이 높은 지역, 주변 시세가 비싼 지역을 고른다. 조합원 수가 건립세대 수의 3분의2 이하면 사업성이 상당히 양호한 지역, 5분의4 이하면 양호한 지역으로 분류된다. 기본계획에 정비예정구역으로 지정되면 조합원 수와 건립세대 수를 어느 정도 파악할 수 있다.

주변 시세가 비싸야 일반분양가가 높아진다. 물론 일반분양가가 높으면 조합원분양가도 올라가겠지만 일반분양 물량의 수입이 늘어나야 추가부담금이 줄어들기 때문에 주변 시세가 비싼 곳을 선택해야 유리하다. 용산이나 뚝섬, 강남 등에 투자자들의 관심이 쏠리는 것은 바로 이 때문이다.

종전 자산의 평가액이 높게 나오려면 단독이나 다가구보다는 다세대나 연립주택이 유리하다. 또한 주거면적에 비해 대지 지분 비율이 높은 다세대나 연립의 수익성이 좋다. 예를 들어 주거면적이 66㎡(20평)로 같은 A와 B 다세대주택 중 A의 대지 지분은 33㎡(10평)이고 B는 40㎡라면 B가 더 낫다는 뜻이다. 또한 언덕배기에 위치한 곳보다는 평지가 좋고, 못생긴 땅보다는 정방형 등 잘생긴 땅이 더 가치가 크다. 도로변에 가까울수록 지역의 진입로에 위치해 있을수록 평가액은 높아진다.


• 추가부담금=조합원분양가－권리가액

조합원분양가는 인근 신축아파트 평균 시세의 80% 수준으로 한다.

종전 자산의 평가액과 비례율은 관리처분계획 단계가 될 때까지는 정확히 산출할 수 없다. 하지만 현장에서 두루 통용되는 방식을 이용하면 10% 오차 내로 근접한 권리가액을 산출할 수 있다. 이 방식으로 산출한 권리가액은 통상 실제 권리가액보다 약간 낮게 나오므로 상당히 신뢰성이 높은 것으로 평가받고 있다.


• 총권리가액=토지의 권리가액+건물의 권리가액

- 토지의 권리가액=개별공시지가×1.3~1.5

※개별공시지가는 www.onnara.go.kr에서 열람 가능


- 건물의 권리가액=주거전용면적×180만(2000년 이전 공동주택은 150만, 단독 및 다가구, 상가주택 등은 100만)


- 최종 수익분석

총투자비용=구입비용(전세나 대출을 제외한 실제 투입비용)+추가부담금+세금과 금융비용(금융비용은 투입시기에 따라 실제 발생하는 이자를 계산. 레버리지를 이용하지 않는다면 금융비용은 발생하지 않음)

총투자비용의 입주 시점 가치가 기회비용 등을 감안해서 정기예금 금리 이상의 상승을 기대할 수 있다면 투자를 고려할 만하다.


- 자금 흐름

재개발·재건축 투자는 초기비용 부담이 적다는 것이 유리한 점이다. 향후 추가부담금도 대출로 충당이 가능하다. 관리처분계획 인가가 나면 조합원에게 이주비가 주어진다. 이주비는 통상 권리가액의 60% 이내에서 나오는데 무이자 이주비와 유이자 이주비가 있다. 무이자는 조합이 경비 처리해주는 것이며, 유이자는 조합원이 이자를 직접 내야 한다. 이주비로 세입자의 전세금을 내주거나 본인이 공사 기간 동안 살 집을 구할 수 있다. 무이자 이주비가 많이 나오는 구역이 유리하다. 이사비도 지급되는데 적게는 500만 원, 많게는 2,000만 원도 나오는 구역

이 있다.

추가부담금은 대부분 분납하게 된다. 보통 3번에 나눠서 40%, 20%, 40%로 지급하게 된다. 하지만 사업성이 좋은 구역은 입주 시점에 100% 지급하는 조건을 내거는 경우도 있다. 이런 경우 추가부담금이 없는 사람들은 입주 후 전세금으로 충당할 수 있다.

## 아파트 재건축은 비례율을 구해 수익분석 한다

아파트 재건축사업은 각 물건별로 권리가액이 판이한 재개발사업과는 달리 같은 단지 내의 아파트를 대상으로 하기 때문에 면적에 따라 일률적인 평가방법이 가능하다(동, 층 간 차이는 논외로 함). 따라서 재건축에서는 무상지분율을 구해 무상평수가 얼마나 되는지를 구하는 방법으로 수익분석을 하는 것이 편리하다. 이 방법을 사용하면 권리가액은 구할 필요가 없다.

- 무상지분율=개발평수/대지면적×100

개발평수(총 무상평수)=개발이익/평당 분양가

개발이익= 총수입−총지출

- 총수입=대지면적×용적률×평당 평균 분양가

- 총지출=대지면적×용적률×공사비(부가가치세, 제경비 포함)

무상지분율은 대지면적과 용적률, 예상 일반분양가격(인근 아파트 평균 시세)을 알면 가능하다. 예를 들어, 10만5,000평의 대지면적을 가진 잠실주공5단지 아파트가 용적률 320%(3종일반주거지역)로 평당 분양가격이 4,000만 원으로 사업이 가능하다고 가정해보자.

총수입=10.5만 평×2.3×2,400만=13조 4,400억

총지출=10.5만 평×3.2×700만=2조 3,520억(3.3㎡당 사업비용은 통상 700만 원 가까이 산출된다)

개발이익=13조 4,400억−2조 3,520억=11조 880억

개발평수=4조3,470억÷2,400만=27.72만 평

무상지분율=27만 7,200평÷10.5만평×100=264%가 된다.

• 무상 평수=대지 지분×무상지분율

무상지분율이 264%라는 것은 대지 지분이 24.5평(36평형)이면 향후 재건축 시 추가부담금 없이 받을 수 있는 무상평수가 64.68평이 된다는 뜻이다. 무상지분율이 높을수록 사업성이 좋은 재건축 단지이다. 하지만 재건축 초과이익환수금이 있기 때문에 무상지분율은 264%보다는 적을 수밖에 없다. 초과이익환수금이 얼마나 책정될지는 몰라도 어쨌든 잠실주공5단지의 무상평수는 최소 50평은 넘을 것으로 전망된다.

재건축 지분 거래에서는 현재 시세가 (무상 평수×인근 평균 평단가)로 형성되는 경우가 많다. 예를 들어 잠실주공5단지의 36평형 가격이 19억 원이라면 인근 신축 아파트의 19억 원짜리 아파트와 같은 평수를 무상

으로 받을 수 있다는 뜻으로 해석할 수도 있다.

아파트 재건축사업 역시 대지 지분이 많은 아파트를 구입해야 한다. 고층보다는 저층아파트가 아파트의 건축면적에 비해 대지권 면적이 많으며, 단지 내 아파트의 동 간 간격이 넓거나 단지 내 공지 등이 많은 경우에도 대지 지분 비율이 높다.

대치동 은마아파트와 잠실 주공5단지의 112㎡(34평형)는 같은 평수이나 대지 지분이 다르다. 은마아파트는 대지 지분이 53.79㎡(16.3평)이나 잠실 주공은 74.38㎡(22.54평)으로 무려 6.24평이 많다. 잠실 주공이 15층으로 14층인 은마아파트보다 1층 더 높은데도 그렇다. 그 이유는 은마아파트의 기존 용적률은 197%인데 반해 잠실 주공5단지는 138%로 낮기 때문이다. 대체적으로 저층 단지가 고층 단지에 비해 기존 용적률이 낮으며, 기존 용적률이 낮을수록 재건축할 때 늘어나는 용적률이 많아지므로 수익성이 더 좋을 수밖에 없다.

무상지분율이 많이 나올 수 있는 단지를 골라야 한다. 무상지분율이 많이 나와야 무상 평수가 많아져 추가부담금이 줄어들기 때문이다. 대지 지분 66㎡의 아파트의 경우, 무상지분율이 150%라면 99㎡까지 부담금 없이 배정받을 수 있으므로, 만일 분양받을 아파트의 평수가 108.9㎡이라면 9.9㎡(3평)에 대한 추가부담금만 내면 되는 것이다.

무상지분율을 결정짓는 요소 역시 비례율과 같이 용적률과 주변 시세다. 따라서 용적률이 높고 입지가 좋은, 즉 비싼 동네의 재건축 단지가 무상평수를 더 많이 받을 수 있다.

## 35
# 아직도 투자할 만한
# 재개발·재건축 구역이 있을까

강남 재건축은 부동산 경기가 극심한 침체 일로에 빠져 있지 않는 한 언제든 투자 가치가 있다는 것이 필자의 견해이다. 수요에 비해 공급이 절대적으로 부족하기 때문이다. 다만 자금이 많이 필요하고 장기간 묶여 있을 수도 있기 때문에 자금 여유가 있는 사람만 투자해야 한다. 대출을 많이 받아 투자하는 것은 현명하지 못하다.

강남 재건축은 조합설립 인가가 난 곳은 조합원 지위 양도가 금지돼 있기 때문에 조합 설립 전에 투자해야 한다. 다만 예외 규정이 있는데, 매도자와 세대원 전원이 다른 지역으로 이사 가는 경우, 매도자와 세대원 전원이 다른 주택을 상속받아 그 곳으로 모두 이사 가는 경우, 매도자와 세대원 전원이 해외로 이주하거나 2년 이상 체류하는 경우에는 양도가 가능하다.

또한 조합설립 인가일부터 3년 이내에 사업시행인가 신청이 없는 주택재건축사업의 건축물을 3년 이상 계속하여 소유하고 있는 경우, 사업시행인가일부터 3년 이내에 착공하지 못한 주택재건축사업의 토지 또는 건축물을 3년 이상 계속하여 소유하고 있는 경우도 양도할 수 있도록 하고 있고, 1세대 1주택 재건축 아파트를 10년 보유, 5년 거주 요건을 충족한 조합원도 양도가 가능하다.

아직 조합설립 인가 전인 강남 재건축 아파트로는 다음과 같다.

강남구: 개포주공 6,7단지, 개포주공 5단지, 개포현대 1차, 은마아파트, 개포럭키, 도곡동 개포5차 우성, 도곡 삼호, 도곡 삼익, 압구정 현대

서초구: 반포 경남, 삼호가든 5차, 신반포 궁전, 방배 신삼호, 방배 삼호, 서초 진흥, 신반포 16차, 신반포 17차, 신반포 25차, 신반포 26차, 신반포 4차, 신반포 2차

송파구: 가락 프라자, 송파 한양2차, 장미 1,2,3차, 잠실 우성, 잠실 우성 4차 등

용산구 이촌동의 한강 맨션, 한강삼익, 왕궁 맨션은 강남재건축 아파트 못지않은 인기 재건축 아파트로 관심의 대상이다. 한편 송파구의 아시아 선수촌, 올림픽 선수촌, 올림픽훼밀리타운, 강남구의 압구정동 미성2차 아파트 등은 아직 정비구역 지정 전이지만 재건축에 시동을 건 단지 등이다.

## 투자금 1억~2억 원 정도로 투자 가능한 지역을 찾아라

강북에도 투자할 만한 재건축·재개발 구역이 있다. 초기투자비용이 비교적 적게 들고 사업성이 좋아 향후 추가부담금이 적게 나올 구역 위주로 선별했다. 다만 조합설립 인가 전인 구역들은 향후 진행 과정에 따라 가격이 큰 폭으로 상승할 수 있으나, 만에 하나 사업이 늦어지거나 중단될 수도 있으므로 구입하기 전 현장 조사를 꼼꼼히 해야 할 것이다.

### 북가좌 6구역 재건축

북가좌동 372번지 일대의 6구역은 디지털미디어시티 트리플 초역세권 지역으로 주목을 받아 왔으나 예상 외로 사업이 지지부진하다. 구역 내 임대사업자들이 많아 이들의 반발이 만만치 않기 때문이다. 아직 조합 설립 전이다.

대지 10만4,656㎡의 규모로 제2종일반주거지역과 제3종일반주거지역이 혼재된 곳으로 용적률 250%를 적용받아 최고 24층 이하 아파트 23개동 1,903가구로 재탄생한다. 임대소형주택 162가구가 포함돼 있으며, 전용 60㎡ 이하 1152가구, 60㎡ 초과 85㎡ 이하 569가구, 85㎡ 초과 182가구 등으로 토지 등 소유자가 1,196명으로 일반 분양이 600가구 이상 나올 것으로 예상된다.

### 가재울7구역

북가좌동 73번지 일대로 가재울뉴타운 사업 구역 중 유일하게 남아 있다. 가재울뉴타운 전체 부지는 북가좌동과 남가좌동 일대 107만5,000 ㎡에 달한다. 총 9개 구역으로 나눠 정비사업이 진행되는데 재개발이 완료되면 1만2,600가구의 새 아파트가 들어서게 된다. 1구역 'DMC 아이파크'(2008년 12월 입주)을 시작으로 △'DMC 센트레빌'(2구역·2009년 5월 입주) △'DMC래미안e편한세상'(3구역·2012년 10월 입주) △'DMC파크뷰자이'(4구역·2015년 10월 입주) 등이 입주를 마쳤다. 'DMC에코자이'(6구역·2017년 8월 분양) '래미안 DMC 루센티아'(5구역·2017년 9월 분양) 등은 성공적으로 분양됐다. 8구역은 사업시행 인가가 완료됐고, 9구역은 관리처분계획 인가를 받았다.

가재울뉴타운에서 대표 단지는 가재울 4구역 'DMC파크뷰자이'다. GS건설·SK건설·현대산업개발이 2015년 10월 준공한 단지다. 3,830가구의 대단지로 34평형이 2018년 1월 말 현재 7억5,000만 원 정도로 시세가 형성돼 있다.

7구역의 부지 면적은 총 7만 8,000㎡로 토지 등 소유주는 690여 명이며, 1,563세대로 건립될 예정이다. 이 구역도 반대하는 주민들이 많아 사업이 지연됐는데, 2018년 1월 추진위원회에서 주민들을 상대로 찬반 여론 조사를 실시해 찬성률이 52%를 넘기면서 1월 10일 조합 창립총회를 열었다.


### 전농8구역

전농·답십리 재정비촉진지구의 4개 구역 중 유일하게 사업이 완료되지 않은 구역이다. 전농7구역은 2013년 4월에 총 2,397세대의 래미안 크레시티가 들어섰고, 답십리 18구역은 2018년 5월 1,009세대의 답십리 미드카운티가 준공될 예정이다. 답십리 16구역은 재정비촉진지구 중 가장 큰 단지로 2014년 8월 2,652세대의 답십리 래미안위브가 답십리 역세권에 완공됐다.

전농8구역은 동대문구 전농동 204번지 일대 9만3,6975㎡를 재개발하는 곳으로 건폐율이 20.18%, 용적율을 229.98%로 적용받아 총 1,777세대(임대 262세대)를 건립할 예정이다. 토지 등 소유자가 634명으로 일반분양이 881세대 정도로 예상되고 대로변에 상가가 많이 없어 보상비 등이 적어 사업성이 높을 것으로 예상된다. 그럼에도 사업이 늦어진 이유는 반대하는 임대 수익자들이 많고, 구역 내에 종교시설과의 협의가 수월하지 않았기 때문이다.

청량리역 일대가 재개발되어 주변 지가가 상승하면서 전농8구역도 조합 설립을 위한 속도를 내고 있다. 하지만 한쪽에서는 구역 해제를 위한 동의서도 받고 있는 등 주민 간 마찰이 팽팽하다.

## 영등포 재정비촉진지구

개발만 되면 상당한 지가 상승이 예상되는 영등포뉴타운은 아직 사업이 초기 단계에 머물러 있다. 총 7개 구역으로 사업이 완료되면 3,552세대의 대단위 주거타운이 형성되겠지만 사업이 완료된 곳은 1-4구역뿐이다. 재개발사업인 1-4구역은 1,221세대의 대림 아크로타워스퀘어가 2017년 8월 완공되어 영등포동의 블루칩으로 등극했다. 3.3㎡당 평균 매매가격이 2,712만 원으로 35평형이 9억2,000만 원 정도의 시세를 형성하고 있다. 그 다음으로 빠른 구역은 도시환경정비사업의 1-3구역으로 지하 5층~지상 최고 30층 3개 동의 한화꿈에그린이 2020년 10월 완공된다. 총 296가구로, 전용면적 29~84㎡ 아파트 185가구, 전용면적 18~32㎡ 오피스텔 111실로 구성된다. 전용 59㎡ 가구는 5억5,500만~6억1,400만 원, 84㎡ 가구는 6억9,600만~7억6,700만 원의 분양가가 책정돼 3.3㎡당 2,200만 원 안팎으로 2017년 11월 분양했는데, 40대 1의 경쟁률을 기록하고 분양 완료됐다.

그 다음으로 사업 진척이 빠른 곳은 1-13구역(영등포동 5가 32~8)으로 조합설립 인가가 났다. 도시환경정비사업으로 642세대(임대 235세대)를 짓는데 조합원이 183명이다. 도시환경정비사업인 1-2구역(영등포동 7가 76~5)도 조합이 설립돼 있다. 총 192세대(임대 56세대)가 건립될 예정이다.

재개발사업인 1-11구역(영등포동 5가 30)은 추진위만 구성돼 있고, 715세대(임대 314세대)를 지을 계획이다. 역시 재개발사업인 1-12구역(영등포동 5가 22-3)은 정비구역만 지정돼 있는데, 413세대(임대 35세대)가 건립될 계획이다.

그 외의 구역

한남뉴타운과 성수전략정비구역은 한강이 보이는 천혜의 입지와 높은 분양가로 항상 투자 가치가 높은 곳이다. 한남뉴타운 4개 구역은 모두 조합이 설립돼 있다. 가장 좋은 구역은 5구역, 4구역, 3구역, 2구역 순이다. 사업시행 인가를 준비 중인 3구역 진행이 가장 빠르다. 성수전략정비구역은 4개 구역이 있는데 이중 조합이 설립된 곳은 1구역과 4구역이다. 4구역은 2017년 말 48층, 1,542가구를 짓는 건축 심의를 서울시에 요청했다. 아직 조합 설립 전인 2구역과 3구역의 지분 값이 좀 더 저렴하다. 방배동 재건축, 천호뉴타운도 눈여겨볼 만한 구역이다.

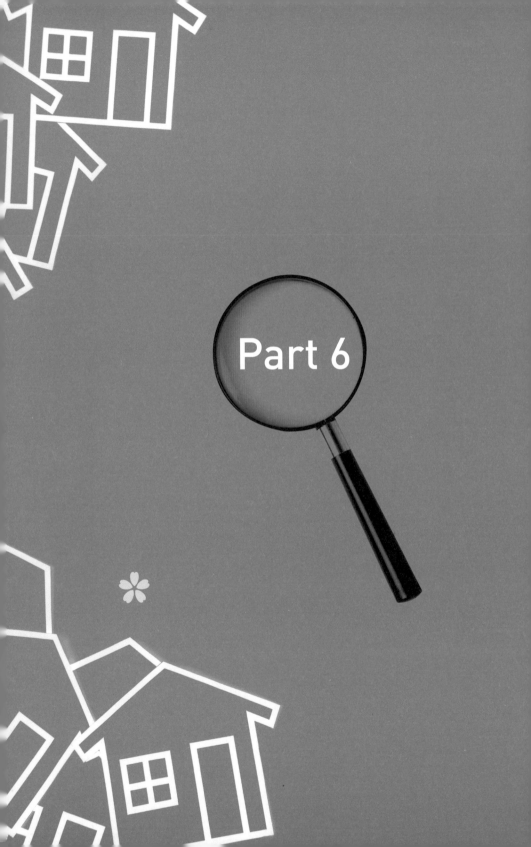

Part 6

# 현금흐름 확보하는
## 임대사업으로

## 36
# 월세 나오는 부동산은 정년 없는
# '제2의 월급통장'

월세 부동산은 '제2의 월급통장'이지만 정년이 없다는 점에서 '평생 마르지 않는 샘'이라 할 수 있다. 고정적인 수입이 창출되고 자녀에게 상속도 할 수 있는 월세 부동산의 인기는 100세 시대를 맞아 더욱 더 높아지고 있다.

비교적 안정적인 직업을 갖고 있는 월급쟁이들에게도 월세 부동산에 대한 관심이 높아지고 있다. '사오정', '오륙도'란 말에서도 알 수 있듯이 언제 직장에서 잘릴지 모르기 때문이다. 게다가 얄팍한 월급만으로는 오르는 생활비와 사교육비를 대기도 벅찬 현실이다.

월세 부동산은 요즘처럼 저금리 시대일수록 구입하기가 유리하다. 대출 이자가 싸서 자금을 마련하기가 쉬운데다 임대수익률이 은행 이자율보다 훨씬 높기 때문이다. 기준금리 인상이 예견되어 있기는 하지만 아직은 1.5%로 저금리 기조를 유지하고 있다.

금리 인상과 정부의 각종 부동산 규제 대책으로 앞으로의 시장 상황을 좋지 않게 보는 사람들이 늘고 있다. 활발하던 부동산 거래가 뜸해지고 가파르게 올라갔던 아파트 가격도 주춤하고 있다.

이렇게 앞으로의 시장 상황이 불투명할 때는 시세 차익 투자보다는 월세 부동산 투자가 안전하다. 시세 차익 투자는 가격이 오르지 않으면 낭패를 볼 수 있지만, 임대 수입은 시장 상황과 관계없이 꾸준히 창출될 수 있기 때문이다.

시세 차익 투자는 앞으로의 부동산 시장이 호황이라는 점을 전제하기 때문에 불확실한 투자라고 할 수 있다. 3년 후 또는 5년 후의 시장이 어떠할지 정확히 아는 사람은 거의 없기 때문이다. 게다가 한국의 아파트 가격엔 거품이 잔뜩 끼어 있어 가격이 그 아파트의 정확한 가치를 나타낸다고 할 수 없다.

하지만 월세 부동산 투자는 계산에 의한 투자가 가능하기 때문에 불확실성이 개입할 여지가 별로 없다. 수요와 공급에 따른 시장 법칙에 의해 임대수익률이 결정되기 때문에 그 부동산의 가격을 비교적 정확히 계산할 수 있다. 또한 그 지역의 시장환원율(기대수익률)을 파악하면 사려고 하는 부동산이 고평가되어 있는지 저평가되어 있는지를 알 수 있고, 구매할 만한 가치가 있는 물건인지를 판단할 수 있다.

그럼에도 월세 부동산 투자를 망설이는 대부분의 사람들은 시세 차익과 같은 '한방'이 없다고 말한다. 아파트 같은 것은 쌀 때 사서 비쌀 때 팔면 상당한 이익을 남길 수 있지만 월세 부동산은 가격이 많이 오르지 않는다고 알고 있다.

그러나 월세 부동산은 고정적인 수입 외에도 자산 가치 증식에 따른 시세 차익도 가능하다는 점에서 매력적인 투자 대상이다. 임대료가 상승하면 지가와 건물의 가치도 동반 상승하기 때문이다. 임대료가 상승하려면 수요에 비해 공급이 부족하고, 유동인구가 늘어나야 한다. 수도권보다는 서울 도심이 유리하고, 지하철이나 인구집중 유발시설이 신설되는 곳을 선점해야 한다.

여러 장점도 있지만 아파트 투자에 비해서는 환금성이 떨어진다는 단점도 있다. 세입자를 관리해야 하는 번거로움도 장애 요소다. 임대주택은 아직 월세전환율이 낮아서 매입가에 비해 임대수익률이 낮은 편이다. 상가 등은 월세전환율은 높지만 경기에 영향을 받기 때문에 경기가 침체됐을 때 연체 관리가 신경 쓰인다.

## 37
# 부동산의 적정가격을 판단할 수 있는 시장환원율

월세 부동산을 구입할 때 최대 장점은 적정가격을 비교적 정확하게 파악할 수 있다는 점이다. 시장환원율과 임대소득만 정확하게 조사하면 내가 이 물건을 비싸게 사는지, 싸게 사는지를 알 수 있기 때문이다. 실거주용 아파트는 실제 가치보다 거품이 많이 끼어 있기 때문에 내가 사려고 하는 가격이 정확하게 책정돼 있는지를 알 수 없다는 점에서 불안하다.

월세 부동산의 매입비용이 임대수입에 비해 적정한가의 여부는 시장환원율 분석을 통해 판단할 수 있다. 가령 보증금이 1,000만 원이고 월세가 60만 원짜리인 A 주택의 가치는 얼마일까?

이 주택의 연간 임대소득은 {1,000만×2%(제1금융권 이자율)}+{60만×12}=20만+720만=742만 원이 된다. 이를 가능총소득이라고 하는데, 순영업소득은 가능총소득에서 공실 및 대손충당금과 영업경비를 제외해야 한다. 그런데 관리하는 주체와 방법에 따라서 그 비용 편차가 많이 나게 되므로, 연면적 300평 이하 건물의 표준적인 영업경비 비율인 10%를 적용해 순영업소득을 산출하는 것이 일반적이다. 따라서 742만 원에서 10%를 제외하면 순영업소득은 667만여 원이 된다.

A 주택의 보증금 1,000만 원, 월 임대료 60만 원인 경우의 임대소득
순영업소득=가능총소득−공실 및 대손충당금+영업경비
가능총소득={1,000만×2%(제1금융권 이자율)}+{60만×12}=742만 원
공실 및 대손충당금+영업경비=742만×10%=74.2만
순영업소득=742만−74.2만=667.8만 원

시장환원율(기대수익률)을 4%로 예상한다면, 이 물건의 가치는 667.8만÷4%=1억6,695만+보증금 1,000만=1억7,695만 원이 된다. 따라서 이 물건의 1억7,695만 원보다 많으면 고평가 되어 있고, 적으면 저평가 되어 있다고 판단해서 투자를 결정할 수 있는 것이다. 만약 2억 원에 A 주택을 매입했다면 매수자의 임대수익률은 3.51%가 되고, 1억5,000만 원에 매입했다면 임대수익률은 4.77%가 된다.

부동산의 가치=순영업소득÷시장환원율
A 주택의 가치=(667.8만÷4%)+보증금 1,000만=1억7,695만 원
매수자가 2억 원에 A 주택을 매입했을 때 임대수익률={667.8만(순영

업소득)÷1억 9,000만(매입비용−보증금)}×100%=3.51%

매수자가 1억 5,000만 원에 A 주택을 매입했을 때 임대수익률=667.8만÷1억 4,000만×100=4.77%

## 아파트나 빌라보다 상가 시장환원율이 높다

시장환원율이란 그 지역에 통용되고 있는 기대수익률을 의미한다. 통상적으로 비슷한 월세 부동산 세 군데를 임의로 선정해서 임대수익률을 산정한 뒤 평균을 내면 파악할 수 있다. 내가 구입하려는 부동산과 위치적, 법률적·물적 유사성이 있는 부동산이어야 한다. 시장환원율은 일반적으로 제1금융권 이자율+위험율(리스크 프리미엄)을 합쳐서 형성된다. 현재 연 2%가 제1금융권 이자율이므로, 이 부동산 투자의 리스크 프리미엄은 2%가 된다.

그러나 모든 지역의 리스크 프리미엄이 2%인 것은 아니다. 월세 부동산이 위치한 지역이나 용도별로 시장환원율이 차이를 보이는데, 이는 소득의 성장성과 위험성이 다르기 때문이다. 예를 들어 성장 가능성이 높은 지역의 부동산은 소득에 비해 가격이 높게 형성돼 환원율이 낮게 책정된다. 이는 현재 가치보다 미래 가치를 높게 평가하기 때문인데, 바로 강남이나 대형 호재가 예고된 지역 등이 대표적인 경우다. 강남 등은 시세 차익이 가능하기 때문에 시장환원율이 낮은 것이며, 서울 변두리나 지방 등은 시세 차익을 기대하기 어려우므로 시장환원율이 높게 형성되는 것이다.

아파트와 소형주택 등은 상가나 오피스텔과는 달리 시세 차익이 가능하기 때문에 시장환원율이 낮은 것이 일반적이다. 그러나 전월세 값이 급등할 때는 다세대주택이나 다가구주택, 원룸 주택들의 시장환원율이 상가보다 높은 경우도 간혹 발생한다. 상가나 오피스텔은 시세 차익보다는 월세 수입을 기대하는 부동산이므로 시장환원율이 주택보다 월등히 나아야 한다. 시세 차익분을 매월 임대료로 받는 셈이기 때문이다.

## 38
# 임대수익률을 높이려면
# 레버리지 효과를 이용하라

임대수익률을 높이려면 대출을 받아서 레버리지 효과를 일으켜야 한다. 보증금 1,000만 원에 월세 60만 원짜리 A 주택을 1억5,000만 원에 구입했다고 하자. 이걸 모두 자신의 현금으로 구입하게 되면 임대수익률은 4.77%가 된다.

가능총소득={1,000만×2%(제1금융권 이자율)}+(60×12)=744만 원

순영업소득=744만−(744만×영업경비 10%)=667.8만

임대수익률=667.8만÷1억 4,000만×100%=4.77%

만약 3.5%의 이자로 대출을 30% 받아 A 주택을 구입하면 임대수익률은 5.37%로 올라간다.

대출금=1억5,000만×30%=4,5000만

대출이자=4,500만×3.5%=157.5만

순영업소득=667.8만-157.5만=510.3만

자기투자금=1억5,000만(매입비)-4,500만(대출금)-1,000만(보증금)

임대수익률=510.3만÷9,500만×100=5.37%

주택의 경우 50%까지는 대출이 가능하므로 50%를 대출 받아 투자하게 되면 임대수익률은 6.24%까지 올라간다. 1억4,000만 원으로는 한 채만 구입이 가능하지만 만약 대출을 50%인 7,500만 원까지 받는다면 두 채 구입도 가능하다. 이것이 레버리지 효과이고 레버리지 효과를 극대화할수록 이익은 증가한다.

### 나쁜 빚은 금물, 좋은 빚은 많이 빌려라

대출 받기를 꺼려하는 사람들은 빚은 나쁘다는 인식을 갖고 있기 때문이다. 빚을 많이 받으면 밤에 잠을 편히 자지 못하는 사람들이 많다. 이런 사람들은 돈을 모아서 부동산을 사려고 하다가 결국 사지 못하고 포기하는 경우가 대부분이다. 돈을 모으는 속도가 인플레이션, 즉 화폐 가치가 떨어지는 속도를 따라잡을 수가 없어서 돈을 다 모아서 사려는 순간 그 물건의 값은 이미 올라 있어 돈이 모자라게 되기 때문이다.

부동산의 가치는 오르지 않더라도 인플레이션에 의해 떨어진 화폐가치만큼 부동산 가격이 오르는 것은 일반적이다. 그러나 돈은 인플레이션 헤지를 할 수 없기 때문에 돈을 아무리 모아도 가격은 상승하지 않는다. 1억 원을 이자율 3%로 은행에 저금한다고 가정했을 때 인플레이션이 4%라면 1년이 지났을 때 오히려 100만 원을 까먹게 된다. 1억 원의 기회비용을 4%라고 가정하면 100만 원이 아니라 500만 원을 까먹게 된다.

하지만 대출을 1억 원 받게 되면 가만히 앉아만 있어도 인플레이션에 의해 화폐가치가 추락하므로 400만 원이 탕감된다. 게다가 이 1억 원으로 이자 500만 원(이자율 5%)을 갚고도 수익을 100만 원만 내게 되면 500만 원이 탕감된다. 같은 1억 원이라도 빚쟁이는 500만 원을 벌고, 빚지지 않은 자는 500만 원을 잃게 된다.

대출을 무서워하는 것은 사업을 해보지 않았기 때문이다. 좋은 대학을 나와 탄탄한 월급을 받는 엘리트 사원일수록 돈 빌리는 것을 두려워한다. 이자를 갚고도 수익을 올리는 방법을 모르니 돈 빌릴 필요도 없고 대출을 죄악시하는 것이다.

이런 사람들일수록 대출을 왕창 끼고 집 사는 것은 잘도 한다. 사놓기만 하면 집값이 오르므로 대출 이자를 갚고도 남는다고 생각하기 때문이다. 그렇게 해서 집값이 오르면 다행이나 오르지 않으면 하우스푸어의 고통을 실감한다. 먹고 싶은 것 먹지 않고, 입고 싶은 것 입지 않고 부지런히 돈을 모으면 가장 먼저 하는 일이 대출 상환이다. 그래야 발 뻗고 잘 수 있기 때문이다. 피 같은 현찰을 부동산에 묻는 것이다.

대출을 받아 시세 차익을 기대하는 부동산을 구입하는 것은 현금흐름을 죽이는 길이다. 대출 이자를 감당해야하기 때문에 수익은커녕 지출만 증가하게 되므로 그 대출 이자는 우리들의 목줄을 죄기 시작한다.

그러나 임대사업, 즉 수익을 올리기 위해 받은 대출은 우리의 사업자금이다. 머리를 아프게 하기는커녕 우리의 생활을 윤택하게 해주고 미래를 밝게 해주니 고마운 단비 같은 존재다. 대출은 단비가 될 수도 있고 골치 아픈 존재가 될 수도 있다. 누가 운영하느냐에 따라 달라지는 것이다.

저금리시대에는 대출 이자가 싸다. 어서 빨리 돈을 빌려서 사업으로 돈을 벌어 경기를 진작시키라는 것이 저금리 시대의 의미다. 하루라도 빨리 대출을 받아 수익 사업에 도전하자. 기준금리가 인상되기 시작하면 대출 이자도 상승하므로 점점 기회를 잃을 수 있다.

## 39
# 월세 부동산도
# 시세 차익이 가능하다

부동산 투자에는 여러 방법이 있지만 일반인들이 가장 선호하는 것은 아마도 시세 차익을 실현하는 일일 것이다. 특히나 아파트가 인기가 좋다 보니 괜찮은 아파트를 쌀 때 사서 비쌀 때 팔아 상당한 이익을 달성하는 것이야말로 부동산 투자의 핵심이라고 생각하는 사람들이 거의 대부분인 듯하다.

잘만 하면 월급쟁이들이 몇 년을 한 푼도 쓰지 않고 모아도 못 벌 돈을 한방에 벌 수 있으니 지금도 많은 사람들이 아파트 시장을 기웃거리고 있다. 그런데 '괜찮고 싼' 아파트를 잘 골랐다고 해도 문제가 하나 있다. 부동산 시장이 꾸준히 호황을 이루어서 주택 가격이 계속 올라야 한다는 전제조건이다.

하지만 몇 년 후 주택 가격을 정확히 예측하는 것은 쉬운 일이 아니다. 게다가 요즘처럼 정부의 부동산 규제 정책이 줄지어 발표되고 기준 금리가 인상될 조짐이 보이는 시기에는 시세 차익 투자를 주저할 수밖에 없다.

임대사업 투자를 꺼려하는 사람들은 꼬박꼬박 월세가 나오기는 하지만 '결정적인 한방' 즉 상당한 시세 차익을 달성하기 어렵기 때문에 관심이 가지 않는다고 말한다. 과연 이 판단이 맞는 걸까. 임대사업 투자도 상당한 시세 차익을 실현할 수 있다. 이는 임대료 상승에 의해 자산가치가 증식되기 때문이다.

예를 들어, 보증금 1,000만 원에 월세 50만 원하는 원룸 주택을 1억 3,000만 원에 구입했다고 하자. 이렇게 되면 본인 투자금은 1억2,000만 원이므로 (50만×12)÷1억2,000만=5%가 임대수익률이 된다. 시간이 흘러 임대료가 80만 원으로 올랐다면 임대수익률은 8%가 된다. 임대료가 증가함으로 인해 임대수익률은 3%가 상승했다.

1억3,000만 원에 구입했던 이 원룸 주택의 가격은 얼마나 됐을까. 이 지역의 시장환원율이 내가 구입했던 당시와 같은 5%라면, (80만×12)÷5%=1억9,200만인데 여기에 보증금 1,000만 원이 있으므로 매매가는 2억200만 원이 된다. 시세 차익은 2억200만−1억3,000만=7,200만 원이 된다.

이렇게 자산가치가 증식되는 임대사업 투자는 매월 월세 50만 원을 받는 것 외에 향후 매도했을 때 7,200만 원이라는 시세 차익도 달성할 수 있다.

부동산 고수나 부자들은 현금흐름 창출 외에 자산가치가 증식되어 시세 차익도 실현할 수 있다는 점에서 임대사업용 부동산에 관심을 쏟는다. 시장전망에 의존해야 하는 시세 차익 투자는 불확실성이 많고 현금 흐름이 용이하지 않다는 점에서 매력적인 부동산 투자 방법은 아니다.

## 임대료가 상승하면 자산 가치는 당연히 올라간다

임대사업 투자는 현재의 임대수익률을 정확히 계산할 수 있다는 점에서 투자 확실성이 높다. 수요자와 공급자의 시장 법칙에 의해서 임대료가 책정되기 때문에 거품이 낄 여지가 없다. 인근 지역의 유사부동산 몇 개의 임대료만 조사하면 되기 때문에 고평가된 부동산을 매입해 손해를 볼 여지도 별로 없다.

그러나 임대수익률이 상승해야 하는 매물을 고려한다면 불확실성이 개입하게 된다. 임대료가 상승하려면 향후 유동인구가 늘어나 땅값이 상승하는 지역을 선택해야 한다. 이는 유동인구가 늘어나지 않는데도 불구하고 가격 상승이 이루어지는 거품과는 다른 차원이므로 불확실성이라고 해도 어느 정도는 예측이 가능하다.

가장 확실한 방법은 지하철이 새로 들어설 예정이거나 백화점이나 할인마트, 대형병원 등 인구유발집중 시설이 들어서는 곳을 선점하는 것이다. 또한 수요에 비해 공급이 적은 지역, 가령 신축건물이 들어서기 곤란한 서울의 도심을 선택하는 것이다.

논현동이나 반포동, 역삼동 등은 수요에 비해 공급이 적은 지역으로서 향후 지속적인 땅값 상승이 예상되는 지역이다. 이런 곳은 빌라나 오피스텔, 아파트 등의 신축 건물이 더 이상 들어설 확률이 아주 적기 때문에 임대료는 계속 상승할 수밖에 없다.

하지만 이런 서울 도심의 임대용 주택은 인기에 비해 물량이 적기 때문에 가격이 상당히 비싸 요즘 임대수익률이 4%도 되지 않는다. 아파트나 오피스텔은 3% 미만이다. 그럼에도 신축 물건이 나오기만 하면 동이 나는 이유는 가격 상승력이 보장돼 있는 '안전 자산'이기 때문이다. 따라서 이런 지역의 접근은 당장의 임대수익보다는 장기적인 시세 차익 관점에서 접근해야 한다.

김포공항 주변 지역이나 발산동 등은 아직 땅값이 싼 편이기 때문에 임대수익률이 5%를 넘어선다. 요즘 눈여겨 볼만한 지역인 검단신도시 경우에는 대출을 끼고 구입하면 10%나 되는 수익률을 올릴 수 있는 물건도 간혹 나온다. 이런 지역도 향후 유동인구가 늘어날 곳이므로 시세 차익은 분명 가능하나 도심에 비해 환금성은 다소 떨어진다는 점에 유의해야 한다.

따라서 임대사업 투자를 고려할 때 현금흐름 창출에만 목적을 둔다면 서울 등 대도시의 도심에서 벗어나도 상관없지만, 시세 차익을 위한 매도를 고려한다면 도심으로 접근할수록 유리하다.

**40**
# 다중주택이나 다가구주택은
# 평생 마르지 않는 샘

자금 여유가 좀 있으면 다중주택이나 다가구주택을 매입하거나 신축으로 지어 임대하게 되면 평생 마르지 않는 샘을 가질 수 있다. 관리하는 것이 좀 부담스럽긴 하지만 은퇴한 이후라면 소일거리도 되고 동료들보다 훨씬 안락한 삶을 누릴 수 있다는 점에서 부러움의 대상이 되고 있다.

필자의 신문사 선배는 나이 70세가 다 되었지만 얼마 되지 않는 연금으로 생활하느라 빠듯한 생활을 하고 있었다. 그런데 4년 전쯤 그의 집이 북아현뉴타운 구역에서 해제가 되었다. 그의 집은 대지 245㎡의 30년이 넘은 낡은 단독주택이었다. 그는 주변에 비슷한 집들이 다가구주택으로 바뀌는 것을 보고 임대주택을 지을까 고민하다가 필자를 찾아왔다.

"그걸 질문이라고 하십니까?"

너무나 당연히 헐고 다가구주택으로 지으라는 필자의 말에 그 선배는 약간 놀란 듯했다. 그는 사실 그때까지만 해도 반신반의했다. 대출을 받아 집을 지었는데 전월세가 나가지 않으면 어쩌나 걱정이었던 것이다. 또 관리하는 것도 엄두가 나지 않았다. 하긴 평생 월급쟁이로 살면서 사업이라곤 해본 적이 없는 사람이었으니 겁이 날 만도 했다.

필자의 강력한 권고로 그는 대출을 받아 집을 헐고 원룸 7개, 투룸 2개, 쓰리룸 3개의 5층짜리 다가구주택을 지었다. 평당 공사비용을 600만 원이나 들여서 아주 튼튼하고 세련된 집을 탄생시켰다. 집이 완공되기 전에 전세 몇 개가 계약돼 대출금은 다 갚았고 지금은 여기서 부부가 거주하면서 한 달에 300만 원 넘게 월세 소득을 올리고 있다. 그는 매월 수입이 들어오자 다시 직장에 다니는 것 같다며 활력이 넘치는 생활을 하고 있다. 얼마 전에는 부부가 그리스 일주 여행을 다녀오더니 이번 여름엔 미국 서부일주 여행을 떠난다고 계획 수립에 여념이 없다.

건설임대는 지어진 건물을 구입해서 임대하는 매입임대보다는 10~15% 이상의 이익을 취할 수 있다는 이점이 있다. 또한 자기 집을 업자가 짓는 집보다 더 튼튼히 예쁘게 지을 수도 있다. 다만 집을 짓기까지의 까다롭고 번잡한 과정을 견뎌내야 하므로 업자가 지은 신축건물이나 기존건물을 매입하는 것도 나쁜 방법은 아니다. 집을 새로 지으면 공사는 물론이고 임대까지 맞춰야 하지만 매입임대는 임대를 승계 받을 수 있다는 점에서 수익성 면에서 안전하다.

가장 많이 짓는 집은 다가구주택인데 요즘은 다중주택도 늘어나고 있는 추세다 다세대주택은 분양사업자들이 주로 짓게 되는데, 분양이 여의치 않은 경우에는 임대를 주게 된다.

다중주택은 「건축법」 시행령에서 규정한 단독주택 중 다음의 요건을 갖춘 주택을 말한다.

- 학생 또는 직장인 등 여러 사람이 장기간 거주할 수 있는 구조로 되어 있을 것
- 독립된 주거의 형태가 아닐 것
- 연면적이 330㎡ 이하이고 층수가 3층 이하일 것

## 일반인들이 비교적 구하기 쉬운 땅은 40~50평

다중주택이 월세를 받으려는 일반인들에게 유리한 것은 다가구주택이나 다세대주택에 비해 법정주차대수가 적고 지하를 지을 수 있기 때문이다. 다가구나 다세대주택은 세대당 1대(전용면적 60㎡ 이하는 0.8대, 30㎡ 이하는 0.5대)를 만들어야 하나, 다중주택은 시설면적 50㎡ 초과 150㎡ 이하는 1대, 시설면적 150㎡ 초과는 1대에 150㎡를 초과하는 100㎡당 1대를 더한 대수를 지으면 되기 때문이다.

예를 들어, 제2종일반주거지역(용적률 200%)에서 대지 50평으로 원룸형 다가구주택을 지으면 총 7대의 주차장이 필요하지만 다중주택은 3대만 지으면 된다는 얘기다. 게다가 준공업지역이나 준주거지역은 제2종일반주거지역에 비해 용적률이 50%나 높아 250%까지 지을 수 있다. 준공업지역에서 주택을 지으려면 근린생활시설이나 주택을 구입해야

한다. 공장 부지를 구입하면 근린생활시설만 지을 수 있기 때문이다. 근린생활시설은 용적률을 400% 적용받는다. 북도로에 인접한 땅은 일조권에 의한 사선제한을 받지 않기 때문에 남도로에 인접한 땅에 비해 손해 보는 건축 면적이 없게 된다.

집장사를 하는 업자들은 60~80평 정도의 땅을 선호한다. 그래야 다세대주택이나 도시형생활주택을 지었을 때 법정주차장을 확보하고도 수익성을 맞출 수 있기 때문이다. 다중주택은 연면적을 100평 이상 지을 수 없기 때문에 50평 이상의 땅을 구입하면 손해가 된다.

다중주택은 대지 30평 이하는 너무 작아서 쓸모가 적다. 건평 18평에서 계단 4.5평을 빼면 투룸 1개나 원룸 2개밖에 짓지 못하기 때문이다. 대지가 50평이면 반지하, 1, 2, 3층에 1층에 방 3개씩 건축할 수 있다. 반지하를 기피해 심의를 요구하는 지자체도 있으므로 지자체별로 땅 구입하기 전 확인해야 한다.

일반인들이 땅을 구하려고 서울 땅을 이 잡듯 뒤지는 집장사와 경쟁해 60~80평정도 규모의 땅을 구입하기는 어려우므로 대지가 40~50평 정도 되는 단독주택이나 근린생활시설, 다가주택을 노리는 것이 현명하다. 일반인들은 땅을 사기 위해 어쩌다 중개업소에 들르지만 집장사들은 땅을 구하기 위해 몇 달 전부터 그 지역 일대를 샅샅이 뒤지며 중개업소에 명함을 놓고 가기 때문이다.

원룸이나 다가구주택 등으로 임대사업을 벌이고 있는 임대사업자 중에서는 완화된 리모델링 기준을 활용해 부가가치를 높여 임대수익을 극대화하는 방안을 모색할 수 있다. 서울시는 노후물의 리모델링 가능연한을 20년에서 15년으로 단축하고, 리모델링을 통한 증축 규모도 건물 연면적의 10%에서 30%로 대폭 확대했다. 서울시는 리모델링 건물의 층수 높이기를 허용하고 계단이나 승강기만을 설치하도록 했던 증축 부분의 용도에도 제한을 두지 않기로 했다.

리모델링을 하게 되면 건물 연면적이 늘어나는 것은 물론이고 건물 외관도 세련되고 깨끗해져 임대수입이 늘어나는 것은 물론이고 자산가치도 증식되는 일석이조의 효과를 거둘 수 있다. 종래에는 리모델링이 상가나 상가주택 등에 국한됐지만 연면적이 30%로 늘어나게 됨에 따라 다가구주택이나 원룸주택들의 리모델링도 대폭 활성화되고 있다. 저금리 기조가 유지되는 동안 대출을 받아 리모델링을 해서 부가가치를 높이면 레버리지 효과를 극대화할 수 있을 것으로 전망된다.

# 41
# 다중주택이나 다가구주택을
# 잘 지으려면

건설임대의 성패 여부는 '좋은 땅'을 구입하는가에 달려 있다. 임대수요가 풍부한 역세권 요지의 땅이라고 해도 '그림'이 잘 그려지지 않으면 비용 대비 수익이 줄어들 수밖에 없다. 나대지 즉 빈 땅은 거의 없기 때문에 오래 된 단독주택이나 다가구주택, 근린생활시설 등을 구입해서 건물을 철거한 후 신축하게 된다. 그런데 요즘 서울의 땅은 구하기가 워낙 힘들어 땅이 나왔다면 어지간히 '나쁜 땅'만 아니라면 구입해야 한다. 하루가 다르게 땅값이 치솟고 있기 때문이다.

집을 지어서 임대할 때는 최소 수익률이 총건설비용 대비 8% 이상은 나와야 한다. 건축업자가 건설한 임대용 부동산을 구입해도 임대수익률이 6% 이상은 나오기 때문이다. 총건설비용 대비 8% 이상 나와야 임대하다가 제3자에게 매도했을 때 어느 정도 시세 차익도 기대할 수 있다.

그림을 그리는 데 가장 중요한 변수는 주차장과 일조권을 위한 이격 거리와 높이 제한, 도로 사선 제한 등이다. 주택은 정해진 주차장 요건을 갖추어야 하므로 주차장을 얼마나 만들 수 있느냐에 따라 세대수가 정해진다. 인접대지 경계선과 거리를 일정 부분 떼어야 하고 채광을 위해 높이를 제한하기 때문에 자칫하면 용적률을 다 찾아 먹지 못하는 수가 생긴다. 정북 도로에 인접한 땅은 일조권을 위한 높이 제한이 많이 완화되므로 그림을 그리기가 쉽다.

누구나 쉽게 그림을 그릴 수 있는 땅이면 구하기가 쉽지 않은데다 있다고 해도 비싸다. 그림이 아예 그려지지 않는 땅이라면 가치가 없지만 장고 끝에 묘수를 발견하듯 '그림'이 안 될 듯하다가 '그림'을 그릴 수 있는 땅이면 뜻밖의 수확을 올릴 수 있다. 따라서 그림이 되는 땅을 약간 싸게 구입하거나 그림 그리기가 어렵긴 해도 결국 해답이 있는 '아리송한' 땅을 구하는 것이 건설임대 사업의 핵심이다.

가급적 역세권 도보 20분 이내의 거리에서 구하고, 북도로에 인접해 있지 않더라도 가격 대비 수익률을 올릴 수 있다면 큰 문제가 없다. 다가구주택이나 원룸형 도시형 생활주택, 다중주택, 고시원 중 어떤 것을 앉히는 게 가장 효과적인지만 판단하면 된다. 혼자서 그럴 능력이 없다면 전문가의 도움을 받으면 된다.

서울시의 2종일반주거지역의 용적률은 200%이고 3종일반주거지역의 용적률은 250%라고 해서 꼭 3종일반주거지역의 땅이 더 좋거나 비싼 것은 아니다. 3종일반주거지역의 건폐율은 50%여서 2종일반주거지역의 60%보다 낮기 때문에 3종일반주거지역이라 해도 옆 건물과의 이격거리상 층수를 많이 올리는 것이 제한된다면 차라리 2종일반주거지역의 땅이 더 좋을 수도 있다.

가령 2종일반주거지역의 200㎡(60평)의 땅은 별 문제가 없다면 다가구주택을 지을 때 지상 연면적 400㎡까지 지을 수 있으므로 바닥면적을 120㎡로 하면 4층까지 지으면 된다. 따라서 1층은 상가로 하고 2, 3, 4층을 주택으로 하면 된다. 만약 3종일반주거지역이라면 바닥면적을 100㎡밖에 하지 못하므로 용적률 250%를 최대로 적용하면 5층까지 지어야 한다. 그런데 일조권을 위한 이격거리 및 높이 제한에 의해 4~5층 면적이 줄어들게 되면 층수를 더 올리지 않는 한 용적률을 최대로 적용하기가 어렵다. 따라서 땅의 가치를 판단할 때는 땅 면적보다는 지을 수 있는 연면적과 세대수를 따져봐야 하고, 투입비용 대비 임대수익률을 산정해봐야 한다.

공사비는 대체적으로 평당 500만 원이면 잘 지을 수 있다. 토목공사비가 많이 나오는 지역(경사가 심하거나 축대가 있는 곳 등)은 600만 원까지 나올 수도 있다. 발코니 확장을 하게 되면 확장면적도 통상 공사비에 포함시킨다. 필로티 구조로 지을 경우 필로티 공사비를 달라고 하는 업자도 있지만 필로티 공사비를 지급하지 않아도 되는 업자들이 더 많다. 필로티 공사비는 바닥면적의 절반 정도를 요구하는데, 예를 들어 바닥면적이 60평이면 30평×500만=1억5,000만 원이므로 만만한 금액이 아니다.

공사비를 무조건 싸게 해서 지으려는 사람들이 많은데 잘못하면 부실공사가 될 수 있으므로 주의해야 한다. 에누리 없는 장사가 없듯이

업자들도 수익을 남겨야 되기 때문에 받은 공사비만큼 지을 수밖에 없다. 그런데 공사비가 비싸다고 해서 더 잘 짓는다는 보장도 없다. 400만 원짜리 공사가 500만 원짜리보다 더 잘 짓는 경우도 있다는 게 문제다. 따라서 공사비만큼만 지을 수 있도록 하는 게 중요하다. 그러기 위해서는 공사를 감독하는 안목을 갖춰야 한다.

직접 짓는 사람들도 있었는데 이젠 그럴 수가 없게 됐다. 국토교통부는 2017년 2월 4일부터 연면적 660㎡ 이하의 주거용 건축물도 유자격자 '현장관리인'을 둬 안전관리를 받아야 한다는 법을 시행하고 있다. 소규모 건축 공사가 건축주 시공으로 인해 부실시공이 되는 걸 방지하기 위해서다. 현장관리인이 현장을 이탈한 경우에는 과태료를 부과하도록 하고 있다.

## 총 건설비용의 50% 정도 현금 확보로도 건설 가능

매입한 주택은 제1금융권에서는 3.5~4%, 제2금융권에서는 5~6%의 이율로 매매가의 65%까지 대출을 받을 수 있다. 또한 공사비는 총 공사비용의 10%를 계약금으로 주고 나머지 50%는 기성으로 준공 시까지 지급하고, 나머지 50%는 임대보증금이나 대출을 받아 지급하면 된다. 따라서 총건설비용의 50% 정도 현금만 확보하고 있어도 건설이 가능하다.

2017년 봄 마포구 망원동에 지은 다가구주택의 예

- 주택 매입비 243.60㎡(73.69평) 18억4,225만 원(3.3㎡당 2,500만 원에 매입)
- 공사비 연면적 485.25㎡(146.79평) 7억3,395만 원(3.3㎡당 500만 원)
  - 1층 필로티 28.95㎡(관리실), 2층 128.22㎡(투룸 4실), 3층 128.22 ㎡(투룸 4실), 4층 113.70㎡(원룸 5실), 5층 86.16㎡(원룸 4실)
- 등기 및 수수료, 제세공과금 등 1억5,000만 원(주택 취득세 3.5%, 신축 건물 취득세 3.16%, 법무사 수수료와 중개업소 수수료 등 주택 매입비+공사비의 6~7% 정도 소요됨)
- 총건설비용 25억7,620만 원
- 주택담보대출 10억
- 대출 이자 2,000만 원

이 다가구주택을 건설한 A 씨는 주택 매입비 18억4,225만 원 중 대출 10억 원을 제외한 8억4,225만 원과 등기 및 수수료, 제세공과금 1억 5,000만 원, 공사비 10%인 8,000여 만 원을 합친 10억 원 정도를 가지고 시작했다. 공사를 진행하면서 2억 원 정도를 더 마련해서 기성공사비를 지급했고 나머지 4억5,000여만 원의 잔금 공사비는 준공 후 투룸 전세 금을 받아 충당했다.

준공 후 임대가 순조롭게 진행되어 투룸 8실 중 4개는 전세를 주어 10억 원(2억 5,000만×4)을 마련해서 잔금 공사비를 주고 남은 돈 5억 5,000여만 원으로 대출을 갚았다. 나머지 투룸 4개는 보증금 2,000만 원에 월세 100만 원을 받고 임대했다. 원룸 9실은 모두 보증금 1,000만 원에 60만 원에 임대했다. A 씨의 총 투자비용은 14억2,620만 원이며, 대출 이자를 제외하고 월 임대수입으로 782만5,000원을 받아 임대수익률은 6.58%가 된다.

이 다가구주택은 망원역에서 도보 10분 거리이며 거주환경이 좋은 지역에 위치해 있어 전월세 수요가 끊이지 않는 곳이다. 1년이 지난 2018년에는 3.3㎡당 3,000만 원에도 땅을 찾기 어렵다.

수익분석

| | | |
|---|---|---|
| 총 투입비용 | 25억9,620만 | 주택 매입비+공사비+등기 및 수수료, 제세공과금+대출 이자 |
| 대출 | 4억5,000만 | 이자율 3.5% |
| 전세 보증금 | 11억7,000만 | |
| 총 투자비용 | 14억2,620만 | 투룸 전세 비중을 높이면 투자비용은 더 줄어들 수 있음 |
| 월 임대수입 | 940만 | |
| 대출 이자를 뺀 실제 수입 | 782.5만 | |
| 임대수익률 | 6.58% | 대출을 더 늘이면 임대수익률은 8% 이상으로 높아질 수 있음 |

## 42
# 돈이 부족하면 원룸이나
# 다세대주택을 분양 받아라

자금 여유가 없다고 돈을 모아서 투자하려는 사람들이 있다. 하지만 돈을 모아 투자하려는 것은 어리석은 일이다. 돈이 잘 모이지도 않을 뿐만 아니라 돈을 모으는 사이 가치가 있는 부동산은 한없이 오르기 때문이다. 부동산은 인플레이션을 헤지(hedge)할 수 있지만 화폐는 인플레이션이 심할수록 가치가 추락하기 때문에 저축할 바에는 부동산에 투자하는 것이 훨씬 유리하다.

돈이 부족해 투자하지 않는 사람들은 사실 투자를 잘 모르는 사람들이다. 그들은 2,000만 원~5,000만 원으로는 투자할 데가 없다고 생각해 돈을 더 모으려고 하거나 투자를 포기하는 경우가 많다. 그런데 이 정도 액수의 돈은 은행에 저축해봐야 이자도 거의 없는데다 몇 달 후면 어딘가 쓸 데가 생긴다. 주식 투자에는 '딱'이지만 우리 같은 개미들에

겐 남 좋은 일시키기 좋은 금액이다.

하지만 2,000만~5,000만 원으로 쏠쏠한 재미를 볼 수 있는 부동산 투자 대상은 분명히 있다. 일반인들은 접근하기 쉽지가 않아 잘 모르는 대상이지만 고수들 사이에서는 제법 잘 알려진 투자 방법이다. 부동산 투자의 핵심이 '돈을 들이지 않거나 또는 적은 돈으로 투자하는 것'이라면 이 방법이야말로 부동산 투자의 핵심을 제대로 파악한 투자일 수도 있다.

역세권의 투룸이나 원룸 다세대주택은 우선 교통이 편한데다 주변의 시설 인프라가 좋아 바쁘게 생활해야 하는 직장인들이나 젊은이들에게는 살기 좋게 느껴지는 주택이다. 택지개발지구의 아파트가 살기는 좋지만 출퇴근이 불필요하다는 점을 감안하면 거리에서 오고가는 데 시간을 뺏기기 싫어하는 사람들에게 점점 인기가 높아지고 있다. 이 때문에 매매가에 비해 전세금이 무려 90% 이상 넘는 곳도 생겨나고 있다.

역세권 중 가장 인기가 높은 지역은 양재2동과 합정동, 신당동, 당산동, 후암동, 논현동, 역삼동 일대 등이다. 양재2동은 개포 주공아파트 재건축 이주수요와 우면동 삼성 R&D 센터 후광 효과를 볼 수 있는 신분당선 역세권이며(강남역까지 2정거장), 합정동과 신당동, 당산동은 더블역세권이면서 유동인구가 계속 늘어나 미래가치가 높은 지역이다. 후암동은 서울역 인근 개발과 교통 편의로 입지의 가치가 계속 좋아지는 지역으로 임대료가 꾸준히 상승하고 있는 곳이다. 이외에도 논현동과 역삼동은 강남권 임대수요의 증가로 항상 인기가 높은 지역이다.

이 지역의 투룸 다세대주택은 땅값 상승으로 공급이 많지 않아 대기수요가 항상 넘치는 곳이다. 건축주가 땅을 구입하기만 하면 대기수요가 달려들어 건물이 완공되기도 전에 선(先)분양되기 때문에 일반인들이 직접 만날 기회가 별로 없다. 거의 모두 도면 상태나 공사 도중에 컨설팅업자들에 의해 팔려나가기 때문이다. 간혹 완공 상태에서 남은 물량을 인근 중개업자들을 통해 만날 수도 있지만 이런 경우는 좋은 동호수의 물건이 거의 빠져 나갔을 수가 있다.

최근에는 영등포구 신길동이나 양평동, 성동구 성수동, 중구 신당동과 광희동, 용산구 청파동과 용문동, 광진구 구의동과 자양동, 구로구 독산동, 서대문구 남가좌동 등도 투자가 유력한 지역으로 급부상하고 있다.


## 1억 원에 5채까지도 투자 가능

역세권 신축 투룸의 가격은 입지나 전용면적에 따라 다소 차이는 있지만 대체적으로 2억3,000만 원에서 2억8,000만 원 정도를 호가한다. 강남의 투룸 물건은 3억 중반대를 넘어섰지만 공급이 별로 없다. 중고 투룸은 신축 투룸보다는 가격이 약간 싸지만 그래도 신축 투룸을 찾는 사람들이 대부분이다. 임대료의 신축효과가 최소 10년 정도는 가기 때문에 신축을 구입하는 것이 여러 모로 이익이 된다.

신축 투룸의 전세가격은 2억 원에서 2억6,000만 원까지 치솟아 있다. 그래도 전세 물량이 없어서 발을 동동거리고 있다. 투자자 입장에서는 대출금을 받지 않고도 본인 투자금 2,000만 원~5,000만 원만 있으면 신축 투룸을 구입할 수 있는 것이다. 간혹 그 이하 금액으로도 투자 가능한 물건도 나올 때가 있다.

사실 이 투룸은 월세를 놓아도 충분한 물건이다. 제대로 받으면 보증금 2,000만 원에 월 120만 원을 받아야 한다. 하지만 아직 현실은 그렇지가 못하다. 세입자들이 아직은 전세를 선호하는 데다 은행의 전세자금 저리 대출까지 있어서 월세전환율이 낮아 월세를 그렇게까지는 받지 못한다. 잘 받아봐야 보증금 2,000만 원에 90만 원 정도가 고작이다. 이렇게 되면 대출을 많이 받아야 하고(매매가의 60%까지 대출이 가능하다), 레버리지 효과를 이용한다고 해도 수익률은 7%를 밑돌게 된다.

그렇다고 해서 월세전환율이 정상화될 때까지 구입을 미루는 것은 현명한 생각이 아니다. 역세권 투룸을 공급할 땅이 많지 않기 때문에 매매가는 계속 오를 것이고 조만간 공급이 끊길 것이 분명하기 때문이다. 따라서 지금이라도 선점하는 것은 매우 중요하며 그것이 바로 돈을 버는 확실한 방법이다.

자금이 충분하지 못하고 대출 받기를 꺼리는 투자자들이라면 전세를 끼고 일단 구입하는 것이 좋다. 1억 원의 투자금이면 2채에서 5채까지도 구입이 가능하다. 은행에 넣어둬 봐야 이자가 붙는 것이 아닌데(인플레이션을 감안하면 실질이자는 오히려 마이너스다) 이 돈으로 부동산을 구입하면 최소한 인플레이션 헤지는 된다.

게다가 2년 혹은 3년 후 전세를 재계약할 때쯤이면 전세금은 상승하므로(전세금이 앞으로도 계속 상승할 것인지는 여타 수치가 증명하므로 여기서는 논하지 않겠다. 게다가 이 지역은 역세권 아닌가?), 본인의 투자금은 회수하고도 남는다. 그렇게 되면 돈 없이 투자한 격이 되지 않겠는가? 이것이 투자의 핵심이고 소액투자의 요령이다.

이렇게 선점한 역세권 투룸은 수요가 꾸준히 증가할 것이 분명하고 앞으로 전세에서 반전세, 월세로 전환하는 것이 가속화될 것이므로 해가 지날수록 상황을 봐서 반전세, 월세로 전환하면 된다. 그렇게 되면 10년 또는 20년 후에는 임대료 수입이 짭짤하여 자녀 교육은 물론이고 본인의 노후자금으로도 충분히 활용이 가능하다. 또한 서울 시내의 역세권 주택은 공급이 수요에 비해 적기 때문에 상당한 시세 차익을 향후 거둘 수도 있을 것으로 추산된다.

역세권 신축 투룸은 일반인들이 직접 구입하기가 어려우므로 믿을 만한 전문가를 통해 구입하는 것이 현명하다. 건축주의 신뢰도나 건축 능력을 전문가를 통해 알 수 있는데다 선분양부터 임차인 구하기까지의 전 과정을 전문가가 책임지고 도와주기 때문이다. 게다가 거의 모두 선분양이기 때문에 전문가를 통하지 않고는 좋은 지역의 적정 가격의 매물을 일반인들이 직접 찾는 건 현실적으로 어려울 수밖에 없다.

## 43
# 오피스텔이나 상가 투자는
# 동선 파악이 관건

오피스텔과 아파트는 속한 용도지역이 다르다는 점도 있지만 외관상 가장 큰 차이는 발코니의 유무다. 향후 발코니를 확장할 수 있는 아파트와는 달리 오피스텔은 확장이 되지 않으므로 발코니를 가급적 만들지 않기 때문이다. 또한 오피스텔은 업무용 시설이어서 본질적으로 임대 수입을 목적으로 하는 부동산이다. 최근 수익형 부동산에 대한 관심 증가는 오피스텔에도 예외는 아니다.

눈여겨볼 만한 곳은 대학가와 역세권의 오피스텔이다. 오피스텔은 가격이 잘 오르지 않는데다 환금성도 떨어져 시세차익 목적으로는 적합하지 않기 때문에 임대 수익 창출에 초점을 맞춰야 한다. 때문에 임대 수요가 집중되는 대학가 오피스텔이나 역세권이라야 투자가치가 높다. 대형보다는 중소형이 임대하기가 용이하며 나중에 팔기도 쉽다.

특히 수도권 역세권의 오피스텔은 업무용뿐 아니라 주거용으로 찾는 수요자가 점점 늘고 있다. 전세보다 월세로 거주하려는 사람들이 늘어나다 보니 자연스럽게 서울보다 월세가 싼 수도권으로 눈길을 돌리고 있는 것이다. 이 덕분에 일산이나 분당 등 역세권 소형 오피스텔의 시세가 상승세를 타고 있다. 하지만 지역별로는 공급과잉으로 인해 애물단지가 되고 있는 오피스텔도 많다. 따라서 상권 분석 및 공실률을 사전에 꼼꼼히 파악해야 한다.

최근에는 문래동 홈시티 오피스텔처럼 대규모의 거주용단지도 등장하고 있다. 주변에 편의시설과 교육·교통환경이 좋으면 거주 수요자가 많아 투자 대상으로 적합하다. 간혹 주거용 오피스텔을 실거주 겸 투자목적으로 구입해도 되냐고 묻는 분들이 있는데, 오피스텔은 시세 차익이 미미한 수준이라 목돈으로 구입해 본인이 거주하는 것은 바람직하지 않다. 시세 차익 분을 임대수익으로 매월 챙겨가기 때문이다.

오피스텔은 싸다고 구입할 것이 아니라 매매가 대비 임대가가 최소 50%가 넘는 곳을 골라야 한다. 같은 조건이라면 주거 전용비율이 높을수록 좋다. 연면적이 적은 오피스텔일 경우 주차장, 복도 등 부대시설 비중이 높아 전용률이 떨어진다는 단점이 있다.

도심이 아닌 택지지구 내 주거형 오피스텔이라면 주변아파트 시세와 비교한다. 대개 132㎡ 오피스텔의 경우 주변의 83㎡ 아파트와 균형을 맞춘다. 전용면적 비율은 오피스텔이 50% 선이며 아파트는 70~80%이다.

오피스텔을 구입할 때 가장 신경 써야 할 부분은 동선 파악이다. 주택보다는 비싼 월세를 지급해야 하는 소비자의 심리는 역세권일 것, 역이나 버스정류장으로 오는 동선에 편의시설 등이 몰려 있을 것, 오피스텔 입지 주변이 깨끗할 것 등을 요구한다. 따라서 주변에 혐오시설이나 여관, 술집 등이 있는 곳은 피해야 한다.

오피스텔도 2018년 1월 25일 분양 신고분부터 전매가 제한된다. 투기과열지구와 청약조정대상지역에 국한한다. 하지만 지역 제한 없이 사용승인 전, 즉 입주 전까지 2명 이상에게 전매를 할 수 없다.

오피스텔은 건축법상 주택이 아니라 업무용 시설로 분류된다. 따라서 청약통장, 종합부동산세, 재당첨 금지, 총부채상환비율(DTI)의 제한을 받지 않는다. 예를 들어 주거용 오피스텔을 보유하고 있거나 분양받았더라도 향후 아파트 청약에 아무런 불이익을 받지 않는다. 또한 열채를 보유하더라도 무주택자가 되며, 종합부동산세를 내지 않아도 된다. 그러나 재산세나 취·등록세, 양도소득세 등은 주택보다 높게 책정된다.

오피스텔을 주거용으로 사용하는 1주택자라면 양도세를 비과세 받을 수도 있다. 업무용 시설이지만 실질 과세 원칙에 따라 주거용으로 사용해왔다는 것을 증명할 수 있으면 된다. 이 경우 가장 중요한 전제 조건은 전입신고다. 만일 부가가치세를 환급받았다면 되돌려주어야 한다. 주택임대사업자로 등록했다면 60㎡ 이하 신축 구입은 취득세를 면제받을 수 있다.

## 돈줄기가 흘러가는 곳의 뒷문이 아닌 정문을 잡아라

수익형 부동산의 꽃은 상가다. 주택은 월세전환율이 낮아 월세가 적게 나오지만 상가는 전세 제도가 없으므로 월세를 제대로 받을 수 있기 때문이다. 따라서 어느 정도 목돈이 준비되면 목 좋은 곳에 상가를 얻어 편하게 세를 받아 생활하겠다는 기분 좋은 꿈을 꾸어보지 않은 사람은 없을 것이다.

그러나 상가 구입은 부동산의 가치뿐 아니라 주변 상권과 경기 상황을 고려해야 하는 등 일반인들이 쉽게 접근하기 어려운 점이 많다. 그럼에도 상가 구입을 주택처럼 대충 구입하다 낭패를 당하는 사람들이 의외로 많다. 특히 상가는 주택보다 경기침체에 더 민감하다. 그 이유는 공실률 때문인데, 만약 경기가 침체돼 있다면 입주 업체 중 임대료를 연체하는 곳도 생기고 공실률도 늘어날 수 있어 손해가 크기 때문이다. 따라서 상가를 구입할 때는 경기 동향을 잘 살펴야 한다.

경기가 침체기에서 호황기로 가는 국면일 때는 의외로 좋은 물건이 싸게 나와 있는 경우가 많다. 경기에 민감한 소비업종이 잘 되는 곳을 선택하게 되면 회복기로 접어들면서 임대수입이 향상될 수 있다. 반대로 호황이 지속되는 기간일 때는 언젠가 침체기로 전환될 것이 확실하므로 이때는 경기를 잘 타지 않는 생필품 주력 상가를 선택할 필요가 있다.

상가도 역시 입지가 중요하다. 유동인구와 배후단지를 잘 살펴야 하고 발전 가능성이 높은 지역이어야 하며 교통 등 접근성도 중요하다. 그러나 가장 중요한 것은 구매력이 있는 고객이 몰리는 지역인가 하는

**268**

점이다. 대규모 편의시설이 갖추어진 곳이나 역세권은 사람들이 몰려들어 돈을 쓸 수 있는 항아리 상권이다. 사람이 많이 몰리지만 스쳐 지나가는 '개천' 상권은 말 그대로 돈이 흘러 지나가버린다. 항아리상권이라도 직장인이나 가족들이 몰리는 지역은 경기가 나쁘면 타격을 많이 받을 수 있다. 반면 학생들이나 데이트족들, 부유층이 몰리는 지역은 경기를 덜 타며 꾸준하다. 여기에 상권이 계속적으로 뻗어나갈 수 있는 지역이면 금상첨화다. 상권 발달이 한계가 있는 지역은 오래 보유하기에는 무리가 가기 때문이다.

유동인구가 많은 항아리 상권이라도 미묘한 차이에 따라 손님이 끊는 곳이 있고 손님이 스쳐 지나가버리는 '사각지대'가 있다. 이는 유동인구의 동선을 사전에 꼼꼼히 체크하지 않았기 때문이다. 행인들은 어두운 곳보다는 밝은 곳을 주로 택하고, 사람이 한적한 곳보다는 붐비는 통로 쪽으로 가려는 경향이 강하다. 실속은 없더라도 사람이 많이 몰리는 장소는 편의점이나 대형 쇼핑센터, 패스트푸드점 등이다. 이런 랜드마크 업소를 중심으로 동선을 살펴야 정문 쪽을 선택할 수 있다. 유흥업소나 여관 등은 인적이 다소 뜸한 '뒷문'을 선택하는 것이 낫겠지만 의류점이나 분식센터 등은 밝은 정문 쪽이 낫지 않겠는가.

상가 투자 시의 금물은 싸다고 '비지떡'을 잡는 것이다. 현대 사회에서 시장가격은 냉정하고 논리적이다. 싸면 싼 이유가, 비싸면 비싼 이유가 존재하는 것이지 본인의 안목이 높아 저평가된 물건을 잡는 게 아니다. 주택은 1층이 애물단지이나 상가는 철저히 1층을 택해야 한다. 아무리 비싸더라도 말이다. 1층에 투자할 여유가 되지 않는다면 투자자체를 포기하는 것이 더 현명할 수도 있다.

인천 롯데백화점과 신세계백화점 사이의 이면도로는 사람 왕래가 굉장한 곳이다. 이 도로 중간에 1층 노래방이 권리금이 싼 채로 임대매물로 나왔다. 매장을 구하러 이 지역을 3개월 째 발품 팔던 누군가가 잽싸게 가로챘음은 물론이다. 누가 봐도 장사가 잘 될 것 같은 이 동네에서 망한 이유는 뭘까. 바로 오피스상권과 동네상권을 착각했기 때문이다. 오피스는 직장인이 많고, 동네는 주부들이 많다. 이 지역은 일견 오피스상권처럼 보였으나 사실 동네상권처럼 주부들이 주로 다니는 통로였다. 이 통로에 노래방을 차렸으니 될 일이 없었다. 노래방 대신 차린 순두부집은 먹을거리가 부족했던 '아줌마'들에 의해 대박이 났다.

## 상가 종류에 따라 다른 전략으로 공략해야

상가는 대지 지분이 아주 작기 때문에 시행사가 완공 전 부도나게 되면 투자 원금을 찾을 방법이 거의 없다. 가장 좋은 방법은 믿을 만한 건설회사가 시공하는 상가를 분양받거나 상가 건물을 여러 번 분양한 경험이 있는 시행사를 선택하는 길이다. 특히 임대 분양에서 상가활성화의 여부는 시행사의 능력에 달려 있다고 해도 과언이 아니다. 신문광고의 달콤한 문구를 곧이곧대로 믿지 말아야 한다.

노후한 상가는 임대료 수입은 신축상가보다 떨어지지만 향후 재건축이 될 수 있다는 점에서 리모델링을 원하는 업자들이 선호한다. 대부분은 재건축 기대감에 신축상가 못지않은 시세를 형성하고 있지만 발품을 판다면 저평가된 물건을 사냥할 수도 있다. 이때 가장 중요한 것은 용도지역이다. 용도지역에 따라서 땅값을 결정짓는 용적률이 결정되기 때문이다. 2종일반주거지역보다는 3종일반주거지역의 가치가 더 높고 이보다는 준주거지역이 더 낫다. 주거지역보다는 상업지역의 가치가 2, 3배 이상 비싸다.

대학가에서는 튀어야 산다. 유행을 만들어 내고 이끄는 실험적인 가게만이 눈길을 끌 수 있다. 진부한 컨셉과 구태의연한 디스플레이는 무모한 공염불일 가능성이 높다. 교육열이 높은 지역의 상권은 교육상품 이외에는 절약이 몸에 배 있어 선택 기준이 까다롭다. 오피스 상권에서는 월급쟁이들을 위한 실속 패키지 상품의 인기가 높다. 상권마다 타깃이 다르며 공략법도 차이가 있다. 지역 컨셉에 맞는 상가를 선택해야 한다.

일반적으로 오피스상권은 평일장사, 동네상권은 주말장사가 뜨는 경우가 많다. 따라서 이 둘을 조합하면 일주일 내내 공치는 일 없이 장사가 잘 되는 베스트 입지를 만들 수도 있다. 이런 상권들의 공통점은 소득수준이나 주민수요에 맞게 상권 규모가 적정하다는 점이다.

과거처럼 부동산이 큰 호황을 누리는 시대는 지나갔다. 이제는 적정 수익을 기대해야 하는 시대인데다 상가 공급이 점점 늘어나는 추세여서 차입 규모를 줄여야 한다. 무리하게 대출을 받아 구입했다가 공실률이 늘어나게 되면 운영수입은 물론 향후 자산 가치마저 하락해 상당한 손해를 감수해야 한다. 따라서 자기자본 비율 70% 이상, 즉 주택처럼 30-30 법칙으로 대출 규모를 줄이는 지혜가 필요하다.

상가라고 다 같은 상가가 아니다. 단지 내 상가와 근린상가는 다른 전략으로 공략해야 한다. 단지 내 상가는 배후단지수 대비 상가면적 비율이 낮은 곳일수록 유리하다. 가구당 상가 면적은 1.65㎡(0.5평) 미만이 적당하며, 가구수는 최소 500가구 이상 돼야 한다.

기존 근린상가를 인수할 때는 가급적 지하철역 등 사람이 많이 모이는 곳으로 지역을 국한시켜야 한다. 근린상가는 다른 상가와 달리 업종이 상가 가치를 결정한다. 아파트값이 비싸다고 상가도 좋은 것은 아니며, 권리금이 5,000만 원 이상 형성된 곳이 안전하다. 근린상가는 단지 내 상가보다 1층과 다른 층 간 차별화가 더 심해진다. 프랜차이즈의 경우 상권별로 독점을 보장하는 곳을 선택한다.

## 44
# 임대사업자 등록으로 얻는 절세 효과

　정부는 다주택자의 임대사업 등록을 유도하기 위해 각종 세제 혜택을 주고 있다. 다주택자 주택을 제도권으로 흡수해 임대시장의 안정을 도모하고 시세차익을 노리는 다주택자의 주택 투기를 억제하려는 데 그 목적이 있다. 다주택자는 물론이고 1주택자라도 주택임대사업자 등록을 하면 세제 혜택을 받을 수 있으므로 어떤 사항들이 있는지 잘 살펴볼 필요가 있다.

　먼저 취득세 감면이다. 건축주로부터 전용면적 60㎡ 이하 공동주택(단독주택과 다가구주택은 해당 안 됨)과 오피스텔을 최초로 분양 받은 경우 2018년 12월 31일까지 취득세를 100% 감면해준다. 전용면적 60㎡ 초과 85㎡ 이하인 공동주택도 취득세를 50% 감면해주지만 보유한 주택이 20호 이상이 되어야 한다.

신청은 취득한 날로부터 60일 이내에 해야 한다. 100% 감면액에서 15%는 최저한세라고 하여 납부해야 한다.

재산세도 감면 받을 수 있다. 2호 이상 등록 시 단기임대는 전용면적 60㎡ 이하일 경우 50% 감면, 전용면적 60㎡~85㎡ 이하일 경우 25%를 감면해 주고 있다. 준공공임대는 전용면적 40㎡ 이하일 경우 면제, 전용면적 40㎡~60㎡ 이하일 경우 75% 감면, 전용면적 60㎡~85㎡ 이하일 경우 50%를 감면해 준다.

준공공임대주택은 2013년 12월부터 도입했는데, 각종 세제 혜택 등을 받는 대신 정부로부터 임대료 등의 규제를 받는 민간 임대주택을 말한다. 준공공임대주택은 임대사업자가 8년 이상 임대할 목적으로 취득해 임대하는 민간임대주택인데, 단독주택이나 빌라, 아파트(공동주택)뿐만 아니라 준주택(전용면적 85㎡ 이하 주거용 오피스텔)과 집의 일부만을 임대하는 다가구주택도 모두 포함된다.

주택임대사업에 등록된 주택은 종합부동산세 합산과세 대상에서 배제된다. 합산배제되는 매입임대주택의 요건에는 면적은 없고 가액만 제한된다. 등록 당시 기준시가가 수도권은 6억 원 이하, 비수도권은 3억 원 이하이고 5년 이상 임대해야 한다.

3호 이상 임대 시 단기임대는 소득세를 30%, 준공공임대는 75%를 감면해 준다. 이때는 기준시가 6억 원 이하, 전용면적 85㎡ 이하의 2가지 요건을 모두 갖추어야 한다.

임대의무기간은 단기임대는 4년, 준공공임대는 8년이다. 다만, 주택

| 구분 | 세제·혜택 | 요건 |
|---|---|---|
| 취득세 | ● 60㎡ 이하 취득세 감면(공동주택 신규분양)<br>※ 신청은 취득 후 60일 이내(15%는 납부) | ● 임대기간<br>① 준공공임대: 8년<br>② 일반임대: 4년 |
| 재산세 | ● 2주택(공동주택) 이상 등록 시<br>① 준공공임대<br>─전용 40㎡ 이하 면제<br>─전용 40㎡~60㎡ 이하 75% 감면<br>─전용 60㎡~85㎡ 이하 50% 감면<br>② 일반(단기)임대<br>─전용 60㎡ 이하 50%감면<br>─전용 60㎡~85㎡ 이하 25% 감면 | ● 임대기간<br>① 준공공임대: 8년<br>② 일반임대: 4년 |
| 소득세<br>·<br>법인세 | ● 임대소득세 감면<br>① 3호 이상 준공공: 75% 감면<br>② 3호 이상 일반임대: 30% 감면<br>(임대소득 2,000만 원 이하 2018년 까지 비과세) | ● 전용 85㎡ 이하 및 주택공시가격 6억 이하<br>① 준공공임대: 8년<br>② 일반임대: 4년 |
| 양도<br>소득세 | ● 임대사업자의 거주주택 양도 시 1세대1주택 비과세 | ● 장기임대주택 5년 이상 임대와 거주주택 2년 이상 거주한 1주택 소유자 |
| | ● 준공공임대 주택 100%감면 | ● '17.12.31까지 준공공임대주택으로 등록 및 10년 이상 계속 임대 |
| | ● 장기보유특별공제 확대 | ● 6년 이상 임대한 주택 연 2% 추가 공제 적용<br>● 준공공임대주택: 8년 이상 임대 50% 공제, 10년 이상 임대 70% 공제 |
| 종합<br>부동산세 | ● 종합부동산세 비과세 | ● 공시가격 수도권 6억 원, 지방 3억 원 이하<br>● 5년 이상 임대 |

주택임대사업자 등록절차: 본인이 거주하고 있는 시·군·구 주택과에 등록(매매·분양계약서,신분증)→본인 거주 세무서에 임대사업자 등록(주택임대사업자 등록증, 신분증, 주민등록초본)

임대소득이 2,000만 원 이하이면 2018년까지는 비과세 대상이며 따로 신고할 필요는 없다.

집이 여러 채라도 2년 이상 거주한 주택이 있을 때에는 다른 주택을 전부 임대주택으로 등록하면 1세대 1주택자가 되어 양도소득세 비과세 혜택을 받을 수 있다. 이때 거주 주택은 2년 이상 보유하면서 전 가족이 2년 이상 거주하여야 한다. 나머지 주택을 모두 임대주택으로 등록했다면 5년 이상 계속하여 임대해야 한다. 임대기간 요건을 충족하기 전에 거주주택을 미리 양도하더라도 비과세 특례를 적용받을 수 있다. 다만, 추후에 임대주택 요건을 충족하지 못하고 양도해 버릴 경우에는 비과세된 세금을 돌려줘야 한다.

주택임대사업자로 등록할 때에는 임대주택법에 따라 거주지 시·군·구청에 등록하고, 거주지관할 세무서에도 한 번 더 등록해야 한다. 임대주택은 임대 개시일 당시 주택의 공시가격이 6억 원(수도권 밖 지역인 경우에는 3억 원) 이하이며 전국에 1채 이상, 5년 이상 계속하여 임대하는 것이어야 한다.

임대사업자도 장기보유특별공제를 적용 받을 수 있는데, 단기임대사업자는 6년 이상 임대하게 되면 연 2%씩 추가 공제가 된다. 원래 다주택자의 장기보유특별공제는 최고 30%이지만, 단기임대사업자는 최고 40%까지 공제가 가능하다. 준공공임대사업자는 8년 이상 임대하면 50%를, 10년 이상 임대하면 70%를 공제해 준다.

2018년 4월 2일부터는 임대사업자등록 등에 대한 업무는 렌트홈 (www. renthome.go.kr)에서 처리할 수 있다. 그동안 지자체나 세무서 등에서 임대사업자 등록신청, 변경, 말소신고, 임대차 재계약신고 등의 민원처리를 수기로 관리하거나 건축행정정보시스템(세움터, eais.go.kr)에서 관리해왔던 것을 온라인상 전산시스템으로 한자리에서 해결하게 된다. 임대사업자에게는 등록 편의를 제공하고, 세입자에게는 등록임대주택에 대한 세부적인 정보와 위치를 검색할 수 있게 하였으며, 지자체는 민간임대주택을 편리하게 관리할 수 있도록 지원하게 된다.

국토교통부의 임대등록시스템 〈등록민간임대주택 렌트홈〉사이트

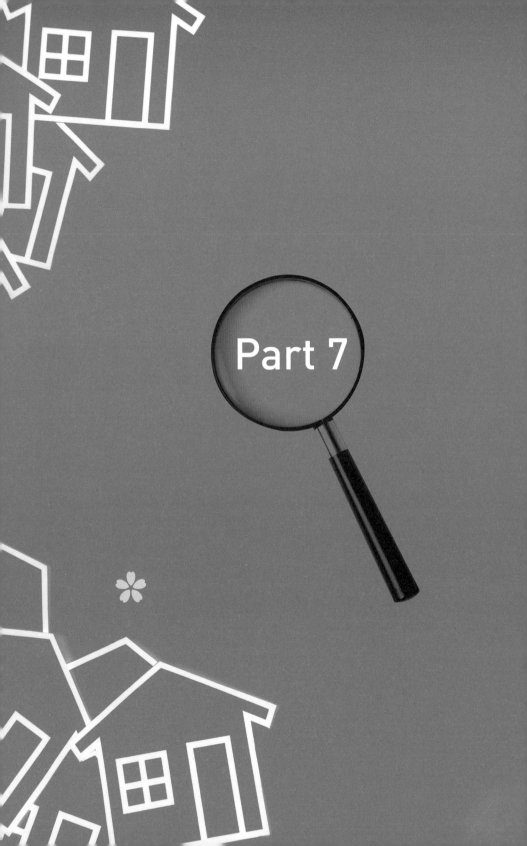

Part 7

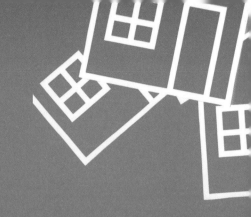

부동산의 맥을 잡는
'투자의 기술'

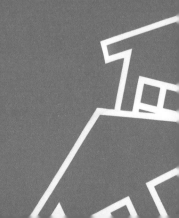

## 45
## 노후재테크는
## 평생 재테크

　요즘 노후재테크는 아무리 강조해도 지나치지 않을 만큼 중요하다. 나이가 50줄에 접어든 사람들은 물론이고 40세가 넘은 사람들 중에도 노후재테크에 대한 관심이 점차 증가하고 있다. 하지만 실제로 준비를 하는 사람은 그렇게 많지 않은 것이 현실이다. 자녀 교육비나 결혼자금 등 돈 들어갈 데가 많아 여유가 없기 때문이기도 하지만 연금이나 보험 등을 들어놓고는 노후 준비를 다 했다고 생각하는 사람들이 많기 때문이다. 하지만 이것만으로는 충분하지 않다.

　모 연구기관이 발표한 바에 따르면 60세 이상 부부가 월 200만 원 정도는 있어야 도시에서 정상적인 생활이 가능하다고 한다. 1년에 한두 번 여행을 가고 월 1회 이상 문화생활도 즐기려면 부부가 월 300만 원 이상 생활비가 있어야 한다. 60세부터 약 20년 간 노후생활을 한다고 가정하면 5억 원 정도의 노후자금이 필요한 것이다. 그러니까 현재 우리가 말하는 노후재테크란 60세부터 사망할 때까지 월 200만 원 이상의 고정수입을 올릴 수 있는 방안을 경제활동이 가능한 시기에 미리 마련하는 것이라고 정의할 수 있다.

60세 이상이 되면 특별한 경우를 제외하고는 현역에서 은퇴하기 때문에 수입을 창출할 수 있는 경제활동을 할 수 없다. 현역 시절 생활비 외에 노후자금을 준비해야 하는 것은 바로 이런 현실 때문이다. 노후자금을 모으기 위한 상품은 인플레이션을 헤지(Hedge)할 수 있는 수익률을 올릴 수 있어야 한다. 즉 해마다 오르는 물가 이상의 수익이 보장되어야 구매력을 유지할 수 있는 것이다. 따라서 수익이 고정된 예금이나 채권은 노후재테크 상품이 될 수 없다. 주식이나 복리로 운용되는 연금, 보험 등이 월 일정액 이상을 저축할 수 있는 일반 서민들에게 유용하다.

자녀들의 교육에 대해 관심이 높은 우리나라에서는 자녀들의 대학진학을 위해 전세를 살면서도 사교육비를 한 달에 100만 원 넘게 지출하는 가정이 많다. 강남에 거주하기 위해 비싼 월세까지 감수하며 이사 오는 사람들도 상당수 있다. 이들은 자식들이 잘 되어서 돈을 많이 벌면 부모를 돌봐줄 것이므로 그보다 더 좋은 재테크가 어디 있느냐고 말한다. 자식 공부 뒷바라지가 인생 최고의 재테크인줄 착각하고 있는 것이다.

하지만 이것은 '하나만 알고 둘은 모르는' 바보 같은 생각이다. 2026년이면 한국은 전체 인구 중에서 65세 이상 노인이 차지하는 비중이

20%를 넘는 초고령사회(65세 이상 노인이 총인구에서 차지하는 비중이 7%를 넘어서면 고령화사회, 14%를 넘으면 고령사회다. 우리나라는 2000년 이미 고령화사회로 진입했고, 2018년에는 고령사회가 된다)가 된다. 이때가 되면 경제인구가 현격히 줄어들어 경제성장이 멈추게 되는데, 젊은이들의 수입 중 상당수가 노인복지 관련 세금으로 징수돼 소득이 줄어드는 사회가 된다.

## 60세 이후 월 300만 원을 꼬박꼬박 벌려면

고령사회로 접어들면 30, 40대 부부들은 맞벌이를 해야 간신히 3, 4인 가족의 생활을 영위할 수 있기 때문에 부모님의 생계비까지 책임지기는 곤란하다. 노후 준비를 하지 않은 부모들은 자식에게 큰 짐이 됨은 물론 불화의 원인이 될 수도 있다. 진정 자식을 위한다면 자녀 사교육비보다 본인들의 노후를 준비해야 한다. 자식에게 손 벌리지 않고 홀로서기를 할 수 있는 노인이 되어야 자식도 마음 편히 살아갈 수 있는 것이다.

목돈을 마련할 수 있는 사람들이라면 상가나 오피스텔, 원룸 등 수익형 부동산에 투자해 자산가치 증식과 함께 월 일정액 이상의 고정수입을 창출할 수 있다. 게다가 부모 사망 이후에는 자녀에게 상속해 자녀의 부수입원이 되므로 수익형 부동산에 대한 관심은 점차 높아지는 추세다.

만일 현재 목돈이 없는 사정이라면 전세와 대출을 끼고 구입한 후 향후 목돈이 생겼을 때 월세로 전환하는 방법도 있다. 보증금 1,000만 원에 월세 50만~60만 원 정도 수입이 가능한 원룸은 실투자금 2,000만 원 내외로도 구입할 수 있다. 자신이 살고 있는 주택의 규모를 줄여 목돈을 만들어 임대용 부동산을 구입할 수도 있기 때문에 뜻만 있으면 길은 많다.

단독주택 보유자인 경우에는 상가주택이나 다가구주택, 원룸주택 등으로 개조해 임대사업을 펼칠 수도 있다. 본인이 개발을 하게 되면 개발이익을 취할 수 있어 적은 자본으로도 상당한 월세 수입을 기대할 수 있다. 땅을 볼 줄 알거나 건축에 대해 안다면 단독주택이나 다가구주택, 근린생활시설 등을 구입해서 헐고 도시형 생활주택 원룸텔이나 고시텔을 짓는 것도 유력한 방법이다. 총 비용이 10억 원 정도 든다면 초기투자비용 5억 원이면 건축할 수 있다. 땅을 담보로 잡고 공사비의 일부를 보증금으로 지급하면 되기 때문이다. 5억 원 정도 투자해서 원룸텔을 짓게 되면 대출 이자와 경비를 제외하고도 월 1,000만 원 내외의 수입이 가능할 수 있다.

또한 소형주택을 여러 채 보유한 경우에는 아예 주택임대사업자로 등록해 취·등록세를 면제받고, 일정 기간이 지나면 양도세 중과세와 종합부동산세에서 배제될 수도 있는 등 혜택도 있다.

1주택자도 얼마든지 노후재테크를 할 수 있다. 미래가치가 더 높은 지역의 아파트로 시기적절하게 갈아타는 방법으로 현재 3, 4억 원 하는 아파트를 은퇴 시점에는 10억 원 정도로 불릴 수 있다. 은퇴 후 이 아파트를 팔아 4, 5억 원으로 수도권 공기 좋은 곳에 소형아파트를 하나 사서 거주하고, 남은 돈으로는 생활비에 충당하면 되는 것이다. 엉덩이가 무거워 한 곳에 오래 머무르게 되면 은퇴 후 살던 집을 팔아야 했을 때 별로 남는 게 없어 노후가 암울하다는 것을 명심하자.

## 46
# 갭 투자는
# 아직도 유효한가

 갭(Gap) 투자가 유행처럼 번지면서 갭 투자에 대한 위험을 지적하는 의견들이 많아지고 있다. 갭 투자란 주택의 매매가격과 전세금의 차액을 투자금으로 해서 주택을 매입하는 투자 기법을 말한다. 다만 갭 투자가 되려면 주택의 매매가격과 전세금의 차액이 얼마 되지 않아 소액으로 가능해야 한다는 전제가 따른다. 집값과 전세금의 차이가 크면 갭 투자라고 할 수 없다.

 예를 들어 어떤 주택의 매매가격이 3억 원인데 전세금이 2억5,000만 원이라면 5,000만 원만 투자해서 주택을 매입하는 것이다. 2년 후 전세금이 2억7,000만 원으로 오른다면 2,000만 원을 수익금으로 창출할 수 있다. 매매가격에 비해 전세금이 유독 높은 지역에서는 투자금이 2,000만~3,000만 원에 불과한 경우도 있다. 이런 곳에서는 1억 원에 5, 6채의 갭 투자가 가능할 수도 있다.

갭 투자는 전세금과 매매가격이 꾸준히 상승해야 한다는 조건이 충족돼야 투자자가 손해를 보지 않게 된다. 만약 매매가격 3억 원에 전세금 2억 5,000만 원을 끼고 갭 투자한 사람이 2년 후 전세금이 2억 7,000만 원으로 오르지 않고 2억 3,000만 원으로 떨어진다면 오히려 2,000만 원을 손해 볼 수 있다. 만일 전체적으로 집값과 전세금이 폭락하게 되면 집을 팔아도 전세금을 충당할 수 없게 되어 '깡통전세 주택'이 속출하게 되고, 나아가서는 전세금 미상환 대란이 일어날 수도 있다.

갭 투자는 이미 5, 6년 전부터 서울 도심의 역세권 빌라를 중심으로 유력한 투자 방법으로 알려져 왔다. 역세권 빌라는 아파트에 비해 가격에 거품이 덜 끼어 있기 때문에 매매가격과 전세금의 차이가 크지 않아 소액 투자가 가능했다. 게다가 서울 도심 역세권에 있는 주택이기 때문에 전세 수요가 많아 전세금이 꾸준히 상승해 왔다. 강남의 논현동이나 역삼동 역세권 빌라의 경우에는 5, 6년 사이에 전세금이 6,000만 원 이상 상승한 것이 사실이다.

그러다가 2, 3년 전부터 주택 경기가 호전되고 저금리 기조가 지속되면서 갭 투자가 아파트까지 이어지고 있다. 서울 도심의 아파트들은 가격에 거품이 많이 끼어 있기 때문에 전세금과 매매가격의 차이가 많아 갭 투자가 어렵지만 수도권 택지개발지구의 아파트들은 매매가격과 전세금의 차이가 크지 않기 때문에 소액투자가 가능한 것이다.

게다가 수도권까지 이어지는 전세난으로 전세금이 가파르게 상승하면서 택지개발지구의 아파트들에게까지 갭 투자가 성행하고 있다. 1억 원 정도만 투자하면 3, 4채를 투자할 수 있어 소액 투자자들에게는 솔 깃한 얘기가 아닐 수 없다.

## 소액으로 투자 가능하나 전세금 상승 없으면 위험

갭 투자는 소액으로 가능하다는 점에서 자본 여유가 별로 없는 사람 들에게는 매력적인 투자 방법이다. 서울 도심의 아파트 한 채 값이 5억 원을 상회하는 상황에서 1, 2억 가지고는 투자할 부동산이 별로 없는 게 현실이다. 그렇다고 은행에 넣어두자니 이자가 거의 없고, 재테크를 하지 않고 있자니 노후가 두렵고 언제 직장에서 잘릴지 몰라 불안하기 짝이 없다.

갭 투자는 집값과 전세금이 상승하는 한 수익을 지속적으로 창출할 수 있는 유력한 투자 방법이다. 다만 집값과 전세금이 계속 상승할 수 있는가의 여부다. 만약 집값과 전세금 중 하나라도 떨어진다면 수익 창 출은커녕 쪽박을 찰 수도 있다.

전세금은 시간이 지날수록 오르면 올랐지 떨어질 기미는 전혀 보이 지 않는다. 전세난을 해결하려면 정부가 임대주택 등을 충분히 공급해 야 하는데, 장기적인 계획과 예산이 뒤따라야 하는 문제라 가능성이 낮 다. 게다가 월세보다 전세를 선호하는 사람들은 줄어들지 않는데, 전세 를 놓고 있는 집 주인들은 이익이 더 많이 나는 월세로 돌리려 하기 때 문에 전세 물량은 항상 모자랄 수밖에 없다.

집값은 어떨까. 저금리 기조가 당분간 지속될 것이 분명하기 때문에 집값은 3, 4년 정도는 상승할 것이 확실해 보인다. 기준금리가 인상되면 부동산 경기가 한풀 꺾이는 것은 사실이지만 어느 정도 인상될 때까지는 경기 회복에 따라 부동산 경기도 호전되기 때문에 집값이 떨어지기 시작하는 시점은 기준금리 인상이 중반부를 지날 때쯤이 될 것이다. 다만 정부의 부동산 규제 정책이 변수로 강력한 규제책이 지속된다면 시장은 한순간 냉각될 수도 있다.

따라서 3, 4년 후에는 집값 상승이 멈추거나 떨어질 수도 있기 때문에 갭 투자를 하는 사람들은 그 이전에 매도해야 할지도 모른다. 하지만 집값 상승이 멈추는 시점이 되면 매도를 하려는 사람들이 많아지기 때문에 매도가 마음대로 잘 되지 않을 수도 있다.

갭 투자를 위험하지 않게 성공적으로 하려면 가치투자를 하면 된다. 저금리 기조나 정부의 정책 등에 영향을 받지 않고 가치가 지속적으로 상승할 수 있는 주택을 선택하면 되는 것이다. 가치투자는 부동산 경기와 상관없이 항상 수요자들의 관심을 받기 때문에 안전하고 매력적이다.

가치투자의 대상이 될 수 있는 주택은 수요에 비해 공급이 적은 주택이다. 지방보다는 서울, 서울 변두리보다는 도심, 도심 중에서도 강남이나 마포, 종로 등이 주택의 공급이 제한적이다. 강남 재건축은 공급에 비해 수요가 많기 때문에 가치투자의 대상이지만 가격에 거품이 많이 끼어 있어 갭 투자 대상은 아니다.

갭 투자 대상은 서울 강남이나 마포, 종로, 용산 등의 역세권 빌라나 오피스텔이다. 가격에 거품이 별로 끼지 않은 소형아파트도 매력적이다. 유동인구가 꾸준히 늘어나는 곳의 주택은 부동산 가격이 오를 때 많이 오르고 떨어질 때는 조금 덜 떨어진다는 점에서 안전하다.

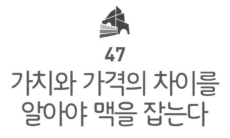

# 47
# 가치와 가격의 차이를
# 알아야 맥을 잡는다

우리가 "이거 얼마에요?" 하고 물을 때는 가격을 묻는 것이다. 하지만 우리가 사는 것은 그 물건의 가격이 아니라 가치다. 예를 들어, 식당에서 비빔밥을 사 먹을 때 비빔밥에 매겨져 있는 것은 가격이다. 어떤 식당은 5,000원일 수도 있고, 어떤 식당은 1만 원일 수도 있다. 하지만 5,000원의 가격이 매겨져 있다고 반드시 가치가 5,000원인 것은 아니다. 3,000원의 가격이 매겨질 수도 있고, 1만 원의 가격이 책정될 수도 있다.

가격이란 그 물건의 몸값, 즉 가치를 반영하는 숫자다. 5,000원이라면 5,000원의 가치가 포함돼 있어야 소비자가 만족한다. 어떤 물건은 5,000원 이상의 가치를 가질 수도 있고, 3,000원밖에 하지 않을 수도 있다. 만약 어떤 가격이 가치보다 훨씬 못하다면 그 물건은 더 이상 소비자들의 관심을 받지 못하게 된다. 가격을 내리든지, 아니면 가치를 올려야 소비자들의 관심을 되돌릴 수 있다.

정상적인 가격이란 가격만큼의 가치가 반영돼 있어야 한다. 하지만 가격은 비쌀지 몰라도 가치는 형편없는 물건도 많다. 이런 물건의 가격은 정상적인 가격이 아니기 때문에 거품이 끼어 있다고 판단된다. 따라서 소비자들은 그 물건의 가격을 볼 것이 아니라 가치를 볼 줄 알아야 한다. 가격은 싼데 가치는 좋다면 금상첨화다. 그런 물건을 저평가되어 있다고도 한다.

가격에는 가치 외에 물가도 반영된다. 가치가 높아야 가격이 오르는 것은 아니다. 가치는 높아지지 않고 똑같은데도 물가가 오르면 가격은 오르게 된다. 짜장면 값이 오르는 것은 짜장면의 가치가 올라서가 아니다. 인플레이션에 의해 화폐가치가 추락하면 짜장면 값은 오른다. 지하철 요금도 마찬가지다. 지하철의 가치, 예를 들어 지하철의 의자가 소파로 바뀌었다거나 지하철의 서비스가 더 좋아져서 요금이 오르는 게 아니다. 순전히 화폐가치 추락에 의해 가격이 오르는 것이다. 그걸 가치가 좋아져서 가격이 올랐다고 착각해서는 안 된다.

전세금도 마찬가지다. 전세금 2억 원에 2년을 거주했는데 주인은 4,000만 원을 올려달라고 한다. 전세 살던 집의 가치가 좋아져서 우리가 4,000만 원을 더 내야 하는 것은 아니다. 집은 2년 간 살던 바로 그 집이다. 물가가 오르면 전세금도 오르는 법이다. 하지만 공급에 비해 수요가 많아져서 전세물량이 모자라게 되면 전세금이 오를 수도 있다.

이때는 가치가 올라서 가격이 오른다고 할 수도 있다.

그 물건의 가치가 좋으려면 공급과 수요의 법칙에서 공급보다 수요가 많아야 한다. 수요가 많기 위해서는 우수성, 희소성, 영속성 등을 갖춰야 한다. 다이아몬드나 금이 가치 있는 물건인 이유는 바로 이런 세 가지 특성을 모두 갖추었기 때문이다.

부동산에서도 가격과 가치는 존재하며, 비례하지는 않는다. 어떤 부동산의 가치가 높으면 그 부동산의 가격은 비쌀 수밖에 없다. 하지만 가격이 비싸다고 해서 가치도 높은 것은 아니다. 따라서 좋은 부동산이란 가치는 높은데 가격은 높지 않은 것이다. 하지만 이렇게 저평가된 물건을 쉽게 발견할 수는 없다. 안목이 높아야 하고 발품을 팔아야 한다. 게다가 운도 따라주어야 한다.


## 가격 뒤에 감춰진 가치에 투자하라

부동산 투자에서 돈을 벌려면 시세차익을 실현해야 한다. 싸게 사서 비싸게 팔아야 하는 것이다. 과거에는 아파트를 사두기만 하면 쉽게 시세차익을 실현할 수 있었다. 하지만 아파트 공급과잉에 저성장시대로 접어들면서 사두기만 하면 오르는 시대는 점점 종말을 맞고 있다. 경기불안과 조기정년이 심화되면서 집을 사려는 사람보다는 집을 팔려는 사람들이 늘어나고 있다.

가격이 올랐다고 해도 오히려 물가를 반영해 면밀히 따져본다면 손해를 보는 경우가 태반이다. 물가는 인플레이션에 의해 오르기도 하는

데 화폐가치가 추락하기 때문에 매년 3.5% 이상 가격이 올라야 실질적인 인상이 됐다고 볼 수 있다.

게다가 기회비용을 감안한다면 매년 6% 이상 가격이 인상되어야 실질적인 시세 차익을 실현할 수 있다. 기회비용이란 내가 이 주택을 살 돈으로 다른 곳에 투자했을 때 벌어들일 수 있는 수익을 포기한 비용을 뜻한다. 기회비용 4%는 6억 원으로 매년 2,400만 원의 수익을 벌어들일 수 있는 것을 포기하고 이 아파트를 구입했다는 뜻이 된다.

예를 들어, 6억 원의 아파트를 사서 보유하고 있다고 치자. 6억 원의 기회비용 4%와 물가인상률 3.5%를 포함하면 매년 7.5% 즉 6억 × 7.5%=4,500만 원은 인상이 되어야 본전이 된다. 5년 간 보유했다면 8억 2,250만 원이 되어야 본전인 것이다. 그렇지 않다면 상당한 주거비용을 지출한 셈이 된다. 아파트를 싸게 사서 오른 다음 판다고 해서 무조건 시세차익을 거둘 수 있는 것은 아니다.

따라서 진정한 시세차익을 거두려면 가치가 오를 수 있는 물건에 투자해야 한다. 가치가 오른다면 가격은 당연히 오르는 것이고 기회비용과 물가인상률을 제외하고도 상당한 수익을 달성할 수 있다. 지금부터 5년, 10년 후에도 공급보다 수요가 많은 부동산이 무엇인지 스스로 연구하고 분석해보자. 리모델링을 통해 가치를 높일 수 있는 것, 개발을 통해 가치를 배가시킬 수 있는 것, 임대료가 꾸준히 상승하는 수익형 부동산 등 가치가 증가할 수 있는 부동산은 아직도 많다.

아직도 물건을 살 때 싼 가격에 관심을 갖는가. '싼 게 비지떡'이란 말은 틀린 말이 아니다. 진정한 부동산 고수는 '비쌀 때 사서 더 비싸게 판다'고 한다. 그러기 위해서는 가치를 증식시킬 수 있는 '가치투자'를 해야 한다. 시세차익 투자는 부동산 경기에 민감하게 반응하지만 가치투자는 부동산 경기와 상관없이 가치가 영속적이다. 지금부터라도 가격보다는 그 가격 뒤에 감춰진 가치에 투자하라. 그것이 부동산의 맥을 잡는 길이다.

**48**

# 지역주택조합 아파트는
# 믿을 만한가

지역주택조합 아파트는 시세보다 저렴하게 또 주택청약통장이 필요 없다는 점에서 관심의 대상이다. 하지만 성공률이 20%를 밑도는 데다 사업 지연으로 인한 피해를 호소하는 조합원들이 끊이질 않고 있어 주의를 요하는 사업이기도 하다.

지역주택조합 아파트는 같은 생활권역에 사는 수요자들이 조합을 결성하고 이들이 모은 자금으로 땅을 매입, 건설사에 아파트를 짓도록 하는 사업이다. 근거법령은 「주택법」이다. 지역주택조합의 최대 특징은 집값이 20% 정도 저렴하다는 점이다. 토지 매입 등 시행사 업무를 조합이 직접 맡기 때문에 토지 매입에 따른 대출 이자와 사업 추진 및 조합원 모집 마케팅 비용을 아낄 수 있다.

또한 지역주택조합 아파트는 기본적으로 주택청약통장이 필요 없다.

일반분양 아파트의 경우 청약자격을 갖추어야 하지만 지역주택조합 아파트는 청약경쟁 순위와 관계없이 그 지역에 사는 것만으로 조합원이 될 수 있어 실수요자 입장에서 접근이 쉽다.

지역주택조합의 조합원은 조합설립인가 신청일(투기과열지구에서는 조합설립인가 신청일 1년 전의 날)부터 해당 조합주택의 입주 가능일까지 무주택자이거나 주거전용면적 85㎡ 이하인 주택 1채를 소유한 세대주만 가능하다. 단 세대주를 포함한 세대원 전원이 주택을 소유하고 있지 않아야 하며, 조합설립인가 신청일 현재 동일한 시·군 지역에 6개월 이상 계속하여 거주해 있어야 한다.

지역주택조합을 설립하려면 해당 주택건설 대지의 80% 이상에 해당

**지역주택조합아파트와 일반분양 아파트 비교**

| 구분 | 지역주택조합아파트 | 일반분양아파트 |
|---|---|---|
| 내용 | 조합원 자격으로 사업 추진해서 내 집 마련을 하는 제도 | 시행사나 시공사가 직접 시행, 시공하여 판매하는 아파트 |
| 장점 | · 저렴한 분양가(원가절감 가능)<br>· 청약통장 필요 없음<br>· 청약 경쟁 순위와 상관 없음<br>· 일반분양보다 동호수 배정 유리 | · 청약통장을 사용해 쉽게 청약 가능<br>· 안정성 확보(대한주택보증보험 가입 및 건설사의 재무건전성 등) |
| 단점 | · 사업지연 가능성이 높음(사업이 지연되거나 무산되면 비용 부담은 조합원들의 몫)<br>· 사전 토지 매입, 운영자금의 투명성 확보 어려움<br>· 까다로운 가입 요건<br>· 조합원 지위 계속 유지해야 함(등기가 나올 때까지) | · 상대적으로 높은 분양가<br>· 각종 부대비용 발생<br>· 당첨 시 청약통장 재사용 불가<br>· 주요지역의 아파트는 치열한 경쟁률로 당첨 가능성 적음 |

※출처: 리얼투데이

하는 토지의 사용권한(토지사용승낙서)을 확보하여야 하고, 조합원 수가 주택건설 예정세대수의 50% 이상을 넘어야 한다(최소 조합원은 20명 이상). 사업계획 승인을 받으려면 토지의 소유권 95%를 조합 명의로 확보해야 한다. 그렇게 되면 반대하는 나머지 5%는 매도청구권을 행사할 수 있다.

일견 까다로운 조건이라 별 문제가 없을 것 같지만 80%를 확보해 조합을 설립했다 하더라도 나머지 15%의 토지 소유권을 확보하는 일이 만만치가 않다. 반대가 심하면 사업이 지연되기도 하고 심지어는 사업이 좌초되기도 한다.

> 토지물색→주택조합추진위원회→주택조합 규약 작성→주택조합 창립총회→주택조합설립 인가→추가조합원 모집→등록사업자와 협약 체결→사업계획 승인→등록사업자와 공사계약→착공 신고→사용검사 및 입주→청산 및 주택조합 해산

### 95% 이상 토지 확보된 조합을 선택하는 것이 가장 안전

가장 큰 문제는 사업이 지연되거나 개인적인 사정으로 조합을 탈퇴하고 싶어도 쉽지 않다는 점이다. 조합원이 개인적 사정에 따라 빈번하게 탈퇴가 이루어진다면 지역주택조합 사업 추진에 지장이 많기 때문에 원칙적으로 임의 탈퇴는 허용되지 않고 있다. 탈퇴를 하려면 조합규약으로 정하는 바에 따라 조합에 탈퇴 의사를 알리고 탈퇴할 수 있도록 법이 바뀌었다(「주택법」 제11조 제8항, 2017년 6월 3일 시행되어 이후 조합설

립 인가를 받은 주택조합부터 적용됨). 하지만 이 법 시행 전 설립된 조합들은 조합원이 부득이한 사정이 있을 때 총회나 대의원회의의 의결을 통해 탈퇴할 수 있다는 이전 조합 규약을 고수하고 있어 탈퇴가 어려운 경우가 대부분이다.

우여곡절 끝에 탈퇴할 수 있게 되더라도 업무추진비 등 이미 사용된 금액은 돌려받지 못할 공산이 크다. 탈퇴한 조합원(제명된 조합원을 포함)은 조합규약으로 정하는 바에 따라 부담한 비용의 환급을 청구할 수 있다는 규정이 2017년 6월 3일 시행된 「주택법」 제11조 제9항에 신설되었지만 대부분의 조합규약에는 '탈퇴 시 납입금에서 소정의 공동부담금을 공제한 뒤 잔액을 환급청구일로부터 30일 이내에 지급한다'고 돼 있기 때문이다.

지역주택조합에 가입하려고 할 때에는 신중하게 검토해야 할 것들이 많다. 우선 계약서와 규약 등을 정밀하게 분석해야 한다. 조합 규약에는 탈퇴 및 환급에 관한 절차와 시기 등에 관해 자세히 기술하도록 돼 있으므로 탈퇴가 자유롭지 못하다거나 부담한 비용을 환급받기 힘들다면 가입하지 말아야 한다. 또한 2017년 6월 2일 이전 설립한 조합들은 예전 조합 규약에 따라 탈퇴가 어려운 경우가 대부분이므로 탈퇴가 자유롭도록 규약이 개정되었는지를 꼼꼼히 살펴봐야 한다.

해당 부지를 95% 이상 확보했거나 사업계획 승인을 받은 조합을 선택하는 것이 가장 안전하다. 이렇게 되면 사업이 지연되거나 좌초될 리가 없어 조합을 탈퇴해야 하는 불상사가 없어지기 때문이다. 지역주택조합의 성공 여부는 해당 부지의 매수 여부에 달려 있다. 토지 매수가 늦어지면 사업비용이 늘어나 사업 자체가 좌초될 수도 있기 때문이다. 지역주택조합 중에는 해당 부지를 100% 확보했다며 안전하다는 것을 강조하는 곳도 있다. 하지만 근거 없는 말장난일 경우도 많으므로 토지사용승낙서나 토지매매계약서 등을 통해 토지 매입비율을 정확하게 파악해야 한다.

조합 중에는 조합설립 당시 가입해야 내야 할 분담금이 적어 유리하다고 말하는 경우가 많다. 추가조합원으로 가입하면 분담금 부담이 늘어나는 것은 사실이다. 하지만 사업계획 승인을 받지 못하고 표류하는 지역주택조합이 비일비재한 만큼 이익을 좀 챙기려고 모험을 하는 것은 금물이다. 이익이 적더라도 안전하게 아파트를 마련하는 것이 피 같은 돈 떼이는 것보다는 낫기 때문이다.

조합원들의 자금으로 운영되는 만큼 운영비용에 대한 투명성을 확보하기 위해 공신력 있는 신탁회사를 선정한 조합을 선택하는 것이 현명하다. 또한 명문 건설사가 책임 시공을 맡았느냐의 여부도 중요하다. 브랜드 아파트가 되어야 일반분양이 잘 돼 수익성이 높아질 수 있고, 입주 후에도 아파트의 가치가 높아지기 때문이다.

## 49
# 다주택자라고 다
# 양도세 중과 대상은 아니다

다주택자에 대한 양도소득세 중과는 2018년 4월 1일 시행됐다. 양도 시점은 등기접수일과 잔금청산일 중 빠른 날이 기준이기 때문에 매도를 고려하고 있다면 3월 말까지는 양도를 끝냈어야 했다. 하지만 다주택자라고 해서 모두 양도세 중과 대상이 되는 것은 아니다. 양도세 중과를 쉽게 판정할 수 있는 4단계 방법을 알아보자.

### 1단계─1세대 주택 수를 계산한다

주택 수는 개인별이 아닌 세대별로 계산한다. 본인 및 배우자 소유의 주택은 물론이고 동일한 주소 또는 거처에서 생계를 같이 하는 직계존비속과 그 배우자 및 형제·자매의 주택도 주택 수에 포함한다. 즉 세법상 동일 세대원이면 그들의 소유주택을 모두 포함한다. 배우자는 세대를 분리해도 주택 수를 합산하지만 그 외 세대원들은 양도 시점 전에 별도 세대원으로 만들면 그 세대원이 소유한 주택은 주택 수에서 제외할 수 있다.

### 2단계–중과 대상 주택 수를 따진다

수도권·광역시·세종시의 모든 주택은 중과세 대상이다. 다만 수도권·광역시·세종시 내에 군·읍·면 지역의 양도 당시 공시가격 3억 원 이하 주택은 중과 대상에서 제외한다. 또한 수도권·광역시·세종시 이외의 지역에서 양도 당시 기준시가 3억 원 이하 주택은 중과 대상에서 제외한다.

※서울에 집 한 채, 부산에 집 한 채, 천안에 기준시가 5억 원 집 한 채를 가진 경우는?(⇨ 중과 대상 집 세 채를 보유)

※서울에 집 한 채, 부산에 집 한 채, 청주에 기준시가 2억 원 집 한 채를 가진 경우는?(⇨ 중과 대상 집 두 채를 보유)

※서울에 집 한 채, 경기도 양평에 공시가격 2억 원 집 한 채를 가진 경우는?(⇨ 중과 대상 집 한 채를 보유)

### 3단계–중과세 제외 주택을 파악한다

중과세 제외 대상 주택은 1세대 2주택자와 1세대 3주택 이상 소유자에게 공통으로 적용되는 것이 있고, 1세대 2주택자에게만 적용되는 것으로 나뉜다.

공통으로 적용되는 것은 위 2단계에서 주택 수에서 제외하는 주택을 비롯해서, 장기임대주택, 「조세특례제한법」상 감면대상주택, 10년 이상 무상제공한 장기사원용주택, 5년 이상 운영한 가정어린이집 등, 상속받은 주택(5년 이내 양도), 문화재주택, 저당권실행 또는 채권변제를 위해 취득한 주택(3년 이내 양도) 등이다. 이들 주택 외에 1채의 주택만을 소유하는 경우 그 주택도 제외된다.

1세대 2주택자에게만 적용되는 것으로는 취학·근무상 형편·질병 요양 등으로 취득한 수도권 밖 다른 시·군 소재 주택이다. 다만 취득 당시 기준시가가 3억 원 이하, 취득 후 1년 이상 거주하고 사유 해소 후 3년 이내에 양도해야 한다. 또한 혼인 합가일로부터 5년 이내 양도하는 주택, 동거봉양 합가일로부터 10년 이내 양도하는 주택, 소송 진행 중인 주택 또는 소송 결과에 따라 취득한 주택, 일시적 2주택인 경우 종전 주택, 양도 당시 기준시가 1억 이하 주택(「도시 및 주거환경정비법」에 따른 정비구역 내 주택은 제외) 등이 있다.

4단계-조정대상지역 내의 주택인지 살핀다

1단계부터 3단계를 점검해서 1세대 2주택 중과 대상 또는 1세대 3주택 이상 중과 대상에 해당하면 양도하려는 주택이 조정대상지역에 소재하는지 확인해야 한다. 1세대 2주택 중과 또는 1세대 3주택 이상 중과는 조정대상지역에 위치한 주택을 양도할 때만 적용되기 때문이다.

조정대상지역은 서울 전역(25개 구), 경기(과천·성남·하남·고양·광명·남양주·동탄2 등 7곳), 부산(해운대·연제·동래·부산진·남·수영구·기장군 등 7곳), 세종시 등 총 40곳이다.

## 중과 대상이라고 해도 보유하려면 절세 방법 따져 봐야

4단계까지 따져봐서 1세대 2주택 이상 중과 대상에 해당되면 조정 대상지역에 소재한 주택을 4월 1일 이후 양도할 때 장기보유특별공제를 적용받을 수 없고, 1세대 2주택자는 16~52%, 1세대 3주택 이상자는 26%~62%의 중과세율이 적용된다. 따라서 양도세 중과세에 해당되는 사람은 3월 말까지 매도를 고려해야 하겠지만, 보유해야 할 형편이라면 양도세 중과세를 피할 절세 방법을 연구할 필요가 있다.

배우자나 별도 세대를 구성하는 자녀에게 증여하는 방법이 있다. 배우자에게 증여하면 주택 수 제외 효과는 없지만 증여 후 5년이 지나면 취득가액이 현재의 증여 가액으로 바뀌게 된다. 배우자공제 6억 원까지는 증여세가 면제되기 때문에, 취득일부터 증여일까지 발생한 양도차익을 배우자공제 6억 원을 활용해 없애게 되면 증여일 이후 상승한 부분에 대해서만 양도세 중과세를 부담하면 된다.

별도세대 자녀에게 증여하면 세대별 주택 수에서 제외되므로 양도세 중과를 피할 수 있다. 단순증여나 부채를 승계하는 부담부증여 중 선택할 수 있는데, 단순증여는 증여세를 내면 되므로 양도세 중과와는 상관이 없다. 하지만 부담부증여는 전체 평가액 중 부채승계금액에 대해서는 양도세를 계산하기 때문에 2018년 4월 1일 이후 부담부증여하게 되면 양도세 중과로 세금이 늘어날 수 있다.

주택임대사업자로 등록하는 것도 유력한 방법이다. 기준시가 6억 원 이하(비수도권은 3억 원 이하) 매입임대주택을 등록해 5년 이상 임대하면 중과세 대상에서 제외된다. 준공공임대 사업자는 2018년 3월 31일까지 등록하면 5년 이상 임대, 4월 1일 이후 등록하면 8년 이상 의무임대를 해야 양도세 중과에서 제외될 수 있다. 특히 준공공임대주택으로 등록하여 10년 이상 임대하면 임대 기간에 발생한 소득에 대해 100% 감면을 받을 수 있고, 또 장기보유특별공제 70%도 받을 수 있다.

## 50
# 집이 세 채여도 양도세를
# 한 푼도 내지 않을 수 있다

절세도 재테크에서 유력한 방법 중 하나다. 양도차익이 1억 원이 발생했을 때 비과세를 받게 되면 양도세를 한 푼도 내지 않을 수 있지만, 비과세를 받지 못하게 되면 세금을 최소한 1,000만 원 많게는 2,000만 원 가까이 내야 하므로 큰 부담이 된다. 따라서 부동산을 구입하기 전 또는 양도하기 전 절세할 수 있는 방법을 강구하여 절세하는 것이 세테크의 핵심이라고 할 수 있다.

세테크의 백미는 비과세를 받는 것이라고 할 수 있다. 1주택자들은 2년 보유만 하면(조정대상지역 40곳은 2년 거주가 포함돼야 함) 양도가액이 9억 원 이하일 때 양도세가 전액 비과세된다.

보유하던 주택이 재개발 및 재건축 사업으로 헐린 후 조합원으로서 분양받은 아파트가 완공되어 팔더라도 '종전주택의 보유 기간+공사기간+완공된 후 보유기간'을 통산하여 비과세 요건을 갖추게 되면 양도세가 비과세된다.

　재개발 및 재건축 조합원입주권(이하 입주권이라 함)을 양도해도 다음의 요건을 갖추게 되면 비과세를 받을 수 있다. 종전주택이 관리처분계획인가일과 철거일 중 빠른 날 현재 1세대 1주택 비과세 요건을 충족하고, 양도일 현재 다른 주택이 없는 경우이거나 양도일 현재 당해 입주권 외에 1주택을 소유하고 있더라도 1주택을 취득한 날부터 3년 이내에 조합원 입주권을 양도하는 경우다.

　1가구 1주택자로서 2년 거주와 2년 보유의 비과세 요건을 갖추지 못했더라도 양도세를 내지 않을 수 있다.

　- 취학, 1년 이상 질병의 치료 및 요양, 근무상 형편으로 1년 이상 살
　  던 주택을 팔고 세대원 모두가 다른 시·군 지역으로 이사를 할 때

　여기서 취학이란 고등학교 이상을 말하며, 초등학교와 중학교 입학 및 편입은 인정되지 않는다. 또한 근무상 형편이란 직장을 옮기거나 발령을 말하며 사업으로 지방으로 이전하는 것은 허용되지 않는다. 다른 시·군으로 이사하는 경우에도 출퇴근하기가 용이하지 않을 정도로 상당한 거리가 떨어진 경우에만 인정된다.

　- 해외로 이민을 갈 때나 1년 이상 계속하여 국외 거주를 필요로 하
　  는 취학 또는 근무상의 형편으로 세대 전원이 출국하는 경우로서
　  출국 후 2년 이내에 양도해야 한다.
　- 공공용지로 협의매수되거나 수용되는 때. 단 사업인정 고시일 전

취득한 경우에만 해당된다.

– 민간건설임대주택 또는 공공건설임대주택을 분양받아 당해 주택
의 임차일로부터 양도일까지의 거주기간이(세대 전원) 5년 이상인
경우 등이다.


## 비과세 받는 것이 최선의 세테크

1세대 2주택자도 양도세를 비과세 받는 방법이 있다. 집 한 채를 소
유한 사람이 새 집을 하나 더 취득해 일시적 2주택에 해당됐을 때, 종전
의 주택을 취득한 날로부터 1년 이상이 지난 후 새 주택을 취득하고 그
새 주택을 취득한 날부터 3년 이내에 종전의 주택을 양도하는 경우에는
이를 1세대 1주택으로 보아 비과세를 적용한다. 단 이 경우 보유하던
종전 주택이 조정대상지역에 있다면 2년 거주가 포함돼야 비과세를 받
는다.

재개발 및 재건축 사업에 참여한 조합원이 사업시행인가일 이후 취
득한 대체주택을 양도해도 일시적 2주택으로 비과세 받을 수 있다. 다
만 이 경우에는 대체주택에서 1년 이상 거주해야 하고, 재개발 및 재건
축 주택이 완공된 후 2년 이내에 세대 전원이 이사해서 1년 이상 거주
해야 하고, 재개발 및 재건축 주택의 완공 전 또는 완공 후 2년 이내에
대체주택을 양도해야 하는 단서조항이 붙는다.

다른 주택을 취득하는 경우에는 별도세대원으로부터 증여, 상속으로
취득하는 경우도 포함된다. 집을 한 채 상속받아 2채를 소유하게 됐어

도 비과세 요건을 갖춘 일반주택을 먼저 팔면 양도세가 비과세된다. 그러나 상속주택을 먼저 팔면 양도세를 내야 한다.

60세 이상의 직계존속(배우자의 직계존속 포함)을 부양하기 위해 세대를 합쳐 2주택이 됐어도 합친 날부터 5년 이내에 먼저 양도하는 주택(비과세 요건을 갖춘 경우에 한함)도 양도세가 과세되지 않는다. 또한 각각 1주택을 소유한 남녀가 결혼하여 2주택이 되어도 혼인신고한 날부터 5년 이내에 먼저 양도하는 주택에 대해서도 양도세 비과세 혜택을 주고 있다.

3주택인 경우도 비과세를 받을 수 있는 방법이 있다. 일시적 2주택인 자가 혼인 또는 부모 봉양으로 주택을 합쳐 3주택이 된 경우이다. 이런 경우에도 새로운 주택을 취득한 날로부터 3년 이내 종전주택을 양도하면 일시적 2주택자로 양도세를 비과세 받을 수 있다.

"국내에 1세대 1주택을 보유한 거주자가 당해 주택을 양도하기 전에 새로운 주택을 취득해 일시적으로 2주택을 보유하고 있던 중 혼인 또는 직계존속 봉양(나이가 만 60세 이상인 직계존속을 동거봉양 할 때만 적용받을 수 있음)을 위해 세대를 합침으로써 1세대가 3주택을 보유하게 되는 경우 새로운 주택을 취득한 날로부터 3년 이내 종전 주택을 양도하면 1세대 1주택의 양도로 보아 양도소득세를 비과세합니다(소득세법 기본통칙 89-14)."

농어촌주택과 일반주택 두 채를 보유한 상태에서 새로운 주택을 취득해 3주택이 된 경우에도 비과세를 받을 수 있다.

"소득세법 시행령 제155조 제7항 농어촌주택과 일반주택(A)을 국내에 각각 1채씩 보유하고 있는 1세대의 세대 전원이 농어촌 주택으로 이사하여 1개의 일반주택(A)을 양도하기 전에 다른 주택(B)을 취득함으로써 농어촌주택을 포함해 일시적으로 3주택이 된 경우에는 다른 주택을 취득한 날로부터 3년 이내에 양도하는 일반주택(A)은 일시적 2주택 비과세 규정이 적용되는 것입니다."(서면 4팀-977, 2006. 4.14)-자료 참조 〈2018년 확 바뀐 부동산 세금, 신방수 세무사〉

일시적 2주택자인 상태에서 또 다른 주택(C)을 취득했을 때는 C주택을 장기임대주택으로 등록해서 비과세를 받을 수 있다. 장기임대주택은 주택 수 판정에서 제외되기 때문이다. 거주하는 주택 1채 외에 주택 6채가 더 있다고 해도 주택 6채를 모두 장기임대주택으로 등록하면 거주하는 주택 1채를 양도할 때 비과세를 받을 수 있다. 장기임대주택은 기준시가 6억 원 이하(비수도권은 3억 원 이하)여야 하고, 등록 후 5년 이상 임대해야 한다.

## 양도세 계산법과 장기보유특별공제율

양도소득세 계산방법은 의외로 간단하니 알아두면 유용하다. 양도하기 전 내가 내야 할 양도세가 얼마인지 알아두는 것은 필요하다. 국세청 홈텍스로 들어가면 양도소득세를 자동 계산할 수 있도록 돼 있어 편리하다.

- 양도가액−취득가액−필요경비=양도차익
- 양도차익−장기보유특별공제=양도소득
- 양도소득−기본공제=과세표준
- 과세표준×세율=산출세액
- 산출세액−세액공제−감면세액=자진납부 할 세액

**양도소득세율표**

| | 보유기간 | 세율 | | |
|---|---|---|---|---|
| 토지 · 건물 · 부동산에 관한 권리 | 1년 미만 | 조성지역 내 분양권 50% | | |
| | | 주택·조합 입주권 40% | | |
| | 1년 이상~2년 미만 | 40%(단 주택 · 조합 입주권 기본세율) | | |
| | 2년 이상(1년 이상 보유한 주택 · 조합 입주권) | 과세표준 | 세율 | 누진공제 |
| | | 1,200만 원 이하 | 6% | |
| | | 4,600만 원 이하 | 15% | 108만 원 |
| | | 8,800만 원 이하 | 24% | 522만 원 |
| | | 1억 5,000만 원 이하 | 35% | 1,490만 원 |
| | | 3억 원 이하 | 38% | 1,940만 원 |
| | | 5억 원 이하 | 40% | 2,540만 원 |
| | | 5억 원 초과 | 42% | 3,540만 원 |
| | 비사업용 토지, 2주택 중과 대상자 조정대상지역 주택 양도 시 | 기본세율+10% | | |
| | 3주택 중과 대상자 조정대상지역 주택 양도 시 | 기본세율+20% | | |
| | 미등기 양도 | 70% | | |
| 기타자산 | 보유기간 제한 없음 | 기본세율(6~38%) | | |

**2018년 장기보유특별공제율**

| 보유기간 | 다주택자/건물, 토지 | 1세대 1주택 |
|---|---|---|
| 3년 이상~4년 미만 | 10% | 24% |
| 4년 이상~5년 미만 | 12% | 32% |
| 5년 이상~6년 미만 | 15% | 40% |
| 6년 이상~7년 미만 | 18% | 48% |
| 7년 이상~8년 미만 | 21% | 56% |
| 8년 이상~9년 미만 | 24% | 64% |
| 9년 이상~10년 미만 | 27% | 72% |
| 10년 이상 | 30% | 80& |

※장기보유특별공제 제외대상

• 2018년 4월 1일부터 조정지역 내 2주택 이상

• 9억 원 초과 고가주택

• 비거주자가 국내에 소유하는 1주택 양도 시

• 1세대가 주택과 조합원 입주권을 보유한 경우 주택 양도 시

**2019년 장기보유특별공제율**

| 보유기간 | 다주택자/건물, 토지 |
| --- | --- |
| 3년 이상~4년 미만 | 6% |
| 4년 이상~5년 미만 | 8% |
| 5년 이상~6년 미만 | 10% |
| 6년 이상~7년 미만 | 12% |
| 7년 이상~8년 미만 | 14% |
| 8년 이상~9년 미만 | 16% |
| 9년 이상~10년 미만 | 18% |
| 10년 이상~11년 미만 | 20% |
| 11년 이상~12년 미만 | 22% |
| 12년 이상~13년 미만 | 24% |
| 13년 이상~14년 미만 | 26% |
| 14년 이상~15년 미만 | 28% |
| 15년 이상 | 30% |

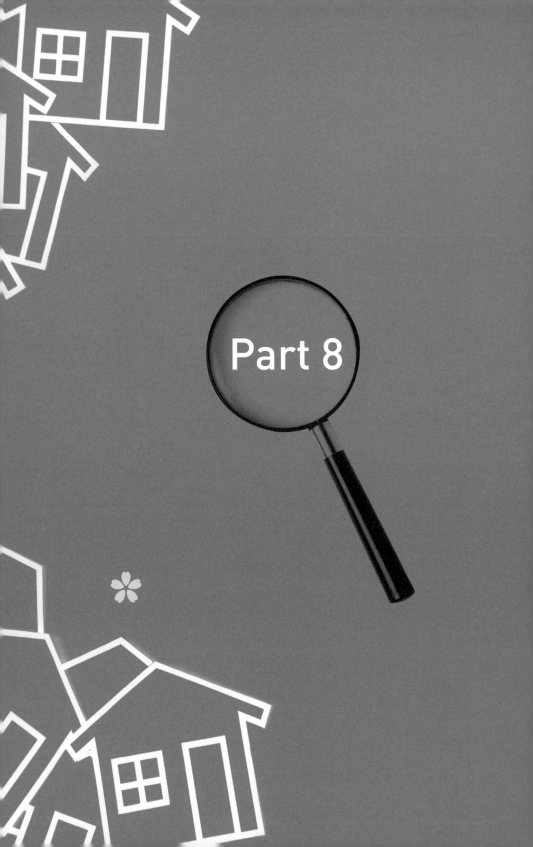

Part 8

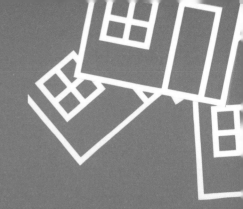

# 진짜 큰돈 버는 고수들의
# 실전 사례

# 51
# 부동산 '고수님'의
# 세계

골프를 10년 쳐도 싱글을 못 하는 사람이 부지기수다. 노력이 부족해서일까, 아님 재능이 모자라서일까? 1년 만에 싱글했다는 사람도 있는데, 아무리 열심히 연습하고 매주 필드 나가도 실력이 늘지 않는다. 그런 사람들은 골프에 흥미를 잃고 그만두기 일쑤다.

싱글이 안 되는 가장 큰 이유는 제대로 스윙을 하지 못하기 때문이다. 스윙이 잘못돼 있으니 아무리 연습하고 필드에 나가도 실력이 늘지 않는 게 당연하다. 제대로 된 선생을 만나 올바른 스윙을 익혀보라. 지금보다 거리도 훨씬 더 나가고 공은 똑바로 살아 움직인다. 당신도 싱글이 될 수 있다. 그런데 제대로 된 선생은 어디 있는 거야?

부동산도 마찬가지다. 돈을 벌기 위해 세미나도 참석해보고 학원도 다녀본다. 매주 돈 될 만한 장소를 찾아 서울 시내를 돌아다녀 보기도 한다. 틈날 때마다 인터넷을 뒤지고 뉴스에도 촉각을 곤두세운다. 지인들로부터 정보를 탐문하기도 하고 직장 동료의 재테크 얘기에 귀를 쫑긋 세워본다. 경매를 하면 돈을 벌 것 같아 경매학원에도 다녀보고 NPL(부실채권)이 돈 된다 하니까 그리로 우르르 몰려간다.

그럼에도 항상 뒷북만 치고 손해만 본다. '에이, 나는 재수가 없어. 부동산에 소질이 없나 봐' 하며 포기하고 만다. 그게 아니다. 당신은 하수이기 때문에 고수의 세계를 알 수 없었던 것이다. 돈을 벌고 싶으면 고수가 어떻게 돈을 버는지 알아내는 것이 급선무다. 아니면 당신은 하수의 세계, '레드오션'에서 계속 버벅거릴 수밖에 없다.

한창 인기가 있는 강남 재건축 아파트 분양에서도 하수와 고수의 세계는 극명하게 갈린다. 수요에 비해 공급이 부족한 강남 재건축 아파트는 학군과 기반시설이 좋아서 실거주자는 물론이고 투자자들의 관심을 유발하고 있다. 최근 2~3년 사이 전국에서 아파트 값이 가장 많이 오른 곳이 서울 강남구이고 평균 아파트 매매가격이 16억 원, 가장 비싼 아파트는 평당 1억 원에 육박했으니 강남의 인기는 앞으로도 식지 않을 것이 분명하다.

상아2차 아파트를 재건축해서 지난 9월 말 분양한 '래미안 라클래시'는 평균 115.1대 1의 높은 청약경쟁률로 1순위 마감됐다. 3.3㎡당 평균 분양가 4,750만 원(가중평균 기준)으로 책정됐는데, 전용 71㎡는 13억 100만~14억5,500만 원, 전용 84㎡는 15억5,300만~16억6,400만 원이다. 래미안 라클래시는 지하 3층~지상 최고 35층, 7개동 총 679가구 규모로 조성된다.

강남의 신규 아파트가 인기 있는 이유는 살기 편하기도 하지만 무엇보다 프리미엄에 의해 상당한 시세 차익이 보장되기 때문이다. 하지만 그래봤자 레드오션의 세계다. 당첨되기도 어렵지만 당첨된다 한들 취득세, 양도세 내고 나면 남는 게 별로 없다. 부동산 먹이 사슬에서 돈 있는 사람들이 다 해먹고 남은 고기를 개미들이 서로 갖겠다고 덤빈 격이기 때문이다.

분양 시장에서의 먹이사슬을 보면 지주-전주-시행사-시공사-분양대행사-당첨자-매수자1-매수자2, 3, 4, 5…… 이런 구조로 돼 있다. 땅 가진 자와 돈을 댄 자가 가장 많이 먹고, 그 다음 시행사, 시공사, 분양대행사 순으로 가져간다. 그러니 분양가가 얼마나 부풀려져 있는지 짐작할 만하다.

그럼에도 서로 당첨되려고 기를 쓴다. 당첨되면 매수자보다는 좀 더 벌지만 그래봤자 먹이사슬 상층부에 비하면 조족지혈이다. 그런 다음 당첨자가 산 물건을 매수자들이 산다. 그리고 가격이 오르길 기다리고 기도하고 기원한다. 죽은 자식 부랄 만지기다. 오를 리도 없지만 올라봤자 새 발의 피다. 이미 고수님들이 다 가져갔기 때문이다. 그래서 고수님들의 세계를 블루 오션이라 하고, 하수들의 세계를 레드오션이라 한다.

바둑에서 하수와 접바둑을 두는 고수는 하수를 갖고 논다. 하수의 다음 착점을 알기 때문에 쉽게 지질 않는다. 골프도 마찬가지다. 아무리

핸디캡을 준다 한들 내기에서 하수가 고수를 이기기는 거의 불가능하다. 고수의 샷은 일관성이 있지만 하수의 샷은 왔다 갔다 하기 때문이다. 부동산도 그렇다. 하수의 세계에서는 작은 먹이 하나에 많은 사람들이 서로 피를 흘리며 싸우지만, 고수는 조용히 큰 파이를 독차지한다.

서울 강남의 재건축 아파트에 당첨되고 싶어 청약하는 시장이 바로 하수의 세계, 레드오션의 전쟁터다. 정보가 완전 공개돼 있기 때문에 경쟁은 치열할 수밖에 없고, 이미 고수가 가져가고 남은 찌꺼기를 두고 싸우기 때문에 먹을 게 없다. 강남구에서 아파트나 주택을 지을 수 있는 땅을 사거나 시행할 수 있는 돈줄을 확보하는 것이 바로 고수의 세계다. 그래야 먹을 게 충분하다.

돈이 없어 땅을 살 수 없다? 시행할 능력이 없다? 이렇게 반문하는 사람이 많을 것이다. 하수니 고수의 세계를 알 수가 없다. 부동산 투자는 자기 돈으로 하는 게 아니다. 남의 돈으로 하는 것이다. 그런 것을 펀드라고도 하고 PF라고도 한다. 펀드도 대기업이 다 해먹고 조금 남는 것을 투자자에게 주는 공모펀드라는 게 있고, 투자자들이 제대로 먹을 수 있는 사모펀드라는 게 있다. 고수는 바로 이런 돈줄을 찾아 여기에 끼어들려 한다.

물론 하수가 처음부터 이런 곳에 끼어들기는 어렵다. 주변에 이런 돈줄을 움직이는 고수가 있을 리도 없고 혹 있다 해도 하수의 머리로는 이해가 안 되므로 겁이 나서 투자할 수가 없다. 고수들은 '하이 리턴, 하이 리스크'를 선호하지만 하수는 '하이 리턴, 로우 리스크'를 찾는다.

고수는 냉철한 판단과 신중한 조사로 리스크를 극복하지만, 하수는 로우 리스크를 원하니 평생 찾지도 못할뿐더러 찾았다 해도 사기만 당한다. 그러다가 은행에 안전하게 돈을 넣어두고 돈을 썩힌다.

처음부터 고수가 못 되더라도 중수는 될 수 있다. 서울 강남에서 치열한 경쟁을 뚫고 당첨되려 하지 말고 확실한 이익이 보장되는 재건축이나 재개발 구역 내 매물을 조합 설립 이전 단계에서 구입하는 것이다. 개발 이익을 취할 수 있을 뿐만 아니라 분양하는 물건에 비해 훨씬 저렴하게 구입할 수 있어 수익률이 높다. 게다가 조합원은 일반 분양과 달리 좋은 동과 층을 선점할 수 있다.

물론 그런 정보를 얻기 힘들다는 건 안다. 하지만 발품과 노력으로 찾아낼 수 있다. 블루오션의 세계가 무엇인지 안다는 것만으로도 당신은 하수에서 벗어나 중수, 고수가 될 수 있다.

언제까지 골프에서 보기플레이를 면하지 못할 것인가? 싱글로 가고 싶으면 제대로 된 스윙을 가르쳐주는 고수를 만나라. 그러려면 주변 친구들의 말에 귀를 닫고 연습장 프로의 가르침을 멀리하라. 프로를 가르치는 프로를 만나라.

부동산에서 진정 돈을 벌고 싶다면 블루오션에서 노는 고수를 만나라. 그 고수는 당신 주위에는 없다. 인터넷을 뒤져도 없고 매스컴에는 더더욱 나타나지 않는다. 고수를 만나고 싶은가. 지금까지 가졌던 고정관념을 버리고 고수를 찾아 나서라. 당신의 노력과 정성이 당신을 고수의 곁으로 가게 할 것이다.

## 52

# 당신이 모르는 것을 해라, 당모해

부동산으로 돈을 벌고 싶은가? 그렇다면 필자가 항상 고객에게 주장하는 이 말에 귀 기울여보자. 당모해. 즉 당신이 모르는 것을 해라.

그런데 모르는 것을 어떻게 할 수 있는가. 그것은 모험이고 위험하기 때문에 말도 되지 않는 일이라고 생각할 수 있다. 하지만 당신이 현재 알고 있는 것은 남들도 다 아는 것이다. 당신도 하수이고 남들도 하수이기 때문에 하수가 아는 뻔한 수로 경쟁이 치열한 부동산 시장에서 이긴다는 것은 불가능하다.

당신이 10년간 골프를 쳤어도 싱글이 되지 못하는 이유는 무엇인가. 제대로 치는 법을 모르기 때문이다. 제대로 치는 법은 당신 같은 하수에게는 배울 수 없다. 고수에게 배워야 한다. 그래야 새로운 세계를 접할 수 있다.

부동산도 마찬가지다. 당신이 알고 있는 것은 레드오션의 세계다. 하수들이 치고받고 싸워 피를 흘려봐야 승자는 없다. 모두 패자다. 간혹 어쩌다 돈을 벌 수도 있을 것이다. 하지만 그것은 모래성과 같아서 언제 무너질지 모른다.

블루오션의 세계로 들어가야 돈을 왕창 벌 수 있다. 하지만 불행히도 당신은 블루오션의 세계를 모른다. 당신이 모르는 것을 해야 돈을 벌 수 있다고 했다. 무섭다고, 어렵다고 알아보기를 두려워하는가. 당신이 모르는 것을 해야 돈을 벌 수 있다는 것은 바꿔 말하면 당신이 아는 것을 해서는 돈을 벌지 못한다는 말이다.

따라서 지금부터라도 남들이 다 하고 있는 아파트 투자, 빌라 투자에서 탈피해야 한다. 저평가된 대박이라고 소개받더라도 이미 알고 있는 땅이라면 다시 생각해봐야 한다. 아무리 발품 팔아 찾아다녀봤자 오를 대로 오른 재건축이나 재개발 물건은 이미 당신이 알고 있는 물건이기 때문에 돈을 벌기 힘들다는 것을 깨달아야 한다.

그럼 어떤 물건이 당신이 모르는 물건인가. 다른 사람도 모르는 것이 당신이 모르는 물건이다. 화장하지 않고 허름한 옷을 입었지만 가꾸고 나면 미인이 되는 여자를 찾는 것이 쉬운가, 아님 한껏 치장해서 이미 미인인 여자를 찾는 것이 쉬운가. 이미 미인은 누구나 알아볼 수 있다. 따라서 부가가치가 별로 없다. 지금은 미인이 아니나 가꾸면 분명히 미인인 여인을 구해야 한다.

건설회사가 분양해서 이미 상당한 이윤을 취했고, 당첨자가 당첨 프리미엄을 챙겼고, 최근 1년 사이 어마어마하게 오른 서울 아파트를 지금 사서 얼마나 벌겠는가. 당신이 알고 있는 것이기 때문에 벌 수 없는 것이다. 업자가 지어 분양하는 빌라를 싸게 샀다 해도 당신이 벌 수 있는 금액은 제한적이다. 당신이 알고 있는 것이기 때문이다.

보기에는 아주 허름한 건물이 있다고 하자. 내부도 낡아서 전월세 금액도 높지 않다. 가격이 좀 싸다 하더라도 선뜻 사기는 힘들 것이다. 그러나 고수는 허름한 건물의 진면목을 살피고 상상의 나래를 펼친다. 리모델링이나 인테리어 공사를 통해 부가가치를 높일 수 있는지 분석한다. 아니면 아예 낡은 건물을 철거하고 새 건물을 지었을 때 얼마나 이익을 올릴 수 있는지 조사한다.

별 볼 일 없는 다가구주택이 그림을 그리기에 따라 유명 게스트하우스나 쉐어하우스로 변모해 상당한 수익률을 올릴 수도 있다. 적당히 내부수리만 하면 임대수익률을 4% 정도 받을 수 있는 건물이라도 그 건물이 갖고 있는 장점을 최대로 살린다면 12%까지 수익률을 올릴 수 있는 게 부동산 세계다. 있는 그대로의 모습만 보는 건 하수지만, 고수는 치장한 이후를 내다볼 줄 안다.

필자가 아는 어떤 고수는 용산 원효로의 대지 14평짜리 허름한 근린생활시설을 8억 원에 매입했다. 월세가 140만 원밖에 나오지 않기 때문에 비싸다고 거들떠보지도 않던 물건이다. 그러나 그는 1억 원의 공사비를 들여 월세를 300만 원으로 올렸다. 이 건물은 지금 팔면 12억 원을 받을 수 있다.

부동산 시장이 팽창할수록 있는 물건을 사서 그대로 보유하다가 시세 차익을 올린다는 건 코미디이자 멍청한 상상이 되어가고 있다. 서울의 아파트가 평균 7억 원을 돌파한 시대에 돈을 벌려면 개발(디벨롭핑)을 해야 한다. 화장을 잘해서 미인을 만들어야 가치가 높아지기 때문에 화장이 잘 받는 여인을 골라야 하는 것이다.

재개발이나 재건축보다 역세권 부도심을 재개발하는 도시환경정비사업이 훨씬 부가가치가 높다. 지금은 장사가 되지 않고 쉰 냄새가 나는 시장이지만 향후 여기에 주상복합아파트가 올라갈 수 있는지 살펴야 한다. 도시환경정비사업은 재건축이나 재개발사업과는 달리 상업지역에서 시행되기 때문에 용적률이 높아 수익성도 훨씬 좋다. 청량리와 용산의 집창촌이 더 이상 존재하지 않는 것을 보라.

수많은 인파가 몰리는 경매시장에서도 아파트나 빌라 같은 '범생'에 덤벼들어서는 수익을 기대하기 힘들다. 당신이 모르는 법정지상권이나 유치권, 분묘기지권에 뛰어들어야 승산이 높다.

아파트는 당신이 알고 있는 것이다. 전원주택이나 빌라, 오피스텔도 이미 당신이 알고 있는 것이다. 당모해. 돈을 벌려면 당신이 모르는 것을 해라. 당신이 모르고 있지만 돈을 벌 수 있는 부동산은 아직 많다. 당신이 모르는 것을 하려면 어찌 해야 하는가. 당신이 모른다는 것을 인정하고 당신이 모르는 것을 알 수 있도록 부지런히 노력해야 한다.

## 53
# 화장한 김태희냐,
# 화장하지 않은 김태희냐

자 여기 화장하고 한껏 치장한 탤런트 김태희가 있다. 다른 곳에는 화장하지 않고 허름한 옷을 입은 데다 심지어 머리도 헝클어지고 얼굴에 때도 묻은 김태희가 있다. 둘 중 누가 김태희인 줄 알겠는가. 당연히 화장한 김태희를 찾기 더 쉬울 것이다. 허름하게 차린 김태희는 본인이 김태희라고 밝혀도 잘 믿지 않는 사람도 있을 것이다.

부동산으로 돈을 벌려면 이미 이름이 알려진 김태희가 아니라 데뷔하기 전 이름이 알려지지 않은 김태희를 찾아야 한다. 화장한 김태희는 누구나 찾을 수 있어 레드오션의 세계지만, 화장하지 않은 김태희는 부가가치가 높은 블루오션의 세계이기 때문이다.

건설회사가 지어 분양하는 아파트는 누구나 다 아는 물건이기 때문에 부가가치가 높지 않다. 부가가치가 높은 부동산은 당신의 눈에 잘

띄지 않는 곳에 숨어 있다. 그럼에도 숨어 있는 진주를 찾으려는 노력은 하지 않고 이미 노출된 아파트 잡기에 혈안이 되어 있다. 레드오션에서 돈을 벌 수 있다는 건 코미디다. 부동산 과열로 어쩌다 버는 경우가 생길 수 있겠지만 그 거품은 언제 꺼질지 몰라 위험하다.

안목이 없는 하수는 화장한 전지현만 찾아다닌다. 그것만 볼 수 있기 때문이다. 고수들은 화장한 김태희나 전지현에 관심이 없다. 지금은 보잘것없지만 잘 가꾸면 전지현이나 김태희가 되는 보물을 찾아다닌다. 그래야 높은 수익을 창출할 수 있기 때문이다. 그래서 먼저 부동산을 보는 안목을 키우는 데 심혈을 기울인다.

하수들이 좋아하는 건 아파트나 오피스텔, 상가 등이다. 주로 유명 브랜드나 새로 지은 신축에 열광한다. 고수는 그런 것에 관심이 없다. 건설회사가 이익의 대부분을 가져가서 내가 먹을 이익이 별로 없기 때문이다. 고수들이 좋아하는 건 땅이다. 내가 그림을 마음대로 그릴 수 있는 나대지가 가장 좋다. 오래된 다가구주택이나 꼬마빌딩, 근린생활시설도 애정의 대상이다. 땅이 있기 때문에 리모델링이나 신축으로 부가가치를 높일 수 있는 것이다.

고수들이 아파트에 관심이 없는 이유는 땅이 없기 때문이다. 내 땅도 아닌 곳에(아파트 대지지분은 단독으로 팔 수 없기 때문에 내 것이 아니다) 지은, 즉 허공에 매달려 있는 건축물에 하수들이 열광하는 이유를 고수들은 이해하지 못한다. 재건축이나 재개발은 그래도 땅이 있기 때문에 (대지지분으로 새 아파트를 받을 수 있으므로) 그나마 조금 관심이 있다. 그러나 요즘은 '누구나' 아는 물건이 돼 프리미엄이 높게 형성되므로 하수들이 잘 모르는 도시환경정비사업이라야 관심을 보인다.

경매시장에서도 하수와 고수의 차이는 극명하다. 하수들이 아파트나 빌라 같은 '범생'에 몰려들어 낙찰가만 잔뜩 올리는 동안, 고수들은 조용히 법정지상권이나 유치권, 분묘기지권 같은 어려운 물건에서 높은 수익을 창출한다.

6억 원 정도의 투자금을 들고 필자의 사무실을 찾아온 분이 있다. 지금은 대지 24평짜리 허름한 다가구주택이지만 리모델링해서 게스트하우스나 쉐어하우스로 탈바꿈시키면 수익률 12%가 가능한 물건을 보여주었다. 물건지가 효창공원역에서 도보 4분 거리여서 외국인이나 젊은 이의 수요가 풍부한 곳이다. 이 물건은 공사비 1억5,000만 원 포함 11억 원짜리여서 대출 받으면 6억 원으로 투자가 가능했고, 원한다면 우리가 설계 포함 공사까지 해주고 운영 컨설팅도 해주기로 하였다. 그러나 그분은 고민 후 포기하고 말았다. 본인이 그림을 그릴 수 없는 것은 물론이고, 필자가 그리는 그림을 받아들이지 못했기 때문이었다.

하지만 그 물건은 곧바로 다른 분에게 팔려 지금 공사 중이다. 그분은 아직 직장에 다니기 때문에 전세로 놓은 뒤 향후 은퇴하면 게스트하우스나 쉐어하우스를 운영할 계획이다. 전세금이 6억 원에서 6억 5,000만 원까지 가능해 투자금액은 5억 원이면 되었다. 그분은 우리가 그린 그림을 정확히 이해하지는 못했지만 신뢰했기 때문에 결정한 것이었다. 효창공원역 주변 25평 아파트가 12억 원이 넘는 실정에서 대지 24평이 11억 원이면 매우 싼 편이다. 서울 집값은 떨어질 수 있어도 서울 땅값은 절대 떨어지지 않는다는 건 진리 중 진리다. 특히 용산은 앞으로 서울에서 가장 땅값이 많이 오를 땅이다.

용산의 초고수 C씨는 외관은 형편없는 물건을 찜한 뒤 직접 개발해 큰 수익을 올리거나, 좋은 물건을 찾는 투자자에게 그림을 그려주거나, 공사까지 해주는 컨설팅으로 이 바닥에서는 꽤 유명한 분이다. 흙속의 진주 찾기 전문이어서(또는 개발하기 애매한 땅 찾아내기 전문) 필자도 '리스펙트'하는 분이다. C씨는 그림을 잘 그리고자 물건 고르는 본인 외에 유명설계자, 건축가, 대출 담당자와 함께 '어벤져스'를 구성해 '원스톱 디벨롭핑'을 실행하는 것으로도 유명하다.

자금 여유가 없는 분은 갭투자를 고려해야 한다. 하지만 아파트 갭투자는 거품이 곧 꺼질 것이기 때문에 위험하다. 갭투자도 아직 데뷔하지 않은 무명의 김태희를 찾아서 해야 한다. 영등포나 용산, 여의도, 마포, 방배동, 청량리, 북가좌동 등 앞으로 지가가 강력히 상승할 지역을 선택하되 개발 및 분양업자의 마진율이 높지 않은 물건을 찾아야 한다. 그들의 마진율이 높지 않은 물건은 공사는 확정됐는데 아직 시작하지 않은 물건이다. 이런 물건은 청약을 통해 분양가보다 싸게, 좋은 자리를 선점할 수 있다. 이런 물건에 투자하려면 개발업자의 정보를 발 빠르게 입수할 수 있는 능력이 있어야 한다.

필자는 모 업자가 영등포에 신축빌라를 짓는다는 정보를 올 3월 초에 입수해 갭투자를 원하는 분들께 청약금만 받고 선투자하도록 했다.

향후 계약할 때 우선순위로 좋은 호수를 지정할 수 있는 권한을 부여받았음은 물론이다. 하지만 필자의 그림을 보지 못해 계약을 하지 않은 분도 몇 있어 안타까웠다. 그 물건은 10월 말 계약하는데 분양가는 청약 당시보다 3,000만 원이 올라버렸다. 영등포란 동네가 땅값이 계속 오르는데다 땅 사기가 점점 힘들어지는 곳이기 때문이다.

그래도 완성된 아파트를 찾아다니겠는가? 이걸 언제 사면 얼마나 오를까 궁리하고 있는가? 그래 봐야 레드오션의 세계여서 당신이 먹을 몫은 없다. 필자와 함께 흙속에 감추어진 원석을 찾아 나설 생각은 없는가? 보라, 저기 블루오션의 세계가 있다.

# 54
# 못생긴 땅
# 싸게 사기

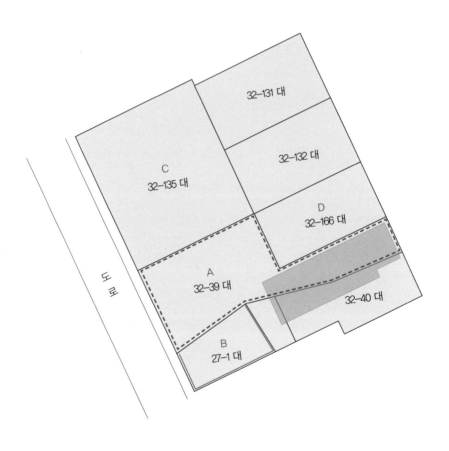

1. 8m 도로는 사람들의 왕래가 많은 곳으로, 대로변에서 주택가로 들어가는 길목에 있다. 도로 양옆은 상점들이 즐비하게 늘어서 있으며 땅값이 평당 5,000만 원 정도 한다. 계속 가격이 오를 땅이라 매물이 잘 나오지 않는다. 매물이 나온다 해도 워낙 비싸서 사고 나서 수지를 맞출 때까지 시간이 꽤 걸린다.

땅을 사서 돈을 벌려면 살 때 싸게 사야 한다. 사는 순간 돈을 벌어야 가장 안전하고 확실하다. 사서 오르기를 기다리는 사람은 하수다. 시간이 많이 걸리며 자칫하면 별로 남는 게 없다. 하지만 싼 건 비지떡이다. 싼 걸 사면 시간이 지나도 계속 싸다. 따라서 좋은 땅을 싸게 사야 한다.

2. 대로변의 'A'는 154.4㎡(46.8평)인데, 앞부분은 반듯한 사각형이나 뒷부분은 가늘고 긴 역자루형이다. 한마디로 활용가치가 떨어지는 못생긴 땅이다. 이런 땅은 가격이 좀 싸더라도 선뜻 구입하기가 망설여진다. 설계를 아무리 잘하더라도 건물 모양이 이상해지기 때문이다.

3. 그런데 현황은 '32-40대'(23평)가 'A'의 뒷부분 땅 전부(■표시 부분)를 불법으로 점유하고 있다. 처음부터 남의 땅에 집을 지어서 살고 있는 것이다.

4. 'A'만 구입해서는 활용가치가 아주 적기 때문에, '32-40대'와 'B'(21평)까지 구입한다면 땅도 반듯해지고 모두 92.8평이 되기 때문에 신축 사업 시 수익이 매우 높아진다.

5. 먼저 'A' 매입 작업을 한다. 'A' 소유주는 자기 땅의 일부가 불법 점유당한 사실을 모르고 있었다. 또한 5억9,000만 원을 사채로 빌리면서 근저당권을 설정해서 이자 부담이 컸다. 따라서 자금이 급히 필요한 관계로 시세보다 아주 싼 금액(평당 3,000만 원)으로 매입 계약을 할 수 있었다. 이 경우에는 '32-40대'와 'B' 땅 작업을 해야 하므로 매수 작업을 비밀리에 해야 하며, 등기를 이전하면 들키기 때문에 매도 인감을 받아놓는 편이 안전하다.

6. 그런 다음 '32-40대' 주인과 협상에 들어간다. 남의 땅에 불법으로 10년간 건물을 짓고 살았으니 지료(감정금액의 5%)를 내든지 혹은 철거를 해달라고 요구한다. 그러면 대부분은 팔겠다고 하며 가격을 높게 부른다. 하지만 가격을 낮출 수 있다. 감정금액이 5억 원이라고 해도 5%면 1,000만 원이므로 10년간의 지료가 1억 원 이상이나 되기 때문이다. 철거하면 '32-40대'는 대문조차 없어지게 된다. '32-40대'의 자기 땅은 맹지이기 때문이다. 우리가 원하는 금액은 평당 3,000만 원 이하다.

7. 'B'는 마지막 협상 대상이다. '32-40대' 매입 작업이 끝난 뒤 협상하는데 평당 3,000만 원 정도면 매입이 가능할 것이다. 'B'는 거주하는 집으로서의 기능만 있지 단독 개발은 불가능하기 때문이다. 자기 집을 팔고 나서 그 돈으로 이사 갈 집을 구하기 힘들다는 이유를 대면 우리가 지을 신축빌라를 좀 싸게 제공해주면 된다.

8. 'C'는 평당 5,000만 원에 매물을 내놓았다. 우리는 필요가 없다. 'D'는 싸게 매입할 수 있다면 모를까 군이 구입할 필요가 없다. 'D'가 없어도 신축 사업을 하기에는 무리가 없는 땅이기 때문이다.

9. 'A'를 매입한 뒤 '32-40대'와 'B'를 매입하면 이 땅은 모두 평당 5,000만 원의 가치를 가진 땅이 된다. '32-40대'와 'B'를 3,000만 원에 매입해 신축 사업을 'A'와 함께 하면 이미 44평×2,000만=8억 8,000만 원의 이익을 올리고 사업을 시작하는 셈이 된다.

10. 고수들은 사업의 길을 틀 수 있는 'A'와 같은 땅을 찾아다닌다. 하수들의 눈에 'A'는 쓸모없는 땅이다.

11. '32-40대'와 'B'의 매입금액은 각각 6억9,000만 원과 6억6,000만 원이다. 여기에 공사비용과 부대비용 등을 합치면 11억~12억 원의 경비가 소요될 것이다. 이런 사업을 시작할 때는 1억5,000만 원의 초기자금이 있으면 되고 향후 공사가 시작되고 나서 추가 자금으로 2억 원 정도가 더 들게 될 것이다. 나머지 경비는 신축 사업을 위한 PF로 조달하면 된다.

12. 이런 사업에서 수익률은 얼마나 될까. 땅을 5,000만 원에 매입해서 신축 사업을 해도 수익을 올릴 수 있는 곳이므로, 3,000만 원에 매입할 수 있다면 대박은 아니더라도 '중박'은 되지 않을까 한다.

## 55
# 작은 땅이라도
# 대로변에 접하는 면이 길면 좋다

대로변에 길게 접해 있지만 땅이 18평밖에 되지 않고, 월세가 얼마 나오지 않는 근린생활시설이 있다. 1층에는 분식집과 미장원이 있고, 2층은 주택으로 사용하고 있다. 월세가 140만 원밖에 나오지 않는다.

이 집을 7억 원에 구입한 J씨는 급한 사정이 생겨 급매로 처분하려고 인근 부동산 수십 군데를 돌아다녔으나 팔지 못했다. 이유는 땅이 작고 못생겼고, 월세가 얼마 나오지 않아 수익률이 2.4%밖에 되지 않기 때문이었다. 하지만 이 땅은 미래가치가 높아 가격이 높게 형성돼 있는 바람에 현재 수익률이 낮은 것일 뿐, 투자해서 보유하면 향후 상당한 시세 차익이 보장되는 물건이었다. 주변에 엄청난 개발 계획이 잡혀 있는 서울의 요지라서 개발 얘기만 나와도 가격이 뛰는 것은 물론이고 개발이 확실히 진행되면 최소한 두 배는 가격이 오를 땅이었다.

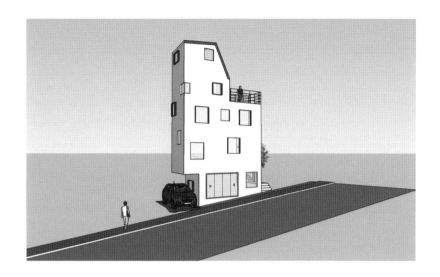

　땅이 작더라도 대로변에 인접한 면이 길면 투자가치가 아주 높다. 게다가 미래가치가 높은 지역이라면 보물이 될 수도 있다. 작은 땅에 건물을 예쁘게 지어 동네 명소로 만들면 부가가치는 더욱더 높아진다. 하수는 땅이 큰 것을 좋아하지만 고수일수록 작은 땅을 선호한다. 초기투자비용이 적게 들기 때문이다.

　우리는 신축을 결정하고 이 땅을 8억5,000만 원에 매입했다. 5억 원 정도의 공사비용을 들여 상가 두 개와 원룸 두 개로 신축하면 40% 이상의 수익이 당장 발생하고, 미래가치가 높은 지역이라서 보유할수록 상당한 시세 차익도 실현할 수 있다.

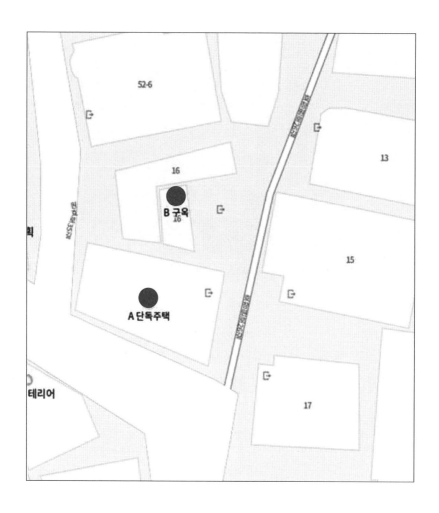

위 매물과 가까운 주택가에 오래된 단독주택(A)이 눈에 띄었다. 땅은 비록 18평으로 작지만 윗 땅과 마찬가지로 차가 다닐 수 있는 골목길에 인접한 면이 길어 활용가치가 충분했다. 하지만 더 매력적인 것은 이 집 뒤에 33평 정도 되는 구옥(B)이 한 채 있다는 점이었다. 이 구옥으로 들어가는 골목은 4m도 되지 않아 신축 건축 허가가 나지 않는 맹지였다. 만약 앞에 있는 단독주택 A를 매입한 후 B를 매입하면 대지가 58평 정도 되므로 신축 사업에서 매우 유리한 입장이 된다. B는 자체적으로 신축 사업을 할 수 없는 대지이므로 가치가 매우 낮아 매도하기 아주 힘들다. 유일한 매도 방법은 A에게 파는 것뿐이다.

먼저 A 매입 작업에 들어간다. A는 다소 비싸게 사도 괜찮다. B를 싸게 매입하면 충분히 큰 이익을 볼 수 있기 때문이다. A 집 주인은 땅이 작아 활용가치가 적다고 생각하고 있었기 때문에 적당한 금액으로 매매할 수 있었다. 그런 다음 B의 매입을 시도했다. 하지만 B의 주인은 좀 터무니없이 가격을 높게 불렀다. 이럴 때는 일단 대화를 중단하는 것이 현명하다. 아쉬울 게 없다는 태도를 보일 필요가 있기 때문이다.

B의 매입이 힘들다고 해서 A를 헐고 건물을 새로 지어서는 곤란하다. 신축을 하면 B로 들어가는 진입로를 확장해야 한다. 이러면 B에게 신축의 기회를 제공하게 되므로 가격이 뛰어 매입하기가 힘들어진다. A를 확보하고 아무것도 하지 않고 B의 매입을 꾸준히 시도하는 편이 현명하다. 만약 매입 작업이 장기화되면 A를 리모델링해서 부가가치를 높여 월세나 전세 수익을 올려놓는 것도 한 방법이다.

## 56
# 등기부등본 보고
# 진주 찾기

상속으로 공유지분자가 많은 물건일수록 싸게 살 수 있는 확률이 높다. 특히나 형제자매 간 사이가 좋지 않을수록 훨씬 싸게 살 가능성이 크므로 시간을 갖고 끈질기게 달라붙을 필요가 있다. 신축 사업의 경우, 분양성이 있는 지역에서는 땅을 싸게 사는 순간 이익이 발생하게 된다. 예를 들어 평당 4,000만 원 하는 50평짜리 땅을 3,000만 원에 살 수 있다면 구입 즉시 5억 원을 버는 셈이 되기 때문이다.

| 순위<br>번호 | 등기목적 | 접수 | 등기목적 | 권리자 및 기타사항 |
|---|---|---|---|---|
| 1 | 소유권 이전 | 199*년 6월**일<br>제2***7호 | 199*년 6월**일<br>매매 | 소유자 김구*<br>서울 **구 ***동<br>**–1 |
| 6 | 소유권 이전 | 2018년 9월4일<br>제2***1호 | 2006년 8월30일<br>상속 | 공유자<br>지분 28분의 7<br>김약* 52****–*<br>지분 28분의 7<br>김*애 55****–*<br>지분 28분의7<br>김막* 57****–*<br>지분 28분의3<br>최금* 53****–*<br>지분 28분의2<br>최일* 73****–*<br>지분28분의2<br>최이* 76****–* |
| 7 | 6번 김*애 지분<br>가압류 | 2018년 9월13일<br>제2****4호 | 2018년 9월 12일<br>가압류 결정(2018<br>카단 5****) | 청구금액<br>금 100,000,000원<br>채권자 정**<br>83****– |
| 8 | 6번 최일*<br>지분 전부,<br>6번 최이* 지분<br>전부 이전 | 2018년 10월23일<br>제3****7호 | 2018년 10월22일<br>증여 | 공유자 지분<br>28분의4<br>최금*53*****–* |

1. 55평짜리 땅인데, 공유지분자가 다섯 명이다. 2006년 8월에 어머니가 돌아가셔서 형제 다섯 명에게 상속되었는데, 형제 중 최금*은 아버지가 다른 형제였고, 최일*와 최이*은 최금*의 조카로서 아버지가 돌아가셔서 아버지의 몫을 유산으로 받게 된 것이었다.

2. 형제 중 김*애는 돈이 급해 이 집을 팔고 싶었으나 형제 중에 팔고 싶지 않은 사람도 있었다. 김*애는 형제들을 설득하는 한편 인근 부동산 수십 군데를 돌면서 이 집을 좀 싸게라도 팔려고 했으나 어떤 부동산도 선뜻 나서서 팔아주려 하지 않았다.

3. 이렇게 의견이 엇갈리는 공유지분자의 집은 일종의 '핵폭탄' 또는 '진상물'이어서 잘못하면 골치 아픈 송사에 휘말릴 수 있다. 그래서 부동산중개업자에게 회피의 대상이다. 게다가 김*애는 자신의 지분이 25%밖에 되지 않기 때문에 자기 놈을 많이 받을 요량으로 가격을 평당 3,800만 원이나 불러 골치 아픈 물건치고는 상당히 비쌌다.

4. 골치도 아프고 가격도 비싸니 잘 팔릴 리가 없었다. 매물로 나온 지 6개월이 지나면서 김*애가 서서히 지칠 때쯤 안테나에 걸렸다. 이 물건을 평당 3,000만 원 이하로만 살 수 있으면 대박이다.

5. 먼저 돈이 급한 김*애의 공유지분을 싸게 사기로 매도 계약을 맺는다. 계약금과 중도금을 주고 잔금을 치르기 전 김*애 공유지분의 안정을 위해 가압류를 걸어 놓는다. 가압류를 걸어놓으면 다른 공유지분자에게 무언의 매도 압력도 된다.

6. 그런 다음 아버지가 달라 소외돼 있는 최금*에게 접근해 김*애가 팔았으니 그쪽도 팔라고 권유한다. 최금*은 이 집에 큰 미련이 없으므

로 김*애가 판 금액으로 팔겠다고 순순히 응한다. 최금*가 팔면 조카 최일*와 최이*도 팔 것이므로 증여를 통해 지분을 합쳐 최금*의 지분을 28분의 7로 만든다. 이렇게 되면 최금*는 다른 형제들과 대등한 지분이 되어 힘을 쓸 수 있게 된다.

7. 이제는 50%의 지분을 확보했으므로 김약*와 김막*도 안 팔겠다고 버틸 수 없다. 여차하면 공유물분할청구소송을 할 수도 있으므로 적당한 금액에 파는 것이 유리하다.

8. 나머지 50%도 김*애가 판 금액과 비슷한 금액으로 인수하게 됐다. 계약금과 중도금을 주고 잔금을 치르기 전 4형제 이름으로 건축 인허가를 접수하고 건축주 명의변경 동의서를 인감 첨부해서 받아 놓으면 끝.

9. 공유지분자인 형제자매 간 분쟁이 많은 물건일수록 싸게 살 확률이 높기 때문에 이런 물건을 만나면 신이 나야 한다.

## 57
# 리모델링으로
# 부가가치 높이기

효창공원역 더블역세권에 허름한 3층짜리 구옥이 하나 나왔다. 대지가 27평에 방 두 개짜리 투룸 세 개를 9억5,000만 원에 부르니 사려는 사람이 선뜻 나서지 않았다. 전세가 4억 원도 들어 있지 않아서 실투자금이 6억 원 가까이 되었고, 대지도 크지 않아 활용가치가 크지 않다고 판단한 것이었다. 게다가 매물이 있는 지역에 아파트 공사가 한창이어서 매우 어수선했다.

하지만 필자는 이 물건을 상당히 좋게 봤다. 아파트 공사가 마무리되면 오히려 주변이 정비될 것이고, 효창공원역에서 아파트 단지 옆으로 길이 새로 나므로 이 집까지 도보로 3분 거리가 될 것임을 알았다. 게다가 전망이 좋고 초등학교가 바로 앞에 있어서 거주하기 매우 좋은 집이란 판단이 들었다.

필자는 이 집을 돈을 좀 들여 리모델링해서 게스트하우스나 쉐어하우스로 세를 주면 수익률이 10%가 넘을 것이라고 계산했다. 원룸은 방마다 화장실과 부엌을 만들어야 해서 게스트하우스에 비해 공간 사용이 제한적이며 또한 다들 전세를 선호하므로 월세전환율이 낮아 수익률이 떨어진다. 하지만 게스트하우스나 쉐어하우스는 거실과 화장실을 공동으로 사용할 수 있어 공간 활용도가 높다. 요즘 젊은 사람들은 원룸보다 거실과 부엌을 공유하는 쉐어하우스를 선호하는 경향이 있다.

효창공원역 인근은 외국인을 대상으로 하는 게스트하우스를 운영하기에 적격이다. 한 정거장 거리인 공덕역까지 공항철도가 오는 데다 외국인이 선호하는 이태원과 홍대입구가 효창공원역에서 직통이기 때문이다. 게다가 이 집은 전망이 좋고 동네가 깨끗해 외국인에게 어필할 수 있다.

부동산에 안목이 있는 한 손님이 이 물건에 관심을 보였다. 리모델링 비용 1억5,000만 원을 포함해 11억 원에 사도록 했다. 리모델링은 필자가 잘 아는 전문업자에게 맡겨 제대로 수리하도록 했다. 이 손님은 아직 직장에 다니는 데다 자금이 넉넉하지 않아 일단 전세를 놓아 잔금을 맞추기로 했다. 전세 6억 원을 제외하니 실제 투자금은 5.5억 원 정도에 불과했다.

은퇴한 후 본인이 직접 게스트하우스를 운영하면 한 달 매출액은 가동율을 60%로 잡더라도 972만 원이다(방 1개당 9만 원×6×30일×가동율

60%). 1년 매출액은 1억1,164만 원이다. 세금과 경비를 제외하고 순수익으로 900만 원 정도를 벌 수 있다. 그러면 투자수익률은 9.7%나 된다. 이 매물의 현재 가치는 13억 원 정도 되나 해가 지날수록 가격은 더욱 상승할 것으로 예상된다.

# 58
# 재개발 가능 지역에서
# 구옥 매입하기

아주 오래된 집(단독주택이나 다가구주택 등)을 매입하여 철거 후 신축하는 신축 사업은 고수들이 즐겨 하는 투자 방식이다. 땅이 오르길 기다렸다가 되파는 것보다는 개발 이익을 많이 올릴 수 있어 부가가치가 아주 높다. 예를 들어 공사비(세금과 경비 포함)를 1평당 1,000만 원을 들여 새 건물을 지으면 부가가치는 공사비 1,000만×1.5=1,500만 원 이상이 될 수 있다.

신축 사업 중 리스크는 조금 크지만 가장 부가가치가 높은 사업은 재개발 가능 지역에 있는 구옥을 매입해 신축한 뒤 분양하는 사업이다. 속칭 '지분쪼개기'라고도 불리며 아파트 입주권 프리미엄이 붙기 때문에 상당한 개발 이익을 취할 수 있다. 서울의 재개발 지역 중에서 '지분쪼개기'가 없었던 곳은 손에 꼽을 정도로 드물다.

입주권 프리미엄은 일반 분양가에서 조합원 분양가를 뺀 금액을 말하는데, 통상 일반 분양가의 80% 수준에서 조합원 분양가가 책정되기 때문에 프리미엄은 일반 분양가의 20% 내외에서 형성된다. 예를 들어 33평형 아파트 일반 분양가가 15억 원이라면 조합원 분양가는 12억 원이 되며 이곳의 프리미엄은 3억 원이다.

이 투자 방식에서 핵심 포인트는 재개발 가능 지역을 골라내는 일이다. 도시 및 주거환경정비법에 따르면 주택정비형 재개발지역은 1만 ㎡ 이상의 노후·불량 건축물이 밀집돼 있는 곳으로 구역의 전체 필지 중 과소필지가 40퍼센트 이상인 지역, 주택접도율이 40퍼센트 이하인 지역, 호수밀도가 60 이상인 지역이다. 이 용어를 이해하기 어렵다면 서울 도심 한복판에 낡은 건물과 주택들이 몰려 있는 지역을 찾으면 된다. 이런 곳의 집은 대체적으로 무척 낙후돼 있고 차량 통행이 불가한 골목이 많은가 하면 축대나 계단 등 보행하기 곤란하게 만드는 것들이 많다. 철거를 앞두고 있는 한남뉴타운 3구역이나 정비구역으로 지정돼 있는 용산 정비창 전면구역, 성수전략정비구역 등을 가보면 어떤 곳이 재개발 대상 지역인지 쉽게 알 수 있다.

낡은 주택이 몰려 있는 지역은 안전사고의 위험도 많고 미관상으로도 좋지 않기 때문에 도시 개발 계획의 대상이 된다. 이런 낙후된 지역을 방치하는 것은 최유효이용의 법칙에 위반될 뿐만 아니라 효과적인 도시 개발 원칙에도 위배되므로 정부나 지방자치단체로서는 모른 척할 수 없다. 따라서 주민들의 요구에 따라 개발을 지원해줘야 할 의무가 있다. 서울시는 1만 ㎡ 이하인 지역은 가로주택정비사업으로 개발할 수 있도록 지원하고 있다.

인구 1,000만 명의 대도시로서 최첨단 빌딩이 솟아 있는 서울이라도 도심 한복판에 냄새 나고 곧 무너질 것 같은 집들이 모여 있는 곳들이 꽤 많다. 종로나 을지로의 이면 도로는 물론이고 영등포나 용산, 노량진 등에 가면 글로벌 도시 서울에 아직도 이런 곳이 있나 싶어 놀랄 것이다.

이런 지역의 구옥을 매입할 때는 땅이 잘 생겼는지, 가격이 싼지 여부보다 신축해서 몇 가구를 지을 수 있는지 따져봐야 한다. 건축설계사의 능력에 따라 많게는 3, 4가구도 차이가 난다. 가구 수가 많이 나올수록 수익을 많이 올릴 수 있기 때문에 땅 매입가격은 분양 금액을 보고 정하면 된다. 예를 들어 50평짜리 땅에 12가구가 나올 수 있고 분양 금액이 평균 4억이라면 매출 금액은 48억 원이다. 10가구면 매출금액은 40억 원이므로 무려 8억 원이나 차이가 난다. 공사비는 세금 포함해서 대략 1평당 1,000만 원이 들기 때문에 건축 면적이 130평이라면 130× 1,000만=13억 원이다.

그렇다면 땅값은 48억−13억=35억 원 중에서 마진(순 마진+세금+마케팅비용+민원 예비비+미 분양 물량)을 제외한 금액으로 맞춰야 한다. 마진이 17억 원이라면 땅값은 18억 원을 넘지 말아야 한다. 따라서 땅을 싸게 사는 것이 중요한데, 고수일수록 땅을 싸게 사는 노하우가 있다. 재개발 구역으로 지정되면 건축 허가가 나지 않기 때문에 지정되기 전에 땅을 매입해 건축 허가를 받아야 한다.

정비구역으로 지정이 되지 않으면 프리미엄이 붙지 않기 때문에 손해가 날 수 있다고 생각해 이런 사업을 꺼리는 사람들이 많다. 하지만 서울 도심의 낙후된 지역은 재개발이 아니더라도 어떤 형태로든 개발될 수밖에 없다. 사놓으면 손해 볼 일은 절대 일어나지 않는다. 또한 앞으로 인구도 줄고 주택이 과잉 공급되기 때문에 투자하면 손해라고 주장하는 사람도 있는데, 서울에서 집값은 떨어질 수 있어도 땅값은 떨어지는 법이 없으므로 안전한 투자라고 단언할 수 있다.

설사 개발이 되지 않는다 하더라도 걱정할 일은 아니다. 서울 도심의 땅은 수요에 비해 공급이 절대적으로 부족하다. 가격이 계속 오를 수밖에 없다. 개발되지 않는 지역이라도 철거 후 신축하거나 리모델링을 할 수 있는 대지는 희소성이 있어서 갖고 있을수록 진가를 발휘한다.

# 부동산/재테크/창업

장인석 지음 | 17,500원
348쪽 | 152×224mm

## 롱텀 부동산 투자 58가지

이 책은 현재의 내 자금 규모로, 어떤 위치의 부동산을 언제 살 것인가에 대한 탁월한 분석을 펼쳐보여 준다. 월세탈출, 전세탈출, 무주택자탈출을 꿈꾸는, 건물주가 되고 싶고, 꼬박꼬박 월세 받으며 여유로운 노후를 보내고 싶은 사람들을 위한 확실한 부동산 투자 지침서가 되기에 충분하다. 이 책은 실실금리 마이너스 시대를 사는 부동산 실수요자, 투자자 모두에게 현실적인 투자 원칙을 수립할 수 있도록 해줄 뿐 아니라 실제 구매와 투자에 있어서도 참고할 정보가 많다.

나창근 지음 | 15,000원
302쪽 | 152×224mm

## 나의 꿈, 꼬마빌딩 건물주 되기

'조물주 위에 건물주'라는 유행어가 있듯이 건물주는 누구나 한번은 품어보는 달콤한 꿈이다. 자금이 없으면 건물주는 영원한 꿈일까? 저자는 현재와 미래의 부동산 흐름을 읽을 줄 아는 안목과 자기 자금력에 맞춤한 전략, 꼬마빌딩을 관리할 줄 아는 노하우만 있으면 부족한 자금을 충분히 상쇄할 수 있다고 주장한다. 또한 액수별 투자전략과 빌딩 관리 노하우 그리고 건물주가 알아야 할 부동산지식을 알기 쉽게 설명한다.

박갑현 지음 | 14,500원
264쪽 | 152×224mm

## 월급쟁이들은 경매가 답이다
### 1,000만 원으로 시작해서 연금처럼 월급받는 투자 노하우

경매에 처음 도전하는 직장인의 눈높이에서 부동산 경매의 모든 것을 알기 쉽게 풀어낸다. 일상생활에서 부동산에 대한 감각을 기를 수 있는 방법에서부터 경매용어와 절차를 이해하기 쉽게 설명하며 각 과정에서 꼭 알아야 할 중요사항들을 살펴본다. 경매 종목 또한 주택, 업무용 부동산, 상가로 분류하여 각 종목별 장단점, '주택임대차보호법' 등 경매와 관련되어 파악하고 있어야 할 사항들도 꼼꼼하게 짚어준다.

**초저금리 시대에도 꼬박꼬박 월세 나오는**
## 수익형 부동산

현재 (주)기림이엔씨 부설 리치부동산연구소 대표이사로 재직하고 있으며 [부동산TV], [MBN], [한국경제TV], [KBS] 등 방송에서 알기 쉬운 눈높이 설명으로 호평을 받은 저자는 부동산 트렌드의 변화와 흐름을 짚어주며 수익형 부동산의 종류별 특성과 투자노하우를 소개한다. 여유자금이 부족한 투자자도 전략적으로 투자할 수 있는 혜안을 얻을 수 있을 것이다.

나창근 지음 | 17,000원
332쪽 | 152×224mm

# 주식/금융투자

북오션의 주식/금융 투자부문의 도서에서 독자들은 주식투자 입문부터 실전 전문투자, 암호화폐 등 최신의 투자흐름까지 폭넓게 선택할 수 있습니다.

**고양이도 쉽게 할 수 있는**
## 가상화폐 실전매매 차트기술

이 책은 저자의 전작인 《암호화폐 실전투자 바이블》을 더욱 심화시킨, 중급 이상의 투자자들을 위한 본격적인 차트분석서이다. 가상화폐의 차트의 특성을 면밀히 분석하고 독창적으로 체계화해서 투자자에게 높은 수익률을 제공했던 이론들이 고스란히 수록되어 있다. 이 책으로 가상화폐 투자자들은 '코인판에 맞는' 진정한 차트분석의 실제를 만나 볼 수 있다.

박대호 지음 | 20,000원
200쪽 | 170×224mm

## 암호화폐 실전투자 바이블
### 개념부터 챠트분석까지

고수익을 올리기 위한 정보취합 및 분석, 차트분석과 거래전략을 체계적으로 설명해준다. 투자자 사이에서 족집게 과외·강연으로 유명한 저자의 독창적인 차트분석과 다양한 실전사례가 성공투자의 길을 안내한다. 단타투자자는 물론 중·장기투자자에게도 나침반과 같은 책이다. 실전투자 기법에 목말라 하던 독자들에게 유용할 것이다.

박대호 지음 | 20,000원
200쪽 | 170×224mm

조한준 지음 | 20,000원
192쪽 | 170×224mm

## ICO부터 장기투자까지 가상화폐
# 가치투자의 정석

이 책은 가상화폐가 기반하고 있는 블록체인 기술에 대한 이해를 기본으로 하여 가상화폐를 둘러싼 여러 질문들과 가상화폐의 역사와 전망을 일목요연하게 다뤄준다. 그러면서 최근의 투자자들에게 가장 요긴한 주제인 왜 가치투자를 해야 하는지, 가치투자는 어떻게 해야 하는지, 대형주, 소형주 위주의 투자와 ICO투자의 유형으로 나누어 집중적으로 분석해준다.

최기운 지음 | 20,000원
312쪽 | 170×224mm

# 지금, 당장 남북 테마주에
# 투자하라

최초의 남북 테마주 투자 가이드북. 투자는 멀리 보고 수익은 당겨오자. 이 책은 한번 이상 검증이 된 적이 있던 남북 관련 테마주들의 실체를 1차적으로 선별하여 정리해 준 최초의 가이드북이다. 이제껏 급등이 예상된 종목 앞에서도 확실한 회사소개와 투자정보가 부족해 투자를 망설이거나 불안함에 투자적기를 놓친 많은 투자자들에게 훌륭한 참고자료가 될 것이다.

최기운 지음 | 18,000원
424쪽 | 172×245mm

# 10만원으로 시작하는
# 주식투자

4차산업혁명 시대를 선도하는 기업의 주식은 어떤 것들이 있을까? 이제 이 책을 통해 초보투자자들은 기본적이고 다양한 기술적 분석을 익히고 그것을 바탕으로 향후 성장 유망한 기업에 투자할 수 있는 밝은 눈을 가진 성공한 가치투자자가 될 수 있다. 조금 더 지름길로 가고 싶다면 저자가 친절하게 가이드 해준 몇몇 기업을 눈여겨보아도 좋다.

최기운 지음 | 15,000원
272쪽 | 172×245mm

## 케.바.케로 배우는 주식
# 실전투자노하우

이 책은 전편 『10만원 들고 시작하는 주식투자』의 실전편으로 주식투자 때 알아야 할 일목균형표, 주가차트와 같은 그래프 분석, 가치투자를 위해 기업을 방문할 때 다리품을 파는 게 정상이라고 조언하는 흔히 '실전'이란 이름을 붙인 주식투자서와는 다르다. 주식투자자들이 가장 알고 싶어 하는 사례 67가지를 제시하여 실전투자를 가능하게 해주는 최적의 분석서이다.

초보자를 실전 고수로 만드는
## 주가차트 완전정복

이 책은 주식 전문 블로그 〈달공이의 주식투자 노하우〉의 운영자 곽호열이 예리한 분석력과 세심한 코치로 입문하는 사람은 물론 중급자들이 놓치기 쉬운 기술적 분석을 다양하게 선보인다. 상승이 예상되는 관심 종목 분석과 차트를 통한 매수·매도 타이밍 포착, 수익과 손실에 따른 리스크 관리 및 대응방법 등 주식시장에서 이기는 노하우와 차트기술에 대해 안내한다.

곽호열 지음 | 19,000원
244쪽 | 188×254mm

현명한 당신의
## 주식투자 교과서

경력 23년차 트레이더이자 한때 스패큐라는 아이디로 주식투자 교육 전문가로 불리기도 한 저자는 "기본만으로 성공할 수 없지만, 기본 없이는 절대 성공할 수 없다"고 하며, 우리가 모르는 '기본'을 설명한다. 아마도 이 책을 보고 나면 '내가 이것도 몰랐다니' 하는 감탄사가 입에서 나올지도 모른다. 저자가 말해주는 세 가지 기본만 알면 어떤 상황에서도 주식투자를 할 수 있다.

박병창 지음 | 18,000원
288쪽 | 172×235mm

## 주식투자
## 사고 팔 때

〈순매매 교차 투자법〉은 단순하다. 주가에 가장 큰 영향을 미치는 사람의 심리가 차트에 드러난 것을 보고 매매하기 때문이다. 머뭇거리는 개인 투자자와 냉철한 외국인 투자자의 순매매 동향이 교차하는 곳을 매매 시점으로 보고 판단하면 매우 높은 확률로 이익을 실현할 수 있다.

최기운 지음 | 17,000원
256쪽 | 172×235mm

## 알아두면 정말 돈 되는
## 신혼부부 금융꿀팁 57

신혼여행 5가지 금융 꿀팁부터 종잣돈 1억 만들기, 통장 나눠서 관리하기, 주택정책, 청약통장 바로 알기, 카카오페이 같은 간편결제 이용하기, 신용카드, 자동차 보험, 실손보험 똑똑하게 골라 가입하기, 맞벌이 부부 절세와 공제혜택 등 신혼부부나 직장인이 한 번쯤 챙겨봐야 할 지혜의 선물.

권호 지음 | 15,000원
328쪽 | 133×190mm